サピエンティア *sapientia* 09

アイデンティティと文化の政治学

差異

La différence

ミシェル・ヴィヴィオルカ［著］

宮島 喬・森 千香子［訳］

法政大学出版局

Michel Wieviorka
La différence
Identités culturelles: enjeux, débats et politiques

This book is published in Japan
by arrangement with Michel Wieviorka
through le Bureau des Copyrights Français, Tokyo

ラファエルとロマンへ

目次

第I部　論争の誕生 19

凡例

一、本書は、Michel Wieviorka, *La Différence. Identités culturelles: enjeux, débats et politiques*, Paris: Éditions Balland, 2001（La Tour d'Aigues: Éditions de l'Aude, 2005）の全訳である。

一、訳文中の（ ）、[ ] は原著者によるものである。

一、原文中の（ ）、――については、一部取り外して訳出した。

一、原文中の引用符は「 」で括り、大文字で記された文字についても「 」で括った箇所がある。

一、原文中でイタリック体で記された箇所には、原則として傍点を付した。

一、訳者が補足した語句等は〔 〕で示した。

一、読みやすさを配慮し、著者の了解のもとに原文よりも改行箇所を増やしている。

一、原著は脚註方式がとられているが、邦訳では（1）というかたちで番号を記し、巻末にまとめて掲載した。

一、訳註については、一部は文中に〔 〕で括って挿入した。また、最低限必要と思われる用語には、〔1〕というかたちで通し番号を付し、簡単な説明を原註のあとに続けて掲載した。

一、引用文献中で邦訳のあるものは適宜参照したが、訳文は必ずしもそれに拠らない。

一、邦訳の書誌情報は、各章の註の初出箇所にできるかぎり示した。

一、原著の明らかな間違いや体裁の不統一については、一部は原著者に確認したが、訳者の判断で整理した箇所もある。

一、索引は原著をもとに作成したが、一部訳者のほうで整理した部分がある。

日本語版によせて

日本は文化的に均質な国民国家であり、そこで文化的差異や多様性の問題が提起されることはほとんどない――長いこと、世界でも日本国内でもこのように考えられてきた。かつての日本において歴史は国民の物語として形成された。そして、「国民」の内部にある異質性に光が当てられることも、学校教育のなかで「国民」という概念が問題化されることも、国家権力の犯した歴史的な誤りが論じられることもほとんどなかった。たしかに、日本社会には昔からさまざまな社会集団が存在した。社会階層も存在して、それについての研究も行なわれてきた。だがその一方で、マイノリティの存在が論じられることはごく稀であり、たとえ論じられたとしても、限られた人びとのあいだでのことにすぎなかった。さらに、かつての日本は移民の受け入れ国というよりも、移民の送り出し国であった。事実、多くの日本人が移民としてアメリカ大陸に渡った。

以上のような過去と比べて、現代の状況は大きく変化した。沖縄やアイヌの人びとのように、自らの文化的特殊性を擁護して固有のアイデンティティを主張する集団が日本社会にも現われ、日本政府も文化的差異の認知を求める声にどう対応するかという、他の先進国が抱えるのと同じような課題に直面するようになった。このような要求の背後には、痛ましい記憶や「国民」の誇りとはお世辞にもいえないような出来事が存在することも多い。「慰安婦」問題はその一例である。より広い視点にたてば、軍国主義と植民地支配の過去をめぐって激しい論争が起き、過去の「国民」概念が揺るぎつつあるといえる。

また国際移動の領域においても、日本は新たな局面を迎えている。一九二〇年代にブラジルをはじめ南米に移住した日本人の子孫が、とくに一九九〇年代以降「デカセギ」目的で日本に渡るようになり、定住する者も増えている。

こうして日本にも多文化的な状況が広がりつつある。それどころか、現代の日本はモダニティの今後の変化を占う格好の実験室だと考えられる。日本には伝統とモダニティの両面が見られるといったたぐいのステレオタイプにくみしたいのではない。重要なのは、日本のモダニティには伝統的な要素と新しい要素、または伝統的な要素の新しい解釈といったものがどのように共存しており、また特殊なアイデンティティがどのように組み込まれることによって、従来の国民概念や社会関係のイメージが問いなおされ、新しい議論が生まれているのかという点である。今日、文化の断片化はますます進行しているが、このような状況のなかで人種主義が台頭するという事態にどう向き合うべきなのだろうか。移民の受け入れというかつて経験したことのない課題に直面するいま、どのような移民政策が望ましいのだろうか。格差や不平等といった社会問題と、文化的アイデンティティの認知といった課題をどのように関係づけるべきなのか。どのような歴史教育を行なえば、次世代の若者たちが歴史の全体像をできるかぎり客観的かつ科学的にとらえ、歴史的な誤謬も含めて誠実に歴史を考察するようになるだろうか。また、普遍的価値の尊重と特殊なアイデンティティの尊重という、一見相容れない二つの課題をどうすれば両立させることができるだろうか。

これらの問いをめぐって、現在、日本でも活発な議論が展開されているだろう。このような日本での議論と本書が論じる内容のあいだには、もちろん一定の相違点はあるが、大いに重なる部分もあるのではないかと思う。森千香子氏と宮島喬氏が訳出の労を取ってくれた本書は、自民族中心主義を避けるように努め、またすべてをフランスに住む筆者のナショナルな経験に還元しないように配慮しながら執筆したものである。そして多文化主義を中心に差異に関する議論の全容を明らかにし、文化的多様性をめぐる問題を考察するうえで必要な分析概念の構築をめざした。本書で提示したのは不変で閉ざされた理論ではない。現在、世界中で文化的差異が先鋭化していることの意味を考え、日本やその他の社会でも今まさにクローズアップされている文化的差異の実態に迫り、その争点と課題を検討するのに役立つ道具こそ、本書が示そうとしたものである。

イデオロギーやすでに完成された物語にとらわれずに、日本における文化的差異の存在とその変容を検討し、それを世界の他の場所における文化的差異の状況と比較したいと考える読者に対して、本書が何らかの示唆を与えることできれば幸いである。

二〇〇九年二月

ミシェル・ヴィヴィオルカ

謝辞

本書は、私が監修することになったバラン社の人文・社会科学叢書の一冊目となる。また、スリジーで開かれたシンポジウム「文化的差異――論争の再検討」をもとにした論集も本書と同時に出版される。バラン社社長のジャン＝ジャック・オジェは広い視野をもって私を信頼してくれた。感謝の意を表したい。

本書は長年にわたって重ねてきた考察の成果である。これらの考察は、フランス社会科学高等研究院（ＥＨＥＳＳ）で毎週行なってきたゼミや、私が所長を務める社会学的分析介入センター（ＣＡＤＩＳ）での研究会、学術誌に寄稿した数本の論考、そして一九九九年六月にスリジーでジョスリーヌ・オハナと開催したシンポジウムを通して深めてきた。

学生たちがいたからこそ、本書の論旨を明快にすることができた。感謝したい。またＣＡＤＩＳの仲間たち、とくに創設者のアラン・トゥレーヌ、そしてジャクリーヌ・ロンジェリナス――彼女の尽力がなければ本書の企画は早い段階で頓挫していただろう――に感謝したい。研究者にとって、活気があり、かつレヴェルの高い研究者に囲まれて切磋琢磨できることほどありがたいことはない。また「差異」をテーマに執筆した論考を掲載してくれた雑誌、とくに私がジョルジュ・バランディエと編集する *Cahiers internationaux de sociologie* や、*Comprendre, Ethnic and Racial Studies* 各誌に感謝したい。スリジーのシンポジウムの参加者からも多くの示唆を受けた。彼らの発表に示唆を受け、私は本書で展開した分析を深化させ、議論の論点を再検討することができた。

最後に、本書の草稿を読む労をとり、建設的なコメントをくれたフィリップ・バタイユ、ファラッド・コスロカヴァール、アレクサンドラ・レンエル、レニエル－ラヴァスティヌ、イヴォン・ルヴォット、エルヴェ・ルブラ、ダニロ・マルテュチェッリ、そして妹のアネット・ヴィヴィオルカに感謝したい。

序論

アイデンティティ、差異、文化的特殊主義。これらのことがいま問われていて、論争が燃え上がっている。それはまぎれもない事実であり、ひとつのテーマをとりあげるにせよ、イスラームと結びついた問題のように一連の特定の問題をとりあげるにせよ、個々のばらばらな問いや、またはもっと一般的な普遍的諸価値とその尊重についての問いに定式を与えるにせよ、このことは明白である。

いうまでもなく、このような現象はまったく新しいわけではない。いつの時代でも、他者性の経験と差異の経験には、緊張と暴力がともなった。とはいえ、本書は、二〇世紀の半ば以来展開をみせ、今日、集合生活の根本からの変動の核心に位置づけられているこの経験の新しさを強調しようとするものである。そこからつぎのような著者の企図が生まれる。これらの変動をとりあげ、社会関係および社会間の関係のなかでの文化的差異の位置について考察するための、もろもろの概念用具を提示することである。実際、これらの関係を分析しようと思えば、もっぱら国際的であるようなタームや、国家間的であるようなタームでは不可能なのである。

分析から行為へ

問われている問題の性質および公的論争でそれらが扱われる仕方について、知識をもたらし、さらには明解にするために、いちばん急がれることは何か。それは、日常一般の言説や自称学問的なその変形物や政治のなかであまりによく見られる混同されたものを、分離することである。というのも、われわれが文化的差異について一般的に、またはかくかくしかじかのその顕現に即して論じるとき、何がそれらを分けているかに無頓着なまま、三つの領域〔社会科学、哲学、政治的実践〕のあいだをしじゅう行ったり来たりしているからだ。本書は、一宗教運動の発展といった具体的な現象に、多少とも確実なひとつの知に拠りながら言及する。つぎに、ある行為を推進したほうがよいか、またはしないほうがよいのか、ある政治的ないし法的措置を採用するのは正しいのか、または正しくないか、それが善いことか、悪いことなのか。たとえば公共サーヴィスに属する職務を行なう際、宗教的帰属がはっきりわかるような服装を許可すべきか否かといったことについて、著者の道徳的・哲学的な見解を明らかにする。さらに、取ることのできるさまざまな対応にも検討を加える。たとえば、一般にアメリカが発祥の地とされるアファーマティヴ・アクションか、それともカナダやスウェーデンやオーストラリアで行なわれている多文化主義政策か、といったことである。

いまや曖昧な混乱には終始符が打たれるべきである。第一の領域では、文化的差異、その産出、変革、再生産についての知識をつくりだし、それらが社会生活のなかで生み出す問題や、当事者とその他の者にとっておびる意味を検討し、それらの困難やその内部での緊張に説明を与える。これらのすべては、社会学的ないし歴史的分析に属し、その点で、特定された理論的・方法論的な用具を要求している。それに対し、第二の領域では、それらの差異に適用するのが望ましい政治的・法的な処遇について考察し、差異の存在がもたらす挑戦に応えることのできる方向づけを、理性によって、道徳によって、倫理によって推進し、正義や善について、そしてそれらの実際にとりうる関係について考える。まさにこれらが、哲学に関係するのだ。実践的勧告によってその分析を続けたいと欲する規範的社会学がそこで発言したいことがあっても、この点は変わらない。最後に第三の領域では、以上の哲学的志向の実践への転写を確かなものとする政治の諸形態を研究し、文化的承認における供給と需要、場合によってはそれが引き起こすかもしれない期待と不満の具体的な管理を行なえるための方法や制度的手段に関心をもつことになる。これらの関心は、専門家的鑑定などに属さない以上、原則として政治および法律の科学に関わってくる。

この三つの領域のあいだに混同が支配すると、真剣に冷静に考え、議論することができにくくなる。検討に値するようなアプローチを頭から拒否することも許されてしまう。そうしたことが、イデオロギーを開陳させ、議論の価値低落を引き起こすのに利するように作用する。

以上の点について著者は個人的に経験するところがあり、ずっと一九九〇年代を通してフランスのなかで差異の政治的な扱いの問題を提起しようと試みてきたので、この問題については社会学者として語ることのできる状態にあった。著者は、たとえば、いくつかの社会学的ないし歴史的なたぐいの具体的な知識を考慮に入れることの拒否に出会い、そしてそこから著者の引き出した——ただし、一本調子ではない柔軟な——政治的・哲学的な結論に対する乱暴な貶価にぶつかったのだ。著者が公的空間のなかで示される文化的差異に関心をいだき、文化的差異が正統性の推定の恩恵に浴するように要求したことについて、知識人、ジャーナリストたちは、こう批判した。よく言って単純素朴、悪くすると、エスニックな暴力の温床となる危険な「コミュノタリスト（共同体主義者）」[1]、「共和国の破壊者」になりかねない、と。これは不当な、筋の通らない批判である。なぜなら、著者の分析はまさに、一つにして不可分の共和国と諸コミュニティの衝突という、われわれにもっぱら択一を要求してくる二分法の二つの項のどちらの肩ももたないこと、という結論にいたっていたからである[1]。

したがって読者諸氏は、本書が長いあいだにわたる研究の実践から、またマックス・ウェーバーを読むことで久しく著者に下地が与えられていたはずの一経験から教訓をみちびいていることを知らなければならない[2]。つまり、研究者にとっては、分析から行動へ移行することも、混淆の容易さやイデオロギーの情熱を前にして、研究の視点を受け入れさせることも、ともに容易なことではない。

理論においては、先に区別した三つの領域は互いに無関係ではなく、それらを関係づけようとすることは、当然許される。しかし、社会科学、哲学、政治的実践のあいだの関係に関心を向ける前に、また三者がどのように対応関係に入り、相互に疎通しあうのかを考察するに先立ち、それらのおのおのの固有の貢献を指摘しておくほうがよい。これが本書の第I部の主な議論である。

かりに具体的争点から大いに離れ、抽象的または理論的な思弁を展開することに甘んじたなら、文化的差異について論じることも、政治哲学を動員することもなかっただろう。同じく、実践的解決を求める実際の集団の担っている要求を政治行動が承認し、制度化し、または惹起するようにならなかったなら、衡平（équité）[2]の政策の正統性と有効性について、積極的差別（discrimination positive）[3]とその方法について、さらには多文化主義の機能とその挫折、限界、成功について問うことは、ばかげていよう。したがって、本書の第Ⅱ部は、社会学的分析に特別な位置を与えている。そこでは、現代世界ではなぜ文化的特殊主義（particularisme culturel）[4]が力を得てくるのか、どのようにそれが、しばしばあまりに革新的であるため、これを考える際に普通使っている言葉までも問いなおさざるをえないような変化の中心部へと入り込んでくるのかを理解しようと努めることになる。

とくに問うならば、いったい「社会」というたいそうな重々しいタームも放棄しなければならないだろうか。少なくとも「社会」というタームが、互いに緊密な対応関係にある一国民とその国家の象徴的・文化的枠組みのなかに一体性を見いだす、一連の組織された社会関係と定義することが行なわれるかぎり、そういう問いが出てくる。

しかし、本書は、あるかたちで社会科学の旗を高く、堂々と掲げるものである。一瞥しただけではわからない、検討を加えることで明らかになる、つねに複雑で逆説を含んだ現象をよりよく解読する助けとなりうる、そうした分析用具を提案することによってである。しかしまずは、ひとつの誤解をしりぞけておこう。

社会科学の位置

文化的特殊主義が突如出現し、それが公的領域に闖《ちん》入するという事態を前にして、社会科学は右に述べた二つの見方の合した圧力に、あまりにも頻繁に譲歩してきた。二つの見方とは、哲学、そしてより圧力の度は低いが、政治である。

ある面からみると、両者は、道徳哲学と政治哲学に引きずられる存在だった。二〇世紀の最後の数十年間、文化的差異についての考察は、主に哲学者たちがつくり出したカテゴリーを用いて構成されてきた。その哲学者たちは、文化的アイデンティティを深く探索するよりも、文化的アイデンティティの主張が現代社会に突きつけている挑戦に対し、規範的解答を見いだしたいとする人びとである。アングロ－サクソン世界では、一九七一年のジョン・ロールズの著作、『正義論』[3]の公刊があって以来、より決定的な論争はコミュニタリアンとリベラルのあいだで行なわれるようになった。そして、繰り返すと、多文化主義をめぐる論争の主役は、とくにアメリカ人とカナダ人にあっては哲学者であることが明らかとなる。チャールズ・テイラーをはじめ、ウィル・キムリッカやマイケル・ウォルツァーがそれである。フランスではどうか。とくにアラン・トゥレーヌの重要な一著作[4]のおかげで論争のなかに社会学が不在だったわけではないが、レジス・ドゥブレ〔一九四〇年～。フランスの革命運動思想家。ゲバラのゲリラ戦等に参加〕のなんともイデオロギー的・政治的な用語によれば、「共和主義者」と「民主主義者」のあいだで活発な議論が行なわれたという。

哲学的な議論の進め方は、そこでは道徳的、倫理的、さらには経済的な基準に従属している。とくにドイツでは社会学と哲学の交点に立ちつづける著者もいたが(5)、右にいわれる人びとは社会学的ではない。哲学的視座はついぞ、実際の事実の多様性や、具体的な過程の複雑性や、社会から発してくる期待や要求には満足に開かれることはない。

他方、おそらく挑戦の新しさのゆえに、社会科学は往々にして専門家の判断や政治技術論に振り回されていたともいえよう。社会科学が文化的差異の具体的な法的・制度的な扱いを提言し、実施するとき、科学と政治的実践は行為者および考慮に入れるべき諸要求についての経験的知識から出発し、これに取りかかる。というわけで、社会学者は、なされた政治的決定を再構成し、解釈し、これにコメントするのに甘んじていて、懸念すべき遅れをとっている。彼らは、もしも政治的決定を準備するのに貢献すれば、専門家の位置に自らを置くことになる。そうなると、特定されたノウハウを使ってプロフェッショナルとして振る舞うことになるが、反面、批判的知識を生産するという当初の使命からは遠ざかってしまう。その意味で注目すべきことだが、一九七〇年代初め以来カナダで採用されてきた多文化主義政策は、七〇年代以前から実施されていたアメリカのアファーマティヴ・アクションとまったく同様、社会科学にほとんど負っておらず、ほぼ社会文化的な、とりわけ政治的な社会的アクターたちの活動と決定にもとづいている。これが研究の対象となるのは、事後のことにすぎない。

扱う問題に与えられるスペースは限られているが、本書は、政治・道徳哲学に従属したり、研究者を王侯の助言役か、またはその反対者にしたてあげるような鑑定を試みるという、社会科学に知的圧迫が加えられる二重のリスクを拒否するものである。といって、コーポラティズムの論理に拠るわけではない。なお、われわれの関心を寄せる諸問題について哲学は活力をもっているのかどうか。これはそれほど自明ではなくなった。文化的差異をめぐる議論に哲学がもっとも貢献したのは、すでに過去の、一九七〇年代、八〇年代、九〇年代のことである。それゆえ、社会学にとっては、おそらくその視野を新たにできるような分析を提案するときが訪れていよう。ただし、より実りある哲学との対話を維持しつづけることは大事であり、そのうえで最終的には、分析の結果を実践的示唆へと書き換えるのをためらうべきではない。本書では第Ⅱ部で行なうように、文化的差異の社会学的・歴史学的分析を強調する。そうすることで、とくに個々人が個人主体としてどのように一個別アイデンティティを主張し、さらに、矛盾におちいらず、どのようにしばしば複数のアイデンティティを同時に主張するのか、をよりよく考察できるはずである。というのも、われわれはすべて一体のものとしてつくられているのではなく、エイミー・ガットマンが指摘するように、「すべての人がラシュディ〔5〕ほど多文化的であるわけではない。しかし、エリートや西欧知識人に限られず、多くの人びとは一個別文化以上のものによって形づくられている。なにも社会だけではなく、人びとも多文化的なのだ〔6〕」。

文化的差異は論議を巻き起こしているが、そこでの立場取りや、実践的提言はつねに厳密な資料に裏打ちされた知識によって支えられていないだけに、右のように社会的現実への具体的アプローチのための道具の精錬をまず第一に行なうことは正当とされる。たとえばフランスでは一九八九年、最初の「スカーフ事件〔6〕」(九〇年代にはこれに続いて複数の事件が起こる)を経験し、これは激しい議論を生んだが、そこでは無知、イスラームのヴェール着用の事実についてはともかく、ヴェール着用の意味についての無知は明らかだった。パッションの堰が切って落とされ、公立学校は寛容の名のもとにスカーフを認めるべきだという声があがり、しかしより多くの場合、反対に共和国的非宗教性《ライシテ》の名においてこれを禁止すべきだと要求された。だから、一九九五年のフランソワーズ・ガスパールとファラード・コスロカヴァールの調査の公刊(7)は、事実を踏まえた議論を展開するために必要だったのだ。

「マイノリティ」、これはアングロ－サクソン世界ではよく使われ、フランスでは敬遠される観念であるが、一般にあまりにも単純なタームでとらえられている。そのため、この問題の与件について奇妙に還元主義的なオルタナティヴが置かれるようになった。たとえば、フランスでは「民主主義」に対する「共和国」、英語世界ではリベラリズムに対するコミュニタリアニズム、といった具合である。だからこそ、これらの言葉を通して何について語っているのかをはっきりさせるほうがよい。差異、それはただちに未知のものであるとか、他者性であるとかいわれるが、知り、理解するための道具をもたなければ、われわれは知的リスクだけでなく、実践的・政治的な大きなリスクをも冒すことになる。

社会科学、哲学、専門家（第一の当事者）というこれら三つの領域を分析的に切り離すことは重要だとしても、またこれらの役割・貢献、とりわけ社会学（第二の当事者）のそれを特定することが有用だとしても、そこから先、読者に注意をうながすことも必要である。社会科学の領域から出発して、これら三つの領域を容易に、しかも調和的に再構成できると考えるのは、実際、単純すぎるだろう。ジオヴァンナ・ツィンコーネが示すように(8)、ある領域から他の領域へと必ずしも連続性があるわけではない。ひとつの社会内での文化的要求は、知的論争や政治的ないし制度的システムの機能と常時、または必ずしも容易に通じていくわけではない。その逆も同様である。あらゆる種類の特殊的アイデンティティによって溝をうがたれ、または断片化された生ける市民社会が、この力学を制度レヴェルで存続させようと望まないのはまちがいないところである。逆に、文化的承認にかかわる重要な措置が、関係する諸集団によって表明される要求への実のある回答なしに、政治の責任者によって決定されることもある。たとえば、オーストラリアの多文化主義は、アボリジニを包摂するものと考えられてきた。ところが、アボリジニの一部は、それを望まないと語った。自分たちをその地の第一の先占者とみなすアボリジニたちは、今日、当局によってもろもろの他の移民と同列に置かれて、マイノリティ文化を尊重すべきだなどといわれるべきではない、と考えたからである。

実際、ある種の知識人の思い込みとジャーナリストたちのこのうえなく皮相な知的風土のなかで、論争は行為者たちの期待よりもはるかに遠くへと展開され、はては世論の流れを形成し、行為者の具体的期待とかけ離れたところで、とってつけたような政策をはぐくむにいたることも珍しくはない。これが、例の有名な自己成就的予言[7]の方法よろしく、これらの幻影が同じ期待を生むのに貢献するようになる日まで続くのである。したがって、それぞれ異なる領域（社会科学、哲学、政治行動）のあいだに自動的な対応関係があると考えるのには何の根拠もないし、分析から行動へ、または行為者に役立つ専門知識へと容易に移行するなどと思わせるのはまちがっている。各領域は、その固有の自律性をもっているのだ。

なるほどわれわれは具体的知識をもっているし、それゆえ優先的に社会学的分析を保持している。それでも、われわれをとらえている問題は、社会の内側での実経験から多少とも切り離された知識人たちによって、しばしばまえもって主題化されていた。ただ、そうした状況はあっても、新しいカテゴリーを提案したり、ある種の争点の決定的性格を認識することがつねにさまたげられたわけではない。以上とは別のケースとして、これらの問題が、場合によっては差異の問題とは無縁の理由から、純然たる政治的イニシアティヴのはたらく機会に、定式化されることがある。たとえば、経済的困難という文脈のなかでこれを移民のせいにするスケープゴート探しがそれである。実際には、移民は経済的困難の責者であるよりは、はるかにその犠牲者なのである。

以上の指摘について、いくつかの留保を与え、複雑化することとする。実際、それらを過度に一般化するわけにはいかないだろう。事実、これら異なる領域間の意味流通は、下から上へも行なわれる。かくかくのロビー行動や、権利または政治生活の機能に介入するしかじかの修正行動のような重要な理念の論争も、これまた文化的たぐいの要求、すなわちアイデンティティにかかわる主張、要求によって、それらが引き起こす反応の作用によって、それらの相互的競争の作用によって、血液を送られることがある。

もう明らかなように、文化的差異の上げ潮によって引き起こされた諸問題の複雑な絡み合いに秩序と明晰をもたらすことは急務となっている。だが、たぶんそれに先立って、文化の観念についていくらかでも明らかにしておくのがよいかもしれない。

文化の観念

「文化」はよく「概念のジャングル」とイメージされる。アルフレッド・L・クローバーとクライド・クラックホーンは一九五二年の有名な一著作のなかで、すでに一六三の文化の定義を目録化しているほどである[9]。観念が複雑であるだけではない。それ以上に、文化の領域というものが絶えず拡大しているのである。このことを示すのが、一九七〇年代に社会・生物学が登場して以来起こっている論争であるが、論争の舞台となったのはアングロ‐サクソン世界でのことであり、とくにフランスでは議論になることが少ない。また、霊長類学の種々の仕事が暗示しているのもこれで、それらは、「チンパンジー文化」を語ることで、文化は人間固有のものであるとする原則に異論を唱えている[10]。

文化はまた、地政学的なたぐいの不安から絶えず新たに発せられる問いの中心的争点として現われている。たとえば、サミュエル・ハンティントンが一九九六年に「文明の衝突[11]」を告げて以来、分離した、または境界によって此彼に分けられた文化の全体を分かつ亀裂を示す地図を描くことが、人びとの心を引いているようにみえるかもしれない。だが、文化的差異がこれほどまでに関心かつ憂慮の的となったのは、まったく反対のある理由からにほかならない。それは、文化的差異が、緊張、紛争、暴力、敵対関係を生み出す力となり、現代社会のなかのあらゆる種類の行為者を動員し、われわれの共生の能力のいかんを問うものとなっているからだ、と[12]。

社会科学にとってはどうか。文化的差異はもはや、いくぶんとも遠隔の、エキゾティックな、縁の薄い世界の占有物などではない。また、文化的差異は、かつては民族学や古典的人類学——およそ研究者を、自分の生きる世界から距離をとるようにいざなう学問領域のすべて——のほとんど専有領域だったが、今日はもはやそうではない。文化的差異とはもはや外在的なものではなく、西欧諸社会が自らについて行なう作業のうちに包含されているのだ。このように文化的差異は、はるか遠い地平をではなく、アンソニー・ギデンズ描くところの後期近代（late modernity）のなかにある最先進諸社会内部に生じている事柄に考察をめぐらそうとする者にとって、中心的な争点をなしている。まさにそのため、一部の現代民族学は、もはや現代社会の外にではなく、現代社会のただなかに対象を据えるというように、方向性を変える傾向にある。そこに新たな地盤を見いだし、マルク・オージェのように都市の慣行や日常生活における場所、および場所の不在を研究したり、ブルーノ・ラトゥールのように科学と実験室の生活を研究したりする。あるいはまた、マルク・アベレスはナショナルな政治制度とヨーロッパ・レヴェルの政治制度をとりあげている。(13)

あの啓蒙思想の遺産として、理性、正義、個人主義や経済的近代化に逆らう伝統である文化的特殊主義を清算すれば、それだけ近代的である、とわれわれは思い込んでいたのだった。だが、つぎのことを正面から認めなければならない。「後期の」と呼んだり、「ポスト」とか「超」という言葉で名指したりする今日の、そして明日の近代《モダニティ》は、もろもろの差異を受け入れ、再生産するのであって、その差異は、場合によっては伝統という外観を呈したりする。差異の闖入があるからといって、それは必然的に、また主に、蘇生した過去の残存物や、傷ついてはいるがまだ動員可能である伝統の不意の激発といったものに照応するものではない。むしろ反対に、われわれが自分のアイデンティティを創出していて、今後いっそう頻繁にそうするであろうという、ひとつの新時代に入ったことの証しである。

論議の的としての古典的な概念化

社会科学の古典期をずっと通して、文化の主な二つの考え方が絶えず対置されてきたことがみてとれる。両者を近づけようと試みた著者もいたし、一方から他方へと循環するのだと述べる著者もいたが、いずれも少々混乱したかたちでであった。エドマンド・B・タイラーはとくにこの二つの考え方の最初のもの、すなわち普遍主義的な概念を例示している。ただし、このイギリス人の人類学者の思想が、この唯一の方向へと還元されるものではないことを示すのも許されよう。それが精神分析学者エイブラム・カーディナーの提示したものである。カーディナーは戦前のアメリカの精神分析学と人類学のあいだの対話で重要な役割を演じた人物で、タイラーを文化人類学の創始者のひとりとみなしていた。この見方は事実上、初期のいくつかの文章のもとでは進化主義のひとつの変形をなしている。この文化概念の支持者たちは、啓蒙の精神に影響されて、所与の一時点の一人間集団の文化のなかに、進歩というレールのなかにはめ込むことができる若干の特有の性格をみていた。こうした視野からすると、あらゆる社会は、野生から未開へ、そして文明へとみちびかれる同一の段階に対するそれらの位置を尺度として評価されうる。文明は文明で、これも複数の段階を経るのであって、L・モルガンによれば、それは三段階（低級、中級、高級）ということになる。もろもろの社会は、比較可能で、序列化でき、相互の関係のなかで位置づけられるとされ、普遍的なものの諸カテゴリーのなかでそれ自身が規定された近代性においてより進んでいるとか、進んでいないとか言われることになる。

こうした見方は、植民地支配やレイシズムを肯定するものがあり、またしばしばそれらを正当化してきた。そこでは、より劣っているとみなされる人びとへの蔑視と搾取は、彼らはなるほど近代に入っていくことはできるが、それは低いところからであり、彼らに欠けている文化を支配者がもたらしてくれるおかげで可能となるのだ、という観念にもとづいている。一九世紀フランスをみてみるとよい。共和主義の言説と植民地主義がよきカップルとなりえたのだ。ジュール・フェリー〔7〕の公立学校は、要するに、本国および植民地の子どもたちに普遍的なものへの接近の道を開くのだと称する。公立学校は、本国の子どもたちを俚言《パトワ》、田舎、農村からなる偏狭な世界から、植民地の子どもたちをその野蛮状態から離脱させたのだ、と。とすれば、共和国的学校の父〔ジュール・フェリー〕が同時に植民地化政策の重要なアクターとなって、その学校政策と植民地政策が真に一体となっているとしても、なんら驚くにあたらない。

以上の普遍主義の対極に位置づけられるのが、相対主義の考え方である。エドワード・サピア、ルース・ベネディクト、マーガレット・ミード、とくにラルフ・リントンがそうだが、これは、それぞれの文化は比較不可能な一連の要素からなっていると考える。そのうちのもっとも批判的なヴァージョンは、近代文化は普遍的なものであると考える人びとの示すエスノセントリックな盲目性を糾弾している。その種の主張は、もっぱら白人、男性、西欧系といった支配的文化の言説を反映しているのだ、と。少なくともヘルダー以来、相対性の原理をかたちに表わした文化の観念は啓蒙の言語に対立するのであり、この対立には多くの変種が存在する。とはいえ、対立は、ある種の単純化志向のアプローチが考えたがるほど全面的なものではない。そこで、哲学者アラン・ルノーは、一方でルナン、他方でヘルダーやフィヒテを引きながら「フランス的」文化と「ドイツ的」文化の見方を対照させるような呈示は、特徴として行き過ぎだということを強調しており、そのとおりである。この見方は、とくにルイ・デュモン〔フランスの人類学者、インド研究者。比較思想・文化に関する著作も多い〕に認められるという(14)。

進化主義の視点では、近代とはもっとも広範な文化的統一を約束された時代であり、そこで完成された文化は、普遍的価値をもつはずである。この観点からすると、人類が進歩を重ねれば重ねるほど、個別諸文化は、「文明」という名を与えられるもののなかに解消されていく運命にあろう。

相対主義的ないし文化主義的な視点では、逆に、文化的多様性は人類に固有なものとして現われ、そこでは人間は時点とその文化の状態の関数であり、他方、それぞれの特有の文化はその自律性において、さらにとくに連続性、安定性、したがって自己再生産能力において考えられることを要求する。それゆえ、相対主義の観点からは、「パーソナリティ」という観念によって文化の観念を延長することが可能だとされる。その場合、それぞれの文化は、それ固有のパーソナリティ・モデルを培っていくと考えることになる。ラルフ・リントンはこの道をより徹底してたどり、基本的パーソナリティ、つまり、「所与の文化に含まれる諸制度全体と根っから結びついたものとして出現するパーソナリティの諸特徴の布置連関」のイメージを提示した[15]。進化主義にとっては、もろもろの特殊文化は、理性と権利の普遍的価値のために消え去るべく運命づけられている。それに対し、相対主義にとっては、諸特殊文化は当該の集合体の成員たちが互いに伝えあう遺産である。このことは、相対主義を基調とする見方を称揚するドイツ的な文化（Kultur）のカテゴリーと、しばしば「フランス的」といわれる普遍的で進歩的な「文明（civilisation）」のカテゴリーが、一般によく対置されることの理由を説明してくれる[16]。

そして、以下の指摘には多少の留保をつけなければならないが、全体として当たっていよう。進化主義的見方は、支配階級の高級文化や自らを引き立たせることのできる、またはそれを望むエリートたちの文化を価値づけることになるのに対し、相対主義的見方はむしろ、庶民的とはいわないまでも、少なくとも全員によって、民衆、国民によって共有されている文化を価値づけるといえる。

以上は、たしかに耳新しいことではない。けれども、この二つの見方の対立を解くのに、独特の定義を立てて、かくかくしかじかの文化は普遍的価値をもっているといわれ、それですまされることが、なんと多かったことか。そのことを示すことでこの考察を閉じるのも、おそらく無意味ではないだろう。たとえばフランスは、過去二世紀近く普遍的ネーションと自らを考えてきたが、このたぐいの矜持を培ってきたのは、もちろんフランスだけではない。なお、付け加えれば、人類学は多くの点で普遍主義と相対主義の対立から抜け出したが、それは個別の諸文化に関心を向けることによってである。この志向は、それらの文化を文明の最下から最高への段階上に分類するためでも、諸文化の絶対的に特異な性格を言い立てるためでもなく、多様性が織りなされる際にその出発点となる不変の諸要素を明らかにするためであった。この解答はとくに構造主義が与えたものであるが、それはわれわれの解答ではない。すでに示唆されていることだが、知的レヴェルでも実践的レヴェルでも、文化的多様性を分析しようとするなら、普遍主義対相対主義の全面的な対立から抜け出すことが絶対に必要である。両者の対立という古典的定式化自体が受け入れがたくなっている。

新しい定式

多文化主義についての著者の議論が明らかにする点だが、文化的差異は、今日の社会のなかにはたらいているのであって、社会と社会のあいだのみに作用しているのではないことが認められる。さらに、文化的差異が脱構築と再構築の恒常的な相において、多様な、しかし多少とも安定した表出形態で現われていることも確認される。そうである以上、厳密に普遍主義的な観点を擁護したり、純粋相対主義に属するような観点を推奨するのは、もはやまじめな行為ではない。もっとも、現代的な社会も、場合によっては、それほど「先進的」ではないいくつかの社会で行なわれているように、伝統の創出を行なうようではあるが、その現代社会のなかで文化的差異は拡大し、多様化し、波及しているのだ。

以上の考察から、われわれは、本書をつらぬく仮説のひとつへとみちびかれる。すなわち、今日の近代性《モダニティ》とは、特殊的アイデンティティの反対物とも、その結果とも、解体の入り口とも考えられてはならず、そうしたアイデンティティが発展をみる時代と考えられなければならない、と。そう考えると、啓蒙思想のように、特殊的文化を近代に抵抗する周辺的・残余的な現象の地位へと切り下げるわけにはいかなくなる。実際、諸特殊的文化が公的空間のなかで表出され、その承認が要求されるとき、それらはきわめて斬新で、未曾有のものであることが多く、単に、その保存とか歴史とか、したがって再生産といった角度だけから考察するのはむずかしい。そうした考察は一般に相対主義的ないし歴史主義的な思想家たちのお好みのものだったが。

第Ⅰ部　論争の誕生

文化的アイデンティティが高揚を示し、それによる挑戦が、表現形式においても現代的意義においても明らかとなっている。しかも、もう半世紀近い歴史の厚みをもっている。ということは、早くも一九六〇年代から、この挑戦はいわゆる西欧デモクラシーを問いつづけてきたということである。本書の行なう分析は、要するに、このことにあてられる。また、独裁や、権威主義的・全体主義的な体制をも俎上に乗せるものであり、とりわけ、挑戦が禁じられ迫害された宗教的主張や、さらに民族解放の闘争に関係している場合にはそうなる。この挑戦は、宗教的・民族的運動や、または「先住民擁護運動」[1]としばしば呼ばれるものをうかがわせる闘争形式のもと、「第四世界」の国々をも巻き込んでいる。

その挑戦を前にして、もはや、お粗末な仮説についてのおしゃべりや、やっつけの根拠薄弱な推論をなぞることに甘んじることはできない。われわれはもう、さまざまな未知なるものから構成された一局面の境界などにはいない。それどころか、かねて周辺的でもマイナーでもないことがわかっている紛争、緊張、変容のなかに完全に入り込んでいるのだ。といって、もちろん、それらの紛争、緊張、変容の表現形式が一定しているとか、長期的にみて方向が定まっているとかいうつもりはない。

そこで、今日ではもう完全な新しさなど主張できないが、つぎの三つのタイプの論争は検討してみるに値する。

そのひとつは、一個の文化的アイデンティティをおおやけにする行為者たちに直接に関心を向ける議論である。そうした集団の出現、それらによる文化的差異の主張とある種の社会的要求の提出の結びつけ方が、第1章で検討される。その他のもろもろの議論は政治哲学に属するものである。最初に、とくに、構成された文化的差異の政治的な扱いのために推奨したほうがよいとされる解決方法を対象とした(第2章)。つづいて、文化的混淆の動的プロセスの検討、さらには異種交配《メティサージュ》ないし雑種化によって提起される諸問題を視野に入れながら、問題の新たなとらえなおしに着手している(第3章)。そして、国によっては、多文化主義を適用しての政治的・制度的な実践が目を引いており、この多文化主義という大きな革新は、当該諸社会を超えて重要な論争を引き起こしている。ただ、どうみても、文化的差異をめぐる諸問題に対し、これがもっとも適した具体的な回答をなしているとはいえない(第4章)。

第1章　文化的差異と社会的不公正

一九六〇年代、産業先進期と呼ばれた時期の社会はひじょうに顕著な文化変動を経過し、その変化の性質そのものが何であるかを問いはじめたのだった。一九六八年の闘争〔いわゆる五月革命〕、対抗文化の現象、余暇時間や大衆消費、これらがおびるにいたったとみえる重要性は、脱工業社会への突入を告げてはいなかったか。この社会を、ダニエル・ベルはどちらかといえば工業社会の延長とみたが、アラン・トゥレーヌは時を同じくしながら、そこに一個の断絶、つまりひとつの社会タイプの終焉と、もうひとつの新しい社会の幕開けをみていたのではなかろうか[1]。

この仮説をめぐっては、当時かなり活発な議論が生まれた。一九六八年五月の運動をめぐりエドガール・モラン、コルネリュウス・カストリアディス、クロード・ルフォールは「突破口」について語るが、アラン・トゥレーヌは「新しい社会運動」〔8〕を論じ、労働運動以外の異議申し立て行動のアクターを定義しようとした。工業的生産関係のなかで行使される支配の諸形態をではなく、テクノクラシー装置による欲求と文化の操作をとりあげ、批判するアクターたちをである[2]。

二つの波動

当時、たしかに労働運動は集合生活の中心を占めているようにみえた。工場から遠く離れたもろもろの紛争にも労働運動が意味を与えたのであり、それらは階級闘争のタームで考えられたのだ。のみならず、政治生活も、市街地や田園に広がる結社組織の機能も、大学人の運動や思想運動も、まさに労働運動の活動により、いな、単なる労働運動の存在の事実によって、意味を与えられるのだと当時思われていた。事実、レーニン、トロツキー、毛沢東、グラムシ、「チェ」〔ゲバラ〕その他のあまたの名を引きながらマルクス゠エンゲルスの遺産継承をさまざまな潮流が争う、あのように民主主義体制のなかでマルクス主義が活況をおびた時期は、後にも先にもない。

だが、これと同じ時期、かかげる要求が明らかに文化的次元をもった前例のない運動が姿を現わしていた。さらに、その運動メンバーたちは、彼らの行動を、自身で付与したいと考える意味以外の意味に従属させることをいよいよ認めなくなっていく。つまり、自らを規定し、理解させるのに、労働運動という典拠がもたらすと想定される上位カテゴリーの助けを借りることを拒否するというわけである。

第一の波

当時、ある人びとは、「ジャンル」〔ジェンダー、英語世界では普通の言葉になっているのに、フランスではほとんど使われない）のアイデンティティを広めようと努めていた。そうかと思うと、しばしば同じ人びとなのだが、地域アイデンティティないし「ナシオナリテール」アイデンティティ〔9〕を押し出し、地域主義運動に生命を吹き込む者もいた。あるいは、アンソニー・スミスの分析した『民族再生』(3)にくみする者もいた。さらに、ほかの人びとは、二〇世紀末の新しい諸社会運動のうちでももっとも強力なものとなるエコロジー運動について、その発展の見取り図を描いた。実際、それらの闘争は、別の生活と消費のスタイルをとるようにと訴え、旧来の観念とは訣別するといったたぐいの人類の見方を説きつけており、その点で、すぐれて文化的性質をおびている。マニュエル・カステルが「現代社会の支配的過程を特徴づける真の潜在力をもった文化への解毒剤をなす(4)」と語ったのは、多岐にわたる環境主義運動の「緑の文化」のことにほかならない。

以上とまったく別の分野では、患者、障害者ないしその周辺の人びとが、身体的欠如を文化的差異へと変容させようとしていた。フランスでは、たとえば聾唖者が、ゲットーのなかに生きるか、それとも皆と同じように、ただしそのハンディキャップを包み隠しながら生きるか、という強いられた選択とは異なる、別の、まさに劇的な選択にあずかれるようにと要求した。結局それは、コミュニティに閉じこもる傾向への反対物となる。なぜなら、固有の文化への依拠、この場合は、固有言語である手話言語への依拠を前面に押し出すことが、現代生活への参加の欲望に満たされることになるからだ。この点について、女優エマニュエル・ラボリ〔一九七一年〜。先天的聾者で、フランスで活躍する女優〕の証言(5)を読まなければならない。彼女はワシントンに旅して、手話についての発見を語っている。ガローデット大学を訪問し、「手話する」ことを習い、充実した心持ちで満足げに帰ってくる。そうして市民生活に参加する準備を果たすわけである。

これらの運動にはしばしば、スティグマ〔負の意味をおびた烙印〕を逆転させようという意図がみられる。すなわち、それまでは隠され、押しやられ、多少とも恥とされるか、または自然イメージに還元されていたものが、可視的な文化的主張へと転換され、意識的に引き受けられるものとなる。

ここでユダヤ人たちの経験に触れてみたい。彼らは、国によっては、当時いわばエスニック化されたかのようだった。それによって、彼らをかつて「イスラエリト（israélite）」（この語は、日常語彙としては事実上消滅している）として振る舞わせ、ユダヤ人的生を私的に営むようにさせていた[10]、多少ともきわだった格言から訣別させたのだ。この「エスニック化」は、ディアスポラのユダヤ人のイスラエル国家への態度を変えさせた六日間戦争（一九六七年）〔第三次中東戦争。イスラエルが電撃戦で勝利し、シナイ半島やヨルダン川西岸などを併合〕の衝撃によるところが大きい。同じ変化は北米といくつかの西欧諸国にみられるが、それがフランスほど劇的だったところはない。この国では、ユダヤ人は過去二世紀近くというもの、クレルモン－トヌール伯〔一七五七～九二年、フランス革命初期に三部会議員として身分特権廃止を主張〕の有名な言葉、「民族としてのユダヤ人にはすべてを拒否せよ、個人としてのユダヤ人にはすべてを与えよ」に適合するように振る舞ってきたからである。

きわめて意義ぶかいが、右とはひじょうに異なる経験に触れてみたい。それはアメリカの黒人たちの場合である。彼らは、一九五〇年代、六〇年代のような公民権や、同時期にリンドン・ジョンソン大統領のもとでアファーマティヴ・アクションが提起した社会的諸権利の角度からだけではなく、その文化の面からもみられることにこだわり、以前にもましてこれを要求している。七〇年代に出版されたアレクス・ヘイリーの『ルーツ』[6]の店頭でのめざましい売れ行きが、疑いもなくこれら新しい要求の草創期を代表している。こうした文化的承認へのアピールが、ある過去の、つまりある歴史の確認を通してその言語表現を見いだしたのが、「アフリカン－アメリカン」という形容詞[7]である。この言葉は、ジェシー・ジャクソン牧師〔一九四一年～。黒人運動指導者。一九八四年には民主党大統領予備選で有力候補となる〕のように、もっとも豊かな、学歴の高い社会層の、ある黒人たちのあいだで要求されはじめる。こうした表現は、歴史的ないし記憶上の連続性を押し出すもので、黒人の存在を本質視する人種差別思想に固有の定義をしりぞけるものである。しかしまた、黒人も個人として尊重され、公民権を享受できるよう要求した一九五〇年代、六〇年代のあの大規模な運動について、その限界を強調するものでもある。ある者はやがて公民権の適用を監視する役を引き受けていったのに対し、ある者はこれらを不十分として批判した。

ディアスポラのユダヤ人にとっても、アメリカの黒人にとっても、いうまでもなくそれぞれの経験に大きな違いはあったが、ある点でみれば成果は似たようなものだった。事実、いずれにおいても、ある集合的アイデンティティが確認されるのであり、それは、たしかに曖昧ではあるが、自然の事実ではなく、文化の事実であることを示すため、「エスニック」と形容しうるものである（エスニシティの観念は自然の次元から完全に切り離されたものではないにせよ）。すなわち、歴史、記憶、伝統に関わりをもつある厚みをもっているということである。

その第一の波が、これといった障害や政治的ないしイデオロギー的抵抗に出遭わず、展開をみた国もある。反対に、これを取り込もうとする敵対的潮流、とくにマルクス主義のそれや、極左グループや、なお強大な共産党と衝突した国もあり、そのためこれらの文化運動は弱まった。たとえ運動の代表者のなかに極左主義（または社会主義）とアイデンティティ確認をうまく結びつけることができたと考える者がいたとしても、である。運動のもっていた意義は往々にして、レーニン主義的ないし革命的イデオロギーと混淆し、ごちゃごちゃになり、失われてしまった。それでも逆に、新しい文化的アクターたちが、しばしば彼らの関わった政治運動に影響をおよぼし、コミュニズムや極左運動の凋落に拍車をかけたことが認められる。イタリアがその例だ。一九七〇年代半ばに起こった議会外左翼の組織の解体は、多分に内からのフェミニズムの圧力、つまり彼ら内部でのマッチョ的な責任の分担に甘んじつづけることへの女性活動家たちの拒否による。これまたイタリアのことだが、極左テロは一九七〇年代から八〇年代の転換点で荒れ狂ったわけで、これは、文化的願望と満たさない社会的要求をかかげる「オートノミスト」が、マルクス゠レーニン主義組織にいわば火を放ったかのように、最初のうちは徐々に、後には大挙して浸透していったときだった。(8)

というわけで、われわれの関わる文化変動の初期の表現は、経済成長の時期に登場している。また、それは進歩への信頼、科学と発展への信頼の時期でもあった。以後の時期に比べ、社会的に目立ったわけではないが、当時われわれは文化変動の諸表現をよく中間層または小ブルジョワジーと結びつけたものである。こうしたとらえ方は結局、それらの表現の社会的未規定性を強調することに帰着し、つとめてマルクス主義の枠内で考えようとする者には、それらが労働運動の陣営に合流できるのか、それともブルジョワジーの陣営へ行くのか、を問うことを意味した。

第二の波

以上のような主張と承認の要求は、その後さらに変化をとげる。そのうちのあるものはかたちを変え、あるものは消失し、またあるものは多少とも混乱しながらも発達をみた。とくに、これらの差異は、はるかに明瞭に社会的である主題群を引き受けることになった。ある種の社会的なたぐいの要求にかたちを与える文化的アイデンティティ、とりわけ宗教的アイデンティティを当時生み出すことさえみてとれた。しかし、だからといって、文化的なものを社会的なものに引き降ろしてしまってよいわけではない。それは宗教的事実の特有性を無視する素朴な社会学主義にほかならない。西欧からは遠く、北米からはもっと縁遠いが、貧しい民衆の運動、とくに、イラン革命の分析のなかで、ファラード・コスロカヴァールのつくった言葉でいう、大都市に幻滅した「脱農民化した農民」たちの展開した運動は、彼ら特有の社会的期待を、しだいに目立ってくる宗教的な意味づけへと結びつけた。そしてこれは、アラブ-ムスリム世界の多くの国での革命的過程の出現と、暴力の登場に力を貸したのだった。[9]

西欧デモクラシーのなかでは、移民をめぐる議論は、文化的差異によるとされる緊張にいよいよ大きな位置を与えている。それは、最近の移民出自の人口が、構造的な経済変動、および家族再結合をしばしば含んだ統合政策との累積効果のもとにいちじるしく変わったことと時を同じくしてである。国際問題（人の受け入れ政策）と文化的・社会的な問題（差異の受容）との混交は、一般にレイシズムとナショナリズムの風味をまじえて進められたが、これが移民受け入れよりも移民送出になじんでいた社会のなかで行なわれただけに、深刻で微妙なものとなった。事実、それらの社会は、移民を受け入れる際は経済的理由をもってし、その受け入れの文化的・政治的な次元には注意を払わなかった。新世界のように、移民が国家自体のナショナル・アイデンティティの構成要素をなしたところでは、この種の混交はいつもあまり大きな問題にならなかった。

西ヨーロッパ、とくにフランスではどうか。一九五〇年代、六〇年代の移民受け入れは、受け入れ社会から文化的・政治的に大きな距離をとる（大きな距離のなかに置かれる）労働者のそれであり、彼らは一般に、やってきた社会の公的生活に統合されることよりも、出身国への帰国を準備するのに執心した。移民たちは労働を通じて社会的には統合されたが、その他の領域では排除されていた。それが、ほどなくして古典的製造業は危機を迎え、以来そうした不熟練労働力は不用とされていく。この間、人口政策としての受け入れとなっていたもの（フランス）、あるいは当初そうだったもの（イギリス）の所産である人びと〔ホスト国生まれの移民二世〕は、先行世代のそれとほとんど反対の状況に置かれる。彼らは他の世代にもまして失業と不安定な生にさらされ、社会的排除をこうむるが、文化的・政治的には内なる人びととなっている。なぜなら、彼らの生活はその後、両親にとってのホスト国の内部で展開されるからである。しかしまた、レイシズム、差別、隔離化の犠牲となって、拒否を突きつけられ、国民的文化アイデンティティとは相容れない価値をいだきつづけ、このアイデンティティを毀損しているのではないか、と疑われている。

というわけで、マーティン・バーカーの先駆的著作[10]によれば、イギリス、次いでは全西欧で、一九八〇年代と九〇年代を通じて、「新しい」レイシズムの出現を論じることができる。このレイシズムは、専門家の用語によると、新しい、さらには「差異主義的」かつ「文化的」といわれるもので、つぎのような原則から出発する。すなわち、身体的属性を理由として移民を劣等視したり、まして搾取してはならず、むしろ、彼らから距離をとること、つまり支配的文化を彼らが破壊するのを避けるため、遠ざけることを旨とすべきである、と。

移民が高率を占める社会になるからといって、たしかに、いまかいつまんで述べたような過程とつねに符合するわけではない。西ヨーロッパ内部でさえ、ある国民経験と別の国民経験がちがうように、相違は相当に大きい。それでも大きくみれば、どこでも同じような経験が描かれている。いずこを問わず、移民受け入れは、被支配的行為者のアイデンティティの主張とその社会的要求が互いに結びつき、しばしば強めあい、ひとつひとつの腐食土となっている。それへの対抗物として、この文化的・社会的な分裂作用の表現が、あちこちでナショナル・ポピュリストおよび極右の潮流というかたちをとって噴き出している。ひとつのアイデンティティを直接にひとつの社会的被排除意識に結びつけるにせよ、受け入れがたい社会状況または満たされないさまざまな期待を、より複雑な過程を通してアイデンティティの主張へと変容させるにせよ、結果は似たようなものである。それは、強い社会的負荷のかかった文化運動の登場ということである。また、ウェーバーに想を得た語彙がよければ、行為者のなかで、「共同体化」（共有された感情や情緒や伝統にもとづく）と「社会化」（諸利益の妥協にもとづく）を結びつけるような社会関係の展開であるといってよいかもしれない(11)。

　一九八〇年代、九〇年代を通じて終始、イスラーミズムが〔11〕、この現象の主な表現のひとつを代表してきた。オリヴィエ・ロアやジル・ケペルが示すように(12)、関連する各国の特殊事情を考慮に入れながら、その台頭、次いで凋落のさまを分析するのもたしかによい。しかし、アメリカのルイス・ファラカーンの運動〔ムスリム黒人の宗教運動「ネーション・オブ・イスラーム」。ファラカーン（一九三三年〜）はその代表的な指導者、聖職者〕を思い起こすと、今日の民主主義体制のもとでは、イスラーミズムの影響は多分に、多くの人びとが自分の存在に一個の意味を与えたいとする差し迫った必要にもとづいている、という見方も受け入れなければならない。古典的な指標（労働による包摂や、出身社会との強い絆の維持）は意味を失っているか、もはや不十分となっている。そうなると、イスラーム化あるいは再イスラーム化〔12〕が、社会的不公正とレイシズムによる剥奪がどう結びついているかについて解答をもたらし、自尊の念と未来への希望をいだかせる積極的なアイデンティティを与えることになる。

ラテンアメリカ一円ではどうだろうか。インディオたちの運動も右のような過程の重要なもうひとつの表現をなしている。ここでは基本的には、暴力との訣別を希求する副次的な特徴をともないながら、社会的公正への要求と文化的主張がないまぜになっている。ボリビアのカタリズム〔一八世紀の反乱指導者の名にちなむ先住民インディオの運動〕に始まり、グアテマラのインディオの運動やニカラグアのミスキトス〔黒人との混血も多いインディオの集団。サンディニスタ政権への抵抗闘争を展開〕の行動を経て、チアパス州（メキシコ）でのサパティスタの蜂起にいたるまで、イヴォン・ル・ボットがその労作で明らかにしたように〔13〕、行為者たちは実際に真のデモクラシーへの関心をひとつに結びつける闘争を構築しようとしている。こうした願いは、とりわけリゴベルタ・メンチュ（一九九二年のノーベル平和賞受賞者）〔グアテマラのマヤ農民出身の先住民人権運動家〕、副司令官マルコス〔九〇年代に蜂起したメキシコのサパティスタの運動の指導者でスポークスマン。本名ラファエル・セバスティアン・グイレン・ヴィセンテ〕において力説されている。

これらの新しい文化運動は、当初（一九六〇年代から七〇年代にかけて）ある種の敵意に出遭ったが、直接の影響分野を超えたところでは、真の関心、了解、すなわち共感を呼び起こした。それに反し、八〇年代の第二の波はある不安を目覚めさせ、その不安は大きくなっていった。その主な認識は、もっぱら運動の影の側面へ、すなわちコミュノタリスム、党派性、内向きの退行へと向けられる。それはとりわけ、ラディカルな特性のため脅威と感じられ、運動のあるものについてはメタ政治的な暴力の実践と受けとられた。この暴力とは、民族的ないし宗教的な意味合いでの暴力であり、行為の厳密な政治的次元に従属するのだと称し、統合を図りながら、当の次元を超えてしまう。民主主義体制のなかでは、この脅威の感覚は、たとえまちがいなく事実にもとづくときでさえ、普通ではないもの、さらには恐ろしげな幻想を与えるものとして現われる。たとえば、イスラーミストのテロが九〇年代半ばのフランスに衝撃を与えたことは疑いえないが、フランスのイスラームは暴力的でなかったばかりか、むしろ都市暴力への防壁をなしたことを指摘することが、はるかに重要だと思われる(14)。

そこからパラドクスが生じる。新しい運動が平等や正義に訴える強力な社会的次元をそなえるようになると、文化的次元ではとくに危険とみられ、国民の一体性、その価値、あるいは集合的存在を脅かすものと認知される。文化的差異は、富める者よりも貧しい者によってその範囲が拡大されるとき、いっそう恐怖を与えるのだ。

文化的承認というテーマと社会的要求というテーマを結びつけることは、貧者、被支配者、被剝奪者だけの独占物ではない。とくに一九八〇年代以降、ルイス・ファラカーンの運動は中間階層出身の黒人を高い割合で含んでいる。こうした結社には、まったく別の形式で出会うことがある。下降的な社会移動の脅威にさらされた集団によって担われるナショナリズム運動、これが、めざましく台頭しはじめた当初の「国民戦線」への投票者のケースである(それが初めて可視的になったのは一九八三年のドゥルー市〔パリ西方の移民が多く住む郊外都市〕の補欠選挙の際だった)。こうした組み合わせは、富裕なグループの内部からも現われる。彼らは、自身が同一化している近代化にとって民衆階層が足かせになっていると難じ、彼らを切り離すのにやっきとなる。これが、イタリアの北部同盟〔一九八〇年代に生まれた政党。保守政権にも参加。貧しい南イタリアを重荷だとして、北部の自治権強化などを主張〕の現象のケースである。

そして、現代資本主義の中枢部である、サスキア・サッセン描くところの「グローバル」都市[15]のなかでは、エスニックなものの表明はしばしば、たとえば強力なエスニック・ビジネスを可能にする経済的資源や、いちじるしく固定化された文化的差異化に対応している。本書では、イスラーミストの運動に触れたからには、彼らが、民衆アクターを、敬虔なブルジョワや若いエンジニアのようなはるかに豊かで影響力もある他の社会的人物たちへと結びつける能力をもち、そこから力を引き出したということを想起しないわけにはいかない。

出現の二つの様式

したがって、近年の文化的アイデンティティの上げ潮は、主に二つの様式によって特徴づけられる。

第一は、文化表出はきわめて明白だが、社会的には明確でないか、区々に分化しているというイメージに関係している。これは、承認されることを求めているが、その行為者が社会的タームでこれを特徴づけることができないような、そうしたアイデンティティに対応するものである。または、たとえば中間階級といったかたちで漠然と無規定にしか特徴づけられない場合である。第二の様式は、その反対を行くもので、文化的要求と社会的要求が明瞭な場合である。これらの要求が、支配され排除されている民衆的行為者や、社会的凋落やはなはだしい下降移動のなかにある集団に体現される、あるいは逆に、社会への支配力を強める、または最下層者に対してより大きな距離をとる支配的行為者やリーダーによって体現されるというケースである。この第二の様式ではしばしば、差別の行為があって、それが文化的論理と社会的論理の統合を可能にしている。それは、文化的差異の名のもとに、ある人物ないしある集団が社会的に不利な扱いを受ける、または他の集団を不利に扱うという場合である。そのように文化的帰属の事実から、不平等、社会的不公正が産み出され、または維持されていくのだ。シモネッタ・タボニが指摘するように[16]、文化的帰属とは「中立的」なものではなく、ヒエラルヒー状に社会的に機能する。

相次ぐ二つの波動と、二つの出現の様式というわけであるが、この二つのかたちは、同じ理由からその含意が生まれているはずなので、互いに近いものをもっている。歴史的分析のカテゴリー（二つの波動）も、社会学的分析のカテゴリー（二つの様式）も、実際には経験的現実を決して汲み尽くしているものではなく、せいぜいのところ、その理解を助けるにとどまる。一九六〇年代から七〇年代にかけての運動は、事実、それらの文化的側面のみに還元されうるとは到底いえず、控え目にみても、社会的意味をまぬがれてはいなかった。

われわれ自身の行なった調査からも、つぎのことがいえる。フランスでは、一九七〇年代のオクシタン運動が実際に一個の文化的要求と社会経済的異議申し立て行動とを結びつけようとした。前者はとくに言語、歴史、文学、生活様式の振興を願う中間層や教員たちによって担われたもので、後者は、ワインの商業取引に戦いを挑むブドウ栽培農民の異議申し立てであった[17][13]。それに数年先立って、スペイン・バスクの運動が、バスク民族の名においてであるが、労働運動としてもフランコ主義独裁と対決していた。この労働運動は、テーマとして革命的ないしマルクス゠レーニン主義的な政治的次元を含んでいた[18]。

他方、右に区別した二つの様式がほとんど同時共変的に現われることがあり、右に相次いで生じると述べた二つの波動が、実際には重なりあうかたちでやってくることもある。このことは、アメリカにおける黒人問題の変遷のなかにもみてとれる。「ブラック・イズ・ビューティフル」のスローガンが出現し、アメリカ合衆国の大都市の黒人人口の内部に社会的不平等の溝がうがたれていると語る声が聞こえはじめるのは、黒人アイデンティティというテーマが浮かび上がってくるのとほとんど同時期だった。文化的承認の要求の急な台頭は、ここでは「ブラック・ブルジョワジー」なる中間階層の形成が明瞭になってくる社会的分裂という文脈のなかで生じている。だが、「ブラック・ブルジョワジー」の出現は、すでにフランクリン・フレイジアーによって一九五〇年代末以来認められていた[19]。他方、極貧のプロレタリアートは、ウィリアム・ウィルソンによって分析されたハイパー・ゲットーのなかに、貶められたかたちで見いだされている[20]。

それが社会的テーマと明らかに結びついているか否かで、文化的差異の二つの様式を区別し、われわれは、この様式のいずれにも、完全にも、長期的にも対応しない歴史的現実に光をあてることになる。歴史についても同様であり、歴史は純社会学的なカテゴリーには還元されえない。実際、この二つの様式はその各々の道をたどり、必ずしも時間的に継起することなく出現したり、消失したりする。けれども、総じていうと、一九六〇年代の末とつぎの一〇年間を活気づけたのは、まさに第一の波であり、それに対し第二の波が高いうねりを示すのは、七〇年末以降にすぎなかった。その説明はといえば、おそらく歴史的なたぐいのものとなろう。実際、文化的アイデンティティの最初の昂揚は、すでに述べたように、高度成長の過程と重なっていて、フランス人がジャン・フーラスティエ〔一九〇七～九〇年。経済学者。技術革新の意義を強調し、第三次産業社会の将来を展望〕にならい「輝かしい三〇年」と呼ぶ、戦後三〇年間の発展期の最後の輝きの時に対応している。完全雇用が疑われることはなく、経済は繁栄しつづけるべきものと見え、技術と科学が疑いもなく最良の世界を約束してくれているときに、文化変動が生じる。ほどなくして社会経済的困難が持ち出され、社会がその統合を脅かされていると感じるようになるとはつゆ思わずに。後に、近代化の諸過程は失業、産業解体、生態系破壊、経済危機などと結びついた不安のプリズムを通して見られるようになるが、大勢はそう見てはいなかった。

ところが一九七〇年代半ばからは、多くの分析が軌を一にして、一九七三年の中東戦争と石油危機という転機に遡るようになる。ここで意識状態が一変する。不確実性、ペシミズム、社会それ自体の自信喪失、経済的困難、資本主義の変わりやすさと不安定の時代への突入――これらの要因は、文化的差異に向けられるまなざしを変えたばかりではなく、文化的差異の形成の過程自体にも影響をおよぼした。不平等の拡大、不安定化、賃労働関係の破壊、失業、しかしまた「進歩の弊害」の意識化といったものも、文化的アイデンティティの上昇の力を大きくしぼませた。その展開は引きつづきみられたものの、しかしこんどは、労働運動の衰退と工業段階からの離脱のため、やがて古典的カテゴリーとしての階級闘争とは定式化できなくなる意味を行為者たちが付与する、重い要求を担わされることになる。

異　議

われわれが主張するように、文化的差異はすでに決定的な論争の中心にあり、民主主義に大いなる挑戦を投げかけている以上、これが将来にわたり論争を活気づけるはずだと言うことは、きわめて重い含意をもった仮説を押し出すことを意味する。それは、歴史的な態度選択をすることにもなる。つまり、一九六〇年代は、未曾有の社会諸関係のひとつの型への、つまりわれわれの分析の伝統的な空間を超えるような集合生活の諸形態への突入をうながし、われわれを国家と国民というおなじみの枠組みの外に投げ出した、と主張することになる。またそれは、一般的志向も、具体的要求も、それらの担う意味もいちじるしく変わったことを示す新しい行為者が登場している、と唱えることを意味する。実際、これらの変化は、人びとの私生活にも、個々の主体の主観性にも影響を与えずにはいない。ただし、変化は、経済的グローバル化現象、新しい諸テクノロジー、文化の国際化といったきわめて一般的レヴェル、すなわち宇宙レヴェルにも影響をおよぼしている。

以上の仮説は、歴史的規模で実践と行為者の新しさを強調し、同時に、それに応じてわれわれの分析カテゴリーをも新たにすることを求めるものである（これについては第Ⅱ部をみられたい）。とはいえ、別の観点からの反対があるかもしれない。何よりもまず、文化的特殊主義の現代的展開には、ましてそれらの不安定な性質には、なんらとくに新しい要素はないという反論が考えられる。文化人類学は久しくこれを言ってきた。文化相対主義の父といわれるフランツ・ボアズが文化の雑種的で変わりやすい性格を説明したときの一文も、これに含まれる。「物やしきたりの形式は絶えず流動していることがわかる。しばしばある一定期間固定的であっても、つぎには急速な変化をとげる。この過程を通して、所与の一時期に文化の諸単位に属していた要素は、そこから分離する。あるものは存続するかと思うと、あるものは消滅してしまう［……］」[21]。なぜなら、宗教運動、宗教戦争といった現象は、つねに歴史の綾糸を織りつづけてきたからである。そのうえ、今日の時代は、個的人格とグローバルな変革を唯一かつ同一の視野のもとにみてとれるような問いを生じさせる唯一の時代であるというにはほど遠い。戦前の決定的ないくつかの著作[22]におけるノルベルト・エリアスの力強さをなすのは、ルネサンスを出発点にヨーロッパで動き出した文明化の過程を、個人的なものと集合的なもの、特異なものと一般的なものを区別しつつ連節させることのできる諸用語によって考察した点にある。こうして、エリアスの分析は、個人はその衝動を内面化し、感情や攻撃性を制御し、人間学的に変容していき、それと時を同じくして、国家と集合生活の制度構造も強化されていくことを示してみせたのだ。

おそらく、こうも問うべきだろう。文化的アイデンティティを現代社会の分析の中心に置くという仮説は、それ以前の社会についての誤った理解にもとづいていないか、と。われわれは、ずっと工業時代を通してほとんどもっぱら社会問題に関わらせ、文化問題をとるに足らないものとしてきた社会学的思考様式の犠牲者なのではなかろうか、と。社会科学内部の分業により、久しく文化の研究は人類学の分野とされ、生産関係や社会紛争の研究が社会学にゆだねられてきた。人類学者は遠く隔たった世界に関心を向け、それに対し、社会学者は西欧的近代に興味を傾けるというわけである。したがって、産業社会について思考することは、まず伝統的アイデンティティの解消について研究し、次いで、労働、官僚制化、諸制度の機能、社会化などの固有に社会学的な現象を分析することにほかならなかった。

工業時代には、支配、搾取、またそれとならんで近代化、分業が社会体の統一におよぼすリスクが社会に関する議論の大きな部分を占めていて、しばしば文化的アイデンティティについての議論は脇に追いやられていた。ところが、労働運動と工場主を対立させる固有の社会的対立関係によって構造化された工業社会のなかでも、集合生活はつねに文化的次元を含んでいたのだ。労働運動は、その出現から凋落にいたるまで、搾取者と被搾取者の一対一の対決のみに還元されたことは決してなく、しばしばそれ以前から存在したもろもろの連帯に頼った労働者アイデンティティにも基礎を置いてきた。その連帯は、労働外の住居や日常生活のなかでつくられた固有の下位文化が生み出したものである。

たとえばエドワード・P・トムソンは、イングランドにおける労働者階級の成立が、生産関係に限られない、連帯、忠誠、出遭いといったコミュニティ生活の諸形態に負っていることを示し[23]、同じく古典的な一著作のなかでリチャード・ホガートも、その光輝ある時期にイギリスの労働者階級を社会の他の部分から隔てていたあらゆる距離を明らかにしている[24]。イギリスのカルチュラル・スタディーズのもうひとりのパイオニア、レイモンド・ウィリアムズは、一九五〇年代以来、文化を社会生活およびイギリス史の中心に据えるべきだとし、これまた労働者階級とその諸価値に重要な位置を与えている[25]。そして、イギリスの経験の枠組みに限ると、もっとも新しい仕事は、八〇年代のフーリガン行動〔フーリガンは、サッカー試合の観衆でしばしば暴徒化した民衆〕の誕生や、スキンヘッド運動および多様な「人種ハラスメント」現象を、これまた労働者文化の解体によって説明している[26]。

なお、労働運動そのもののなかでも、アイデンティティ問題、とりわけ民族の問題に関しては、いくつかの重要な論争があった。[27] カール・マルクスからオーストリア・マルクス主義者やウラディミール・メデムのブント[14]にいたるまで、インターナショナルはつねに、階級闘争と民族・言語的アイデンティティ（この場合はブントのユダヤ人労働者にとってのイディッシュ語）の両立を図るべきか否か、両立を図るならばどのようにすべきかを問いつづけていた。

これとは別の議論に拠り、一九六〇年代以来の文化的アイデンティティによって投げられた挑戦の新しさという仮説に異を唱える反論の一変種がある。それは、現代のアイデンティティ現象の特異性を認めながらも、そこに過渡的な副現象以上のものをみることはこばむ、というものである。この見方では、差異または文化的アイデンティティが二〇世紀末の年々の論争のなかにひとつの選択肢の位置を占めたのは、特殊な歴史的相伴状況のおかげだということになる。それら文化的アイデンティティの高揚は、近代の一時的な危機の結果にすぎない、と。集合生活に示されたその可視性や、それが引き起こす活気に満ちた論争は、世界的な成長鈍化によって支配された時期や、失業や排除の増加など、大きくみて第一次石油危機によって幕を切って落とされた時代に対応しているという。したがって、資本主義の激変と、発展の旧様式に終止符を打った新自由主義的パージの産物であり、それらの現象は解消の途上にあると考えられるという。

この見方からすると、労働組織、生産、分配の旧来の形態からの離脱の局面の後の、社会問題への回帰は、文化的なものへの関心、さらにはそれへの強迫観念の後退を意味することになろう。事実、われわれは、不安定とか変わりやすさの帰結とかの争点をめぐる社会問題の再定義の時を経験しているのではなかろうか。この時点については、リチャード・セネットのみごとな分析[28]がある。また、われわれは、マニュエル・カステルがアプローチしたような新[29]しいテクノロジーとネットワーク状の機能様式にもとづく集合生活の再創造を目の当たりにしていないだろうか。そこから、社会的なものはいわばすべての権利を取り戻すようながされ、文化的アイデンティティをそれ相応の、もはや中心的ではない位置に置き戻すのではなかろうか。

もちろん、これは長期にわたるネットワーク社会の研究からカステルが引き出している結論ではない。この考え方には、まったく別の考え方を対置したい。それは、もしも一九八〇年代に、さらに九〇年代に経済的・社会的諸困難が生じなかったなら、アイデンティティにかかわる運動や文化表出はさらにもっと生き生きとして活発なものであったにちがいない、というものである。なぜなら、それらの困難は、アイデンティティ運動や文化表出を弱めるか、歪ませ、あるいは過激化させ、暴力へと追いやったからである。

著者の決裂の仮説に対する反論は、連続性という主題にもとづいており、連続性は二〇世紀末の社会経済的変動によって単に一時的に揺さぶられているにすぎないとする。しかし、そうした反論を検討することで、われわれは、現代のアイデンティティの高揚の二波の動きに関する右のような考察にみちびかれ、われわれの論理を正確に述べることができている。その第一の波は、後に「グローバリゼーション」「新自由主義」と称されるようになる経済の大変動以前にやってきたもので、この変動から生まれた種々の社会的難問によってさまたげられることはなかった。だから、この波は、あるタイプの社会から別のタイプの社会への、すなわち文化と個人的・集合的主観性が集合生活の主な争点を直接規定するという事実によって特徴づけられる社会への移行が、速やかに苦もなく行なわれるとの幻想を生んだほどである。

しかしやがて、工業時代からの離脱は高い代価を要するものであることが判明する。多くの人びとにとってそれは過酷なもので、多数の者を路傍に打ち棄ててかえりみない。文化の変革の追求は、気がついてみれば屈折させられていた。社会問題は、主に生産関係のなかではたらく搾取の問題であることをやめ、排除と不安定という問題に席をゆずった。予想を超えるような社会的様相が現われ、それらは行動の剝奪・不能によって支配され、えてして暴力の誘惑にさらされ、それでいて、しばしば新しい価値を発達させる。すなわち、尊敬、尊厳、侮蔑、自尊などの主題に敏感な文化であって、社会的支配に異議を申し立てるよりも、敗者の側に身を置くことを避けるというものである。要するに、勝者／敗者という分裂線によって構造化された文化なのだ。したがって、文化的なものと社会的なものは、新しい社会問題のなかでは容易に混じりあうものとして現われている。

短期間だが、文化の表出は、比較的自立的に、現実の社会的要求とは切り離されたかたちで、その位置を与えられたようにみえた。けれども、この現実の社会的要求は、時代遅れになることが見込まれるような型の経済および生産関係に対応していたか、または生まれつつあるがまだよく知られていない型の経済および生産関係に対応していた。一方に斜陽の旧型産業と守勢の労働組合が、他方には情報処理、バイオテクノロジー、ネットワーク、強まる個人主義があった。社会的要求は変容をとげ、つぎには文化の変動とともに登場してくるが、文化変動そのものも社会的に無規定なまま現われることはなくなった。そこで、それらは、このとき両者を結びつける行為者によって担われることになった。

一九七〇年代には、われわれは、その特殊性における文化的承認の要求を考慮に入れることに慣れたが、八〇年代、九〇年代になると、文化的承認の要求を、社会的性格の要求から長期にわたって完全に切り離すのは不可能であることが明らかになった。そのため、限られた歴史的状況を除けば、劣等視と支配をまぬがれた差異というものは存在しないとわれわれは考えるようになっている。この指摘は、逆の方向にも定式化される。劣等視、支配、排除は、単に個人としての個人に向けられるだけではない。それらは個人を、ほかにも増して従属的または劣等とされうる集合的カテゴリーのなかに閉じ込めることで、それだけ効果を増し、恐るべきものとなる。子ども、女性、人種化された集団、障害者、いわゆる「危険な」人びと、マイノリティ宗教、等々のカテゴリーがそれだ。経済的不平等や社会的不公正は、単に人びとの上に作用するだけではない。もっとも弱い者、傷つきやすい者を一般に自然化しやすい文化的タームで規定するという差別・隔離の論理にも拠ることになる。

以上のなかで、レイシズムは、それが介入する社会の社会経済的・政治的な状態にもとづくこれらの論理にかたちを与えるという、とくに重要な役割を演じる。労働力に還元された一労働者を搾取するとき、レイシズムは、生物的ないし身体的基準によって直接に規定されたあるグループをスティグマ化するという役割を演じる。さらに一九七〇年代に始まる西欧諸社会の場合、失業問題を前にし、すでに過剰になっている一部の工業労働者を厄介払いするとき、これが拒否と排除の現象に力を貸す。ここではレイシズムは差異主義的になり、狙いをつけた人びとに文化的諸属性を帰することに固執し、彼らはもともと支配的文化の諸価値を受け入れられない存在である、と想定する。過去二〇年間におけるレイシズムの大きな変化は、つぎのような時代の移行に大きく負っている。すなわち、生産諸関係をともなっていた工業時代から、不熟練労働者の必要度が製造業のなかではるかに低下し、対立関係がより明瞭に文化的な様相を示すようになる時代への移行である(30)。

集合的アイデンティティと個人主義

今日、公的空間のなかで行なわれる集合的な表出について、一種プレヴェール式目録づくり〔二〇世紀フランスの詩人J・プレヴェールは、有名な詩「目録」のなかで、相互に何の関係もない物をちぐはぐに並べるリストを呈示した〕のように、社会学的に雑多なリストを作れば、それこそきりがないだろう。エスニックな、宗教的な、ジェンダー・障害・重病と結びついた、おびただしい、しばしば変わりやすい表出には、絶えず分割や再構成が起こりうる。後段では、これらをその多様性において考えることをはじめとして、おそらく適切とされる基準によって序列化することも可能にするような区別立てとも向きあうことになろう。マニュエル・カステルがつぎのように説き、ある仕方でわれわれに奨めている作業がある。「私に言わせれば、民族が抑圧や差別の理由として何にもましてあてにされるのは、民族というものが、意味とアイデンティティの源泉として〔……〕宗教、ネーション、性のような、より広い文化的自己定義の原理にも適応せしめられるからである(31)」。

この段階で、これまで述べてきた現象の集合的性格にかかわるひとつひとつの論点に触れなければならない。文化の変動とは、一九五〇年代、六〇年代に多くの論者が強調したように、何よりも近代的個人主義の台頭に結びついた変容を通して進むものではないだろうか。というわけで、文化の変動は、経済変動および、七〇年代半ばにアンドレ・グラヌーが指摘したように、「消費の迂回路」を作用させる資本主義の論理の拡大と解されるものと結びつけられた。こうした視野でみるなら、消費と大衆文化は、産業社会の機能の仕方を変えるようになったといえるだろうが、それでいて自然を根本から問題にしていない。消費と大衆文化は、産業社会を拡大し、近代および個人主義の一般化にお墨付きを与える。

なお、エドガール・モランのような人びとは変化の集合的表出に敏感であり、新しい青年文化、たとえばロックン・ロールに対してまっとうな理解を示した。映画への情熱も同様であり、彼らは自らをその分析者となし、しばしば目の肥えた愛好者となっている。それに反し、スペクタクル社会を状況主義の諸カテゴリーから分析するとか、ハーバート・マルクーゼとともにフランクフルト学派の精神を維持しつづけるといった具合に懐疑、糾弾、批判的思考の視点に立つ人びともいる。これら多様なアプローチがあるなかで、文化変動は、集合的な異議申し立ての誕生によりも、先進産業社会における個人主義の進展に影響を与えた。二群の問題意識に関係する文化変動への主な二つの認識も、それ自体、一九六〇年代以来このように分岐し、並存している。ひとつの認識は、こう想定する。人びとの特有の経験のなかで近代的個人主義が生きられる仕方に特別な意義が与えられ、その人びとにとって、アイデンティティとは、必ずしも集合的行為に転化されえない文化的次元を含んでいる、と。それに対し、他の認識は、集合的な動員行動の意義やその方向性を検討することにつながっていく。

社会科学は全体として、変化についてのこの二つの可能な見方をいわば平和共存のなかに併置することでよしとし、一方または他方に焦点化したアプローチは相互に無視しあってきた。一方が近代的個人主義に関心を寄せ、他方が集合行動に関心を寄せる以上、それらを対立させるのは一見魅力的にみえる。

しかし、ただちにここでまったく異なる解決法をとると述べたい。実際にこれら二つの見方を対立させ、そこからひとつの明確な選択をみちびくと考えてはならず、二つを結びつけ、組み合わせなければならないように思われる、と。われわれのみるところ、近代的個人主義は、集合的アイデンティティの表出の高揚の主な源泉のひとつをなしている。つまりは、現代の文化的差異の構成要素のひとつをなしているということである。

空間におけるアイデンティティ

マルセル・ドゥティエンヌは刺激的な一著作のなかで、人類学とちがい、歴史学はとくにフランスとドイツでは国民という枠組みのなかで構築されている、と述べている(33)。では、社会学についてはどうだろうか。オーギュスト・コントからタルコット・パーソンズにいたるまでの古典期を通じて終始、この科学は倦《ひる》むことなく社会、国家、国民の密接な対応関係を論じてきた。ところが、一九七〇年代以降、この対応づけは大いに問題視されるようになっている。社会、国家、国民の分離の過程を対象とした分析は、主に二つの局面を通して進んだ。最初の時期には、分析は、理性とアイデンティティの分離を主張し、近代のそれ以前の段階を通じてこの二つの極は区別されながら、まだ緊張をはらみながら機能していたことを強調している。種々のポストモダン・アプローチは、諸領域の分離を強調し、ポストモダニストのイデオロギーは好んで文化とアイデンティティの領域を高く価値づけ、ある種の相対主義を説きつける。そして、白人、男性、とりわけアメリカ国民といった支配者たちの述べ立てる普遍の主張や、権利と理性への訴えの、そのヴェールの影で進行している抑圧を非難する。第二の時期には、経済的グローバル化というテーマが、別の型の思考を押し出すようになる。すなわち、とくに金融と商品の形態からみた最近の資本主義の拡大は、この世界に不平等と社会面での排除を生み出す一個の統合原理をもたらしている、というものである。グローバリゼーションは、文化のレヴェルでは、アメリカの主導権のもとでの消費とマス・コミュニケーションの一般化を通しての均質化と、あらゆる種類のアイデンティティの特殊主義がこばまれると同時に強められる断片化という、逆説的にも相補的である二つの現象を同時的に引き起こしているのではないか。

あまりに単純なある種の見方の言うところに反して、現代の事態の展開における本質的な点は、例のおなじみの、世界の「マクドナルド化[34]」のような消費様式の画一的大衆化にもなければ、断片化から生じるおそれのある内向きの各部分と必然化されるそれらの抗争にもない。それは、とくに両者の結合のうちにこそあるのだ。アルジャン・アパデュライの言葉を借りれば、それは「文化の均質化と異質化の緊張[35]」に、ローカルと世界とのかつてないゲームの展開に、地理的に離れた文化間の相互作用に存するのである。

ポストモダン、さらにはグローバリゼーションのタームによるこれらの現象の解釈は、たしかに議論の余地はあるが[36]、しかし少なくともある決定的な点を強調するというメリットをもっている。それは、社会・国家・国民の古典的三位一体の空間における分析に限られてはならないことを意味する、という点である。すなわち、今日、社会現象を国民社会と国民国家の枠内だけに限って考えたり、文化現象を社会生活とは関係ない、また社会生活にとって二義的である異国的ないし外在的なものとみなすことは不可能だとする点である。文化的特殊主義もそれらの空間レヴェルで吟味されなければならず、社会・国家・国民の三位一体の空間における分析に限られてはならない。

これら文化的特殊主義は、明確に境界づけられた地域アイデンティティを行為者が高唱するような小規模な領域のなかで展開されることもある。たとえば都市、そのなかの街区といった場合がそれだ。その際もちろん、このアイデンティティが、一国というレヴェルで位置づけ可能な論理のなかに描き込まれることはあり、または「ディアスポラ的」に国境を越えた展開を示すこともありうる。たとえば、移民出自の集団が（文化的、政治的、社会的な面で）地域社会に参加しているのがみられても、しかし国民レヴェルでは相対的に周辺的にしか位置づけられておらず、それ以外ではディアスポラだったり、出身国に依然として結ばれていて、そのレヴェルで緊密、濃密な関係を維持していることも珍しくない。「マクロ」レヴェルは「ミクロ」レヴェルの一般化にすぎないかのように、必ずひとつの空間は他の空間と連続しているわけでも、生じている諸問題のあいだに必然的に相似性があるというわけでもない。つまり、ローカル、ナショナル、トランスナショナルまたはインターナショナルというそれぞれのレヴェルで区別されることができ、多様な次元が観察はされるが、かといって、それら全体のなかでとらえられた経験を考えようと努めることが抑えられてはならないのである。

以上の考察からは、移民送出と結びついた、まさにトランスナショナルな諸現象が想起される。そこでの重要な事実は、ディアスポラが広がっていき、それらの担う歴史的経験が多様化しているという点にある。なるほどユダヤ人ディアスポラは依然として典型的な参照例だが、実際にはディアスポラの観念自体が、少なくとも三つのタイプに分化していることがわかる。

第一のタイプは、ジェノサイド、大量虐殺、暴力的追放といった重大な衝撃から生まれたディアスポラをくくるものである。創始者という価値をもち、失われた土地を、神話的な場へ、強迫的となりうるような参照枠へと変える。少なくともその参照枠が実際に揺るぎないものであるかぎり、これは持続する。アルメニア人、またあるかたちでパレスティナ人もこの形式の例に属する。さらに、歴史的発祥の地をなす主な国々（トルコ、イラク、シリア）ならぬ西欧、とりわけドイツに生活するクルド人を加えることもできよう。[37] ソ連帝国の解体以降、アルメニア人はユダヤ人と類比されるような地位に置かれ、独立国〔アルメニア共和国、旧ソ連内の一共和国をなしていたが、一九九一年独立〕をもったわけで、パレスティナ人もこれに近づいている。

このことは、当のさまざまな人びとの集団の内部でさえ、彼ら自身のアイデンティティについて、そして新国家内で、またはディアスポラ状態でこのアイデンティティを維持しうる能力について、絶えざる問いかけをみちびいている。たとえばジョルジュ・フリードマン〔一九〇二～七七年。労働や技術文明を扱ったフランスのユダヤ系社会学者〕は、一九六〇年代以来、イスラエル国家内部でのユダヤ民族の解消という問題を提起してきたが、その三〇年後、イギリスの歴史家バーナード・ワッサーステインは、その著書の副題でもある一九四五年以降のヨーロッパ・ユダヤ人について、「消滅途上にあるディアスポラ」として語っている。[38] ニコラス・ヴァン・ヒアは、「新しいディアスポラ」を扱った著書で、彼なりに、とくに冷戦の終了以来このかた、大量の集団移住、また強いられた移動が、おびただしい人びとをディアスポラのこの第一の部類に合流させたことを示している。ウガンダから追放されたアジア人、ナイジェリアからのガーナ人、サウジアラビアからのイエメン人、ブータンからのネパール人、等々。彼によれば、こうした状況は「トランスナショナリズム」の観念に意味を与えるものであり、それには、追放（ブルガリアからのトルコ人の、あるいはドミニカ共和国からのハイティ人の追放）や、メキシコ－アメリカ間を行き来する流れを保っている移動現象のような、他の現象も含めなければならない[39]。

ディアスポラの第二のタイプは、その出発点が強制と暴力の事実よりも、選択であるような経験に関するものである。この場合、外への移動は欲せられ、熱心に望まれてさえいるが、にもかかわらず出身国とのあいだに強い絆が維持されている。テクノロジーの変化、とくに「グローバルな」コミュニケーションは、若干の国が提供するもろもろの機会について映像と情報を世界中に流布することとなり、これに現代人の長距離旅行の可能性が加わってくる。以上の要因が他の要因と結びつき、エスニー－ネーションのあり方に作用をおよぼしてきた旧型のディアスポラをしばしば強める結果にもなる。もっとも有名な中国人をはじめとして、である。もちろん、以上の要素は、外への移動にしばしばともなうリスクや大きなコストを、当然にとくに小さくしてくれるはずのものではない。

他方、アンヌ・ローランがいうように、ディアスポラのネットワークが世界規模で機能し、国境をまたぐことのできるような経済的行為を、その文化的可視性のもとにとくに商人ディアスポラに特有のエスニック・ビジネスに結びつける、といったことも起こっている[40]。こうしたネットワークは、地域的または全国的な労働市場をはぐくむこともできる。行為者たちは、起源や出自への頑なな準拠に閉じこもるか、それとも自らの根を絶って統合されるかという単純なオルタナティヴにしたがうとはかぎらない。とくに消費に関しての彼らの行動は、真のアンビヴァレンスをよく示している。アンヌ・ローランの分析では、これらの態度はそれだけいっそう、「居心地の悪さと根づき感とが結びついた力動性」のイメージを与える。そして、そこでは「コミュニティへの碇泊を求めての出発ではなく、むしろ逆に、他者の文化に対して、または当人の出自の文化に対してある種外在的であることを利用し、それらに身をさらしながらも利益を引き出すことが行なわれる[41]」。

最後に、第三のディアスポラのタイプは、トランスナショナルなコミュニティがそのなかでつくられる生産の論理に対応している。だがそれは、苦悩に満ちたコミュニティ創立の時点によっても、強い準拠価値をもちつづけるある国からの出発以来の時間のなかで展開された移民過程によっても、直接には説明されえない。たとえば、ポール・ギルロイは『ブラック・アトランティック[42]』の研究のなかで、大西洋のこちらと向こうで、特殊アフリカ的でも、アメリカ的でも、アンティル的でも、イギリス的でもなく、同時にそれらのいずれでもあるような一個の黒人の対抗文化がいかに構成されたかを示している。こうしたトランスナショナル・コミュニティは、ひじょうな芸術的創造力、きわめて可視的な行為者たちの表出力、主観化のみごとな要求を表現する身体、セクシュアリティ、ダンス、音楽への関係によって特徴づけられる。ここではディアスポラは、自らをそう認める者たちによって構成されているわけで、過去からの被相続物ではない。いずれにせよ、直接に奴隷制が意味したような暴力的な根こぎによるものではない。自分たちのコード、経済、文化は、再生産するというより、生産するのだ。さらに、文化的な想像力と創造力を結びつけながら、その仲間たちがこうむる排除とレイシズムへの批判に努めている。

ディアスポラ現象はそれ自体、大きな変化を生じる可能性をおびている。たとえば、移動現象のなかに、ニコラス・ヴァン・ヒアの新造語を借りれば、「脱ディアスポラ化[43]」のさまざまな瞬間を見ることがある。これは、すでに移動している者のコミュニティが再度離散して、移民の一コミュニティが出身地に帰るという「ディアスポラ化」または「再ディアスポラ化」であり、さらには移動の一時的逆流という現象もそれである。また、特異な空間がつくられるという可能性がある。アメリカ合衆国とメキシコの国境のように、国境がもっぱら分離のラインであることをやめ、接触の場となり、すなわち特定の機能が果たされたり、多様な相互行為の行なわれるゾーンの中心となるといったケースもある(44)。人びとが、ピストン運動よろしく出身国とホスト国のあいだをつねに行き来する、またはその生涯に何回かだけ移動するといったこともある。

要するに、現代の人の移動の現象は、大量であると同時に、はなはだしい多様性をも呈している。移動者たちの経験、そしてある程度までその子孫たちの経験も、脈絡のないものとなりやすく、後になって再関連づけがなされたりする。彼らの個人的・社会的な文化帰属はローカルから、必ずしもナショナルなレヴェルを経ず、世界レヴェルへと広がる、互いに必ずしも対応性をもたないいくつかの空間のなかで生じるだけに、そうなるのだ。空間のなかで地理的に妥当することは、時間のなかでも妥当する。たとえそれが、よく起こりうる所属の不安定という理由によるにせよ。

最後にいえば、たとえばディアスポラ的アイデンティティと一個のシティズンシップとを両立させなければならなくなるとき、どうなるか。シティズンシップの概念は一般に、一都市、一地域、とりわけ一国民のようなはっきり画定された領域に結びついたものであるから、トランスナショナルな現象は、その場合きわめて複雑な政治的問題を引き起こす。

第2章　政治・道徳哲学のとき

哲学者たちが文化的差異の問題にアプローチするとき、既成の、比較的変わりにくい、固まったアイデンティティ・イメージにもとづいて問題を構成し、またそれを考察の出発点とすることがよく行なわれる。だが、そこにはパラドクスと限界がある。

パラドクスとは、つぎの事実による。一九七〇年代以来、哲学、より正確には政治哲学は、文化的差異の生産、再生産の論理とその行為者につねに徹底して考察を加えているわけではないのに、主体に関する議論全体で中心的役割を演じ、知の他の分野への優越を誇るようになっている。哲学がそこに観ていたのは、まさに深く分析したほうがいいような事柄よりも、むしろ一個の与件である。

一方、限界は、文化的差異の動きやすく変わりやすい性格の考慮にまで議論が入り込むのを控えてしまい、最初から政治的ないし法的レヴェルにとどまっていること、そのことから生じている。というわけで、文化変動がどんな集合的表出とも合流せず、およそ行為者の期待することへの政治的処遇の外で進むとき、さらに、一般に混淆、混血、雑種化の過程の場合のように、政治以前的なものにとどまるとき、哲学は文化変動にうまくアプローチできない。

発端

一九七一年、ジョン・ロールズは『正義論』を公刊した。同書はほどなくして、政治哲学の議論の中心部分がそれをめぐってなされるひとつの典拠になっていく。この点について、パトリック・サヴィダンは「この分野では、いまや古典となっているこの著作との関連で位置づける必要が感じられない理論潮流は、ひとつとして存在しない」と書いている[1]。ロールズの関心はまず社会的公正とかかわっており、一九九三年の『政治的自由主義』では、その理性的で合理的で自律的な人格という見方が完成され、厳密化された。彼は二つの原理を提起していて、その両原理は彼の思想の核心に位置するものである。ベルトラン・ギャルムにしたがって、これを想起しておこう。

第一原理：各人は、平等を基盤とする、他者にとっての同じ一連の自由と両立する、完全に適切な一連の自由への権利を有する。

第二原理：経済的・社会的不平等は、つぎの二つの条件を満たすものでなければならない。第一に、それは、機会の衡平な平等という条件のもとで、万人に開かれた部署や職に関係していること、第二に、それは、社会のなかでもっとも不利をこうむっている成員の利益をもっと

も大きくするために存在しなければならないことである。(2)

以上の二つの原理は、「基本財」(所得、富、基本的自由、自尊の諸条件など)は、その不平等な配分が全員にとって利益があるという場合を除き、平等な仕方で配分されなければならない、とする正義の一般的観念のなかに位置づけられる。それゆえ当初、ロールズの政治哲学のもたらした革新、また革新としてこぞって敬意を表されたものは、基本的自由と人格の自律の能力をはじめ、文化的差異の政治的扱いと結びついた問題を交差させる諸テーマに関係している。といっても、その考察は、これらの問題への直接の意味ある貢献にはなっていない。ロールズは、具体的な生活に考察を加えるとき、文化的タームでよりも社会的タームで考えている。しかし、一方で、政治哲学に重要な知的正統性を回復させ、そこから出発して政治哲学は文化的アイデンティティの問題をとらえることになり、他方で、さまざまな問いを発し、明らかに文化的差異についての省察を経ていくような回答を提案している。

ロールズはこう考える。人の生の見通しは各人においてさまざまな要因の影響を受けていて、なかでも出自ないし社会環境(彼は階級といっている)の影響が大きいが、各人の見方は文化的アイデンティティに無関心というわけではない、と。彼は、公正の問題、すなわち機会の衡平な平等という問題を提起する。自尊への攻撃、彼の言葉ではない別の用語でいえば、スティグマ化と呼ばれる効果を非難している。彼が考えるには、もっとも恵まれない人びとについては、彼らの固有の価値を保証してあげることが大事であろうし、その要請も含んだ教育政策によって、この目標は達せられる。

とすれば、ロールズのなかには、文化的差異をめぐる議論の中心要素の少なくとも二つへとみちびいてくれる多様な開かれた窓があることになる。すなわち、一方では、人、主体、その自律性への考慮があり、これは、集合的アイデンティティを単に文化的遺産の再生産とみるのではなく、選択の所産であるとしている。他方で、衡平（équité）という観念がある。これは、多文化主義の政治が、文化的承認と社会的不平等への戦いとを結びつけようと努めるとき、その政治の核心に位置する観念である。各市民の自律はどんな条件のもとに保証されうるのか。これが、ロールズの問いである。市民の選択、とくに宗教的ないし道徳的な選択がまさしく自身の判断にもとづくようになるためには、いったい何が必要なのか、と。

リベラルズとコミュニタリアンズ

『正義論』は、政治哲学の再興という効果をもっただけではない。この仕事は、根本的な議論を構造化し、再構造化するのに貢献したのであり、その意義はさしづめ、古代近代論争〔一七世紀末から次世紀初めにかけギリシア・ラテン古典と当代フランス文学の優劣をめぐり行なわれたフランス文壇の論争〕のそれにも比すべきものがあった。さらに、ロールズのこの本は、一九八〇年代、九〇年代のリベラルたちとコミュニタリアンたちの大論争の始点ともみなされた。

多くの人がしばしば単純化してまで要約したい誘惑に駆られた、さらには相容れない者同士が相対で向きあっているというイメージでゆがめられた一論争がある。論者の一方は、文化的特殊主義が公的空間でより以上に重視されるべきだと主張し、他方はその主張に危険を、ないし政治の退行のひとつの源泉を見るというわけである。ルカ・K・ソーソは、実際には、ロールズに具現された自由主義に対し、「コミュニタリアン的反発」が、ときに部分的な、ときにラディカルな批判の多様な全体を形づくっていた事実を強調しているが、そのとおりだろう[3]。批判は、いかなるかたちでも、革命的もしくは懐旧的なコミュニティ的生き方への訴えを示していない。個人から出発して、主体をもっぱらその選択の能力に還元しがちであるロールズの中心理念に対し、その基礎そのものに異議を申し立てている。

ロールズ批判者のひとりで、もっとも精力的な批判者でもあるマイケル・サンデル[4]も、主体を、そこに生まれ落ち、個人として全発達をみた社会的ないし文化的特殊主義から解放された一存在とみなすという考え方に異を唱えている。彼は書く。「ロールズのように考えるなら、まったく人格を欠いた、道徳的深さをもたない一個の人間、つまり滑稽な諷刺像を思い浮かべることになる。なぜなら、人格を有するとは、自分が選択するわけでも支配するわけでもない、それでいて自分の選択や行為にさまざまな帰結をおよぼす歴史のなかに自分を位置づけられるということなのだから[5]」。それゆえ、この批判は、個人の観点をしりぞけ共同体の観点を採らねばならないという考え方ではなく、「正義」以前に「善」が存在するという考え方にもとづいている。サンデルは説く。「優先すべきなのは個人の要求か、それとも共同体の要求かを述べることは意味がない。むしろ重要なのは、社会の基礎構造に対応する正義の原則が、市民たちの採用する、互いに矛盾する倫理的・宗教的諸信念に対して中立的でありうるかどうかなのだ。いいかえると、本質的に重要な問題は、善なるものに先立って正しいものが存在しうるかどうかである[6]」。

こうした批判により、一見いかにも異なっている二つの陣営を対決させるかにみえる中身の詰まった論争の中核へと入っていく。一方に文化、情念、情緒があり、他方に理性があって、前者では「善」が「正義」に優先し、後者では「正義」が「善」に優先する。つまり、前者にとっては、社会的正義と権利を考えるには、人間存在がそのなかに位置づけられる歴史的諸関係を考慮するのであり、後者にとっては、抽象的で普遍的な諸原理に訴えるというわけである。なお、一見両立しがたい、おのおの明白な判断によって支配されている二つの観点が背中合わせに反映されている、そうした文献には事欠かない。社会内部での人びとの共存を考えるのに、彼らの人格形成を条件づける文化的・社会的なつながりから、つまりは各個人に先行するものから出発するのが望ましい、と言うかと思うと、諸個人の集合的つながりなどを超え、それに制約されたり条件づけられることなく、諸個人の共存と自由を可能にするはずの正義の諸原理についてまず考察すべきだ、と言ったりする。

主体の問題

しかし、より細かくみると、両陣営の参加者は、個人主体の出現とその発達にとってもっとも望ましい条件は何か、という同じ問いを発していることがわかる。それは議論の中心ではないにしろ、このうえなく興味ぶかい問いとして現われている。明らかにマイノリティが存在している社会のなかで、主体の形成と確立を助けようと思えば、何を推進すればよいだろうか。マイノリティの文化的・社会的特殊主義の承認だろうか。それとも、主体のアイデンティティを形成しているものへの準拠の外にあると解される個人――サンデルのいう「人格」――に付与される普遍的価値の優先だろうか。

「コミュニタリアン」にとっては、ヘルダーやヘーゲルにまで遡ることのできる知的伝統にしたがい、主体の形成とは、あらゆる人間がその最幼児期以来、自己の尊厳と自尊の感情にとって必要な資源をそこから汲み上げる文化に依拠できることを意味する。それゆえ、この見方からは、マイノリティ諸文化は、無視または貶価されることなく、承認することが求められる。そうした考慮によってこそ、当該個人は自由を習得し、自らを主体となすことができる。

教育にかかわるタームで言い表わしてみると、この一般的方向づけは、学校、とりわけ公立学校を含めた学校教育において、文化的特殊主義を尊重することにくみし、これを擁護することになる。その結果、当該の年若い生徒たちは彼らの言語やもろもろの伝統や宗教、歴史、出自、等々を理由として、生い立ちの環境や家族や近親者が、つまり彼ら自身が蔑まれたり、劣等視されないということを確認できよう。ここでは、そうした見方が含んでいる集合的アイデンティティの防衛、さらにはその振興は、個人の主体性が否定されないまでも、少なくとも共同体の法に従属させられる、そうした共同体中心的観点と必ずしも結びつかないことを指摘しておくことが肝要である。いくつかの極端な立場、その逸脱や誘惑はロマン主義的ノスタルジアの形式で現われているが(7)、これらは例外とするコミュニタリアンたちは、おのおのが権利と集合的生活様式をわがものにするようなコミュニティを承認するという意味での共同体主義を説き勧めはしない。個々のアイデンティティそれ自体としての承認を要求はするが、しかし、とくに個人主体の形成という普遍的価値の名においても、これを要求する。彼らによれば、市民生活への参加を果たす諸個人に最良のチャンスを与えることは、文化的特殊主義自体が権利と理性の普遍的価値を尊重するかぎり、その特殊主義を承認することによって行なわれる。まさにそれゆえに、コミュニタリアンを「コミュノタリスト」と訳すのは不適切である。

なお、チャールズ・テイラーは、明瞭にこの種のカテゴリー内で自己定義するのを避けてはいるが、右の観点に立つ、まちがいなくもっとも重要な思想家のひとりである。そして、彼は力をこめてフランツ・ファノン〔一九二五～六一年。仏領マルティニク島生まれの思想家・医師。白人文明と植民地主義の根底的批判を展開〕に言及するほどに関心を示すが、そのファノンによれば、植民地支配を受けた者が、人として、独自の人間存在として在るためには、植民者が押しつけた、貶められたもろもろのイメージを前以て取り除かなければならない。

それに対し、リベラルはリベラルで、理性の習得や個人の主体への形成のためには、たとえば民族的《エスニック》または人種的《レイシャル》なたぐいの文化に援けを求める必要などないと考える。そうした文化は、個々の人間にとっての閉鎖化の一要因をなす恐れさえあり、他方、社会全体に大きな危険を冒させるかもしれない、と。そこでは、こう考えられている。個人はその社会帰属の外で、または帰属以前に形成されるのであり、その選好もそれらの外で確立される。すなわち、彼らが主体であるのは、いくつかの目的を共同体と共有しながら培っていくからではなく、市場のなかの消費者として、政治生活における市民として、自由に振る舞える度合いが大きいからである、と。こうみてくると、正義の諸原則——なんなら諸権利といってもよい——は、およそ「善」の観念とは別個に、しかも具体的に現われている社会をつくりあげている制度やコミュニティを考慮に入れることなく定められなければならない、とするのも理解できる。

なお、明確にしておけば、オーストリアの経済学者で哲学者のフリードリヒ・ハイエク（一八九九～一九九二年）や、もっと最近のアメリカ人、ロバート・ノージック〔一九三八～二〇〇二年。ハーヴァード大学哲学教授〕の自由主義は、リベラリズムのなかの狭い、とくにラディカルな一潮流〔一般のリバタリアン、リバタリアニズムと呼ばれる〕を代表するにすぎない。実際、この派はミニマムの国家という論によって特徴づけられ、国家の機能は暴力や盗みからの人びとの保護を果たすこと、契約の尊重のために必要な諸条件をもたらすことに限定されねばならないとする。リバタリアンの考える国家とは、まさしく市場と自由交換の機能を保証するためのものである。なかでも、ハイエクの自由主義は、その有名な著作の一タイトルを借りれば、「隷従への道」〔一九四四年の彼の主著の題名〕に縛られるおそれのある国家の不当な干渉いっさいへの拒否にもとづいている。したがって、それは、全体主義の強迫観念といっさいの国家的干渉主義への反対によって支配された自然発生的秩序の理論にほかならない。より古典的な自由主義は、これとひじょうにちがって、国家をもろもろの交換と自由からなる社会・経済生活の機能に都合よくはたらく諸条件を確保できる制度とみなしている。リバタリアニズムはといえば、個人の自由への制約をなんら認めない。個人の自由が平等への配慮から生まれているような場合でも、そうである。しかし繰り返せば、この潮流は、当面の論議のなかでは二義的ないし周辺的な位置にとどまっている。

息切れした論争

リベラルズとコミュニタリアンズの論争は、基本的には北米から出発して全世界に広がり、一九八〇年代を通じてこれを席捲したが、その進展とともに、双方の議論は両陣営間のラディカルな知的対立をよりいっそう人為的なものにしていった。事実、主役たちの多くは自らを一方または他方の代表者であると全面的に認めることはできず、表向きにはこれを否定している。たとえば、マイケル・サンデルは、その著書『自由主義と正義の限界』の新版への序文の冒頭から、同書で提示した考え方に貼られた「コミュニタリアンというレッテルを前にして」、彼の感じた「不快感を引き合いに出す」ことを欲している。[8] 両陣営で、他方から向けられた異論がまともに受け止められ、論駁され、その交換の結果、しばしば当初の定式を修正することになっている。このことは、一方の『正義論』（一九七一年）、『政治的自由主義』（一九九三年）と、他方の『ハバーマスへの回答』（一九九四年）のなかに登場するハバーマスへの回答とのあいだに展開されているロールズの著作のこの部分にも、明瞭に現われている。

このように知的光景は多くの相をみせており、ある種の混乱を引き起こしながらも、たしかに両陣営でラディカルな者と穏健な者に出会うようになっていて、「リベラル‐コミュニタリアン」、「コミュニタリアン‐リベラル」と称する面々もいる。もっとも柔軟な者、またはもっとも穏健な者は、価値の普遍主義と特殊的アイデンティティの振興とのあいだの行ったり来たりを試み、理論的には両立しがたくとも実際には両立可能なオプションがあるのだとしている。さらに、排他的独占に行き着くことなく、一方から他方へと移動することもできると言い、（コミュニタリアンの旗のもとにある）アミタイ・エツィオーニが言うように、「社会秩序の要求と個人の自律の要求のあいだの矛盾」を示すところのものを、プラグマティックなやり方で管理することも可能だとする。[9]

この議論からの脱出が行なわれることさえある。マイケル・ウォルツァーが書くには、[10] 人は、自分がコミュニタリアンだとかリベラルだとかあまりに簡単に言うのを避け、むしろ釣り合いをとる必要から、どちらかといえば前者、どちらかといえば後者であろうと努めているのだと言う。この好感のもてる和解的プラグマティズムは、多くの点で諸観点を接近させているようにみえるが[11]、しかしまた、論争を豊かにするよりは、はるかにこれを曖昧にしている。こうなると、フィリップ・ド・ララが書くことも説得力をもってくる。「論争は、存在論的テーゼと政治とが交錯する問いと議論のもつれ合いのかたちをとっており」、主題はそこでは「実践理性の哲学から、『マイノリティ』の地位とか福祉国家の危機といった今日的問題にまで、切れ目なしに広がり」、要するに、「論争の立役者たちの所属が一方または他方の陣営であって、リベラルであるかコミュニタリアンであるかがかなり明瞭であっても、問題は古代近代論争〔五八頁をみよ〕のように明瞭な対立にはないのだ[12]」。

以上の議論は、最終的には袋小路に、そうとまでいかなくとも混乱状態におちいったようにみえる。なぜなら、論争への最良の参加者たちは、この議論が二つの陣営の明瞭な対立のイメージを提供していることを認めないし、いわんや抽象的普遍主義とコミュノタリスムが角突き合わせるような対立にいたったとは認めないからである。なお、主体の社会的生産のために最適の要件は何か、という同じ問いを彼らが発することもあり、現にそれがみられた。このように、リベラルとコミュニタリアンの論争は、両派の一方または他方の勝利にいたるというより、むしろある種の混乱のなかに息切れしてしまったように思われる。ただし、この消耗そのものから新しい形態が姿を現わすことになる。

五つの出口

以上から、実際には論争を再出発させ、更新することのできる少なくとも五つの道が描かれてくる。ただし、それらのあいだには矛盾がないわけではない。

社会的なものの回帰

一九八〇年代、九〇年代の考察は、文化的問題のために社会的問題に背を向けるといったものではなかった。むしろ両者を区別したのである。差異についての哲学的論争は、実際には社会的公正というテーマを導入するのであり、それはロールズとともに始まったと断じてもよい。しかし、承認の哲学を盛り立てるべきなのか否か、「善」に対する「正義」の第一義性を言うべきか、その逆を言うべきか、アイデンティティの要求と結びついた諸要求に政治的・法的な処遇をもたらすのが要するに望ましいのか否か。これを決めなければならなくなると、固有の意味で社会的不平等を減じること、排除に対して戦うことについて考察をめぐらしても、もはやあまり意味がなくなる。これらの問題はたしかに豊富な考察をうながしたが、それは多くの社会学者の発言によるものだった。

政治哲学の論争の内部ではどうかというと、ナンシー・フレイザーによれば、「(ベルリンの壁崩壊後の)『ポスト社会主義』時代は、文化問題に向けられた過剰な関心と、社会的不公正の基本形態――搾取、不平等な配分、排除――へのあまりにひどい無関心というバランスの欠如によって特徴づけられる[13]」。

けれども、前章でみたように、この二つの領域に完全に分けるのはむずかしいし、上下関係を捨象して差異について考えることもむずかしい。これは、過去二〇年間の論争の消耗からみちびかれる主な教訓かもしれない。すなわち、コミュニタリアンとリベラルを対置しようとするあまり、議論は、承認という独自の政策を要請する文化諸問題と、社会的政策の要請にはるかに直接につながる社会的不公正と衡平の諸問題を、過度に明快に対立させ、これを維持しがちだった。先に述べたが、議論への参加者の過半は、最終的には単一の陣営に位置することをこばんだ。優柔不断やある種の当惑といった印象が定着したとすれば、それもまたよき分別のためなのである。

社会問題と文化問題を互いにしっかり結びつけるために、それらのあいだのつながりについて考えるために、現代世界における排除、不平等あるいは不安定性に関わる固有に社会的なテーマを導入するために、実際にこう問わなければならない。一方の集合的差異の承認の要求、他方の厳密な意味で社会的公正の要求、この二つについて、区別されながらも緊密に結びついた政治的・法的な扱い方を見いだすことはいったい可能なのか、と。

社会的問題は文化的問題に従属するどころか、公的な論争のなかで――一九六〇年代末以来その優位は揺らいでいたが――首座を回復すべきだと考える者には、右のような道は不十分と考えられよう。一見したところほとんど文化の承認のみを求めていると思われる人びとも、具体的研究では、実は彼らのこうむっている社会的不平等を低減することにとりわけ関心を寄せていることが明らかとなる。たとえば、カトリーヌ・ヴィートル・ド・ウェンデンは一九九〇年代の初めから、「ブァール」〔beur, 「アラブ」の逆さ言葉。フランスのマグレブ系移民第二世代を指して使われる〕や移民のさまざまな結社に対して行なった調査のなかで、少なくともそれら結社のリーダーたちにとっては、文化的争点よりも社会的争点がはるかに重要であることを確認している。この点について言う。「〔イスラームの〕スカーフや多文化主義というテーマと同様、市民権やコミュノタリスムもほとんど言及されることがない(14)」。同じ方向として、ジョスリヌ・セザリも、とりわけマグレブ系が多数を占めるマルセイユの庶民街で活動するアソシエーションを研究し、その要求は「文化をめぐってよりも、排除の現象と結びついた若干の社会的拘束の強化について」である、とみている(15)。

それゆえ、論争の主役たちは社会的不平等や排除に目をやらず、無関心とはいわないまでも、少なくとも十分な重要性を認めていない、とする批判には興味をそそられるが、カトリーヌ・ヴィートル・ド・ウェンデンもジョスリヌ・セザリもこの道をとっていない。そうした議論は、そこで扱われる諸個人の真の関心事から遊離していないだろうか。それは一個のイデオロギー現象、要するに、旧来のイデオロギーの崩壊によって困惑した知識人たちの抑えがたい一欲望にすぎないのではないか。しかし、いま指摘してきたもろもろの仕事の文脈から遊離しないでいるには、フランスで第二の宗教となったイスラームの衝撃の大きさを考えてみればよい。今日、ひじょうに重要なことは、文化的問題を社会的公正の問題に対置することでも、他方の研究を袖にして一方の分析のみを推進しようとすることでもない。両者を区別しながら、しかし関連づけることなのだ。

民主主義の問題

なおしばらく、リベラルとコミュニタリアンのあいだの論争について考えてみよう。あるひとつの傾向が示唆されたのだが、それはとくにマイケル・ウォルツァーが行き着いたとみえる立場である。すなわち、両陣営はただひとつの陣営にすぎなくなるとするものである。とはいえ、彼はコミュニタリアンの側に分類される。しかし言うには、コミュニタリアン的批判は「リベラリズムの過渡的な一特質以外のなにものでもない[16]」。したがって、この批判は、民主主義的生活の不可欠の一部をなすことになるが、ただし、それは共同体主義特有の逸脱のリスクを断固としてしりぞけるという条件付きで、はじめて言えることである。そうすることで、つぎに問題は、文化的差異をどのように政治的に扱うかということになる。そもそも民主主義は、文化的特殊主義と、権利と理性の普遍的諸価値の妥協なき尊重との同時的な承認を、つねによりよく推進することを学ばなければならないのではないか。リベラル－コミュニタリアンの論争は、この段階で、考察の中心に民主主義を置く、そうしたもろもろの問いに合流していく[17]。

こうして政治哲学者たちは、文化的マイノリティから発せられる要求の政治的な扱いが、既存の法的、道徳的ないし倫理的な規則の不在のなかでも行なわれうるよう擁護し、正義の原則または基準を定義していくのに貢献する。実際には、既存の諸規則が、市民のあいだの討議デモクラシーを不要または不可能としがちであった。ここでは二つの陣営の対立は、いかなる決定の予断ももたない討議デモクラシーの訴えのなかに、解消されがちである。この見地からすると、結局、討議という行為は、リベラリズムおよびコミュニタリアニズムの支持者がそれぞれの仕方で押し立てようとする、「正義」または「不正義」のカテゴリーによってもたらされる正当化に置き換えられるようになる。

そこで、新たな議論に入ることになる。それはとくに、社会生活の民主化と民主主義のよき機能化にとって不可欠である条件、その限界、もたらされた諸提案の現実性にかかわる議論である。ある論者たちは、民主主義の機能化に影響する社会的拘束を強調し、民主主義の機能の定着とその確保の仕方を力説し、ユルゲン・ハバーマスにしたがい、「討議の倫理」について考察を展開する。と思うと、別の論者たちは、集合生活の制度的構造化と、主体が形成され個人が解放される相互行為の過程とのつながりをよりよく考えるのに、何よりもジョン・デューイの哲学の影響を受けたことを暗示したりする。その他、討議デモクラシーの内容、つまり討議デモクラシーが接近すべきテーマのほうにむしろ関心を寄せる者もいる。たとえば、最大多数者の法の濫用、つまりトクヴィルの語った例の「多数者の独裁」は避けることはできるだろうか。十分に時間をかけた要求をしっかり盛り込んだ討議なら、つねに一貫して最良の議論に達することができると期待できるだろうか。討議を行なう会議は、そのメンバーのなかに、扱われている問題にかかわる観点全体を弁じることのできる人びとすべてをたしかに含んでいるだろうか、等々。

ある著者たちにあっては、民主的討議以前から存在した原理、価値、道徳を考慮に入れた見方と、民主的討議において第一義性を付与されるいまひとつ別の見方を和解させようと、哲学的努力が試みられている。[18] そうした変化は、以前の時代の、「善」と「正義」のどちらが先行するかについての議論のやりとりに、われわれを連れ戻すかもしれない。ただし、民主的討議の原則それ自体は、コミュニタリアン型の志向を支持するために押し出された諸価値には還元されえない。

ここにはまだ数々の問題があり、活気ある哲学者たちのあいだに論争がある。こうして、リベラルとコミュニタリアンのあいだの息切れした論争にも、主な延長戦のひとつがもたらされている。

分析の中心をなす主体

第三の見方が、一九八〇年代、九〇年代の論争によって提起された問題の重要性を支えている。それは、論争の最良の定式化でないまでも、少なくとももっとも実り多い議論の交換を可能にする論点に分析を集中させることを要求している。その論点とは、主体への論及である。マイケル・ウォルツァーは「コミュニタリアンが主体の構成を研究するのに対し、リベラルは政治理論の伝統のなかで構成された主体間の社会的絆と関係に関心を寄せるので[19]」、実は両者は本当に同じことを語ってはいない、と指摘する。そうであるなら、これに応えて、主体の形成、次いで主体の確立のための社会的・政治的諸条件の探求にあらゆる位置を与えるのは適切ではなかろうか。

そうであるならば、二つではなく、三つの極をめぐっての議論を直接に構成することになる。普遍的なものと特殊的なものという両立しがたいものを両立させるには、考察も、同じく行動も、第三項である主体を経由すべきではないか。アラン・トゥレーヌが「リベラルの回答も、コミュニタリアンの回答も受け入れがたいものであり、不十分なので、私はここに主体および社会運動の観念を導入した[20]」と述べるように。本書中で提起されるすべての分析は、ある意味で、この方向に沿うようにはたらくものである。そして、文化的差異の生産と再生産は、それらが個々の主体に負っているもの、および個々の主体にもたらすものを考慮に入れなければ、理解されないままであること、これがいっそう明らかになってこよう。

このことにより、われわれの分析は、その特質が強調されるべきである歴史変動についての仮説の枠組みのなかに、さらにしっかりと位置づけられる。その特質とは、公と私の関係がいちじるしく変化しているという事実である。昨日まで、公的空間とは、すぐれて自由、平等、進歩の場だった。したがって、私的空間のなかでエゴイズム、不正、はなはだしくは個々の主体を否定する暴力によって演じられていることと、公的空間は無関係だった。今日ではどうだろう。公的空間は、私生活の営みに結びついた要求、ジェンダー、親子関係、女性・子どものこうむる暴力、等々にかかわる要求に開かれるようにと求められている。公と私を分けていた境界、これがまさに問われているのだ。境界は入り乱れ、他方、人びとの主観世界が二つの空間における中心的問題としてきわだってきている[21]。

混淆と異種交配

第四の見地は、リベラル－コミュニタリアン間の論争の本質的に重要なある特徴からいくつかの結果を引き出そうとするとき、開示されてくるもので、たとえば文献リストのかたちで主な立役者たちのリストを作ってみると、ただちに目に飛び込んでくる特徴がある。それは、論争の主役の圧倒的多数が北米人だということである。なるほどその反響はいくらかはヨーロッパにも現われ、とくにドイツの哲学者ユルゲン・ハバーマスに重要な発言があるが[22]、右の事実は変わらない。というわけで、参加者たちはいわゆるアングロ－サクソン世界に属している。いきおい、彼らの関心はどれほど一般的であろうとしても、やはりエスノセントリズムのそれとアメリカ帝国主義のそれという二重のリスクを冒している。

このため、ピエール・ブルデューとロイック・ヴァカン〔ブルデューとならびヴァカンも文化的再生産論の視点に拠るフランスの社会学者〕によって、多くの点で度を越えた極端な表現によって定式化された批判が展開された。それは『理論、文化、社会』誌のなかの論考においてであり[23]、彼らにとって、これはリプライというかたちをとりながら、国際的な酷評を下す機会となった。

とくにいえば、一九八〇年代と九〇年代のこの議論全体は、基本的には、文化的差異の現象全体を代表しているというにはほど遠いようなマイノリティの経験に関連づけて下支えされていた。そのために議論は、混淆、異種交配あるいは混血、クレオール性、雑種などの現象には触れておらず、それらを考慮に入れたなら議論が別のかたちを描くかもしれない別の問題も、脇に置いてしまっている。そこで、その議論のありようを、つぎの章でみてみたい。

試練に立つ多文化主義

最後に、政治哲学は、「正義」または「善」とは何かを定義し、一方の他方に対する優先性を問題にしたり、両者を関連づけようとするときも、処方箋から離れることはめったにない。それら規範的な命題が公的な論争にも伝えられ、政治的闘争を活性化するものと期待されるかもしれない。しかし、人びとがリベラル－コミュニタリアン間の論争から具体的な諸命題へ、そして文化的差異の政治的・法的な取り扱いを行なう実践へ、と容易に移行できると考えるのは、ある種の単純さを示していよう。

実際には、そして単純すぎる見方とは逆に、多文化主義についての今日のもろもろの論争は、一九七〇年代に幕開けしたアングロ－サクソン系の哲学論議の単純に連続線上にあるといえないばかりか、おそらく、主にそうだともいえないだろう。一方で、人びとは哲学固有の議論からは遠ざかり、具体的な関心に入っていく。それは、立法や行政上の決定へ、たとえば実質的な権利の承認のための、またはアファーマティヴ・アクションにかかわる規則、規範、法、措置へと最終的につながることのできる具体的な関心へ、である。そして論争が政治的になればなるほど、それは貧しくなり、柔軟性を失い、同時に、交わされる議論において強硬さを増す。他方、文化的差異に対応するために積極的政策がまさにそのなかに位置づけられる思想の運動と社会の運動は、共時的な時間のなかでも、その関心や内容においても、およそ完全には一致したためしがなかったことが観察される。したがって、多文化主義をめぐる論争は、リベラル－コミュニタリアン間の議論にすべてを負ってはおらず、むしろそうであることとはほど遠い。前者の議論は、後者の議論に先立って行なわれていたのだ。

というのも、多文化主義をめぐる論争は一九六〇年代から姿を現わしていて、多文化主義のとる立場はすでにこの時期以降、鋭さを呈しはじめる政治諸問題に反映されていたからである。その結果、政治哲学がこの考察の道をひらいたというイメージは、ひじょうに多くの点でくつがえすことができよう。

カナダやアメリカやオーストラリアではこの時期以降、考察をめぐらしたのは政治行為者たちである。その考察は、哲学論争のなかでなら、こちらではなくむしろあちらの陣営に属するとされるであろうような政策によって、場合によっては解決できるような争点について行なわれた。ダニエル・ウェインストックは、なるほど慎重に「多文化主義的な問題の立て方は、ある意味でリベラル－コミュニタリアン論争の連続線上のものと解される」(24)と述べている。だが、これは思想の歴史にある偏りをもった見方を導入するものであり、また政治哲学を過大に重要視するものである。多文化主義的な問題の立て方は、いかにもひとつの方式ではあろう。しかし、それは厳密な意味でくだんの論争を連続させるというものではない。なぜなら、この問題の立て方の源は、大部分、別のところに探られねばならないからであり、新しい文化的・社会的な争点に対応しなければならない政治指導者たちが、一九六〇年代以来認識するようになった必要性のなかに探られるべきだからである。

したがって、今日では論じ尽くされているが、政治哲学の論争と多文化主義の問題の立て方のあまりに直接的な関係を言う説を擁護するよりも、この二つのあいだのパラレルな関係を強調するほうが、より正確であろう。これがまさに、本書の第Ⅰ部を締めくくる第4章で、より詳しく検討しようと思う点である。

第3章　集合的差異か、混淆か

文化的差異をめぐる現代の論争は、この差異が今日の社会に内属するひとつの問題になっていると認めることから出発している。なるほど文化のぶつかりあい、サミュエル・ハンティントン流にいえば文明の「衝突（clash）」(1)について考えた著者もいて、彼らは、互いに文化的に相容れない主要な文明領域への世界の分断が起こっているため、暴力や戦争が広がるかもしれず、調和的な関係の発展はきわめてむずかしくなるというリスクを強調する。しかし、文化的差異の問題が固有の意味で社会学的問題となったのは、なぜだろうか。それは、もともと集団とアイデンティティが分離したものとして在るような、そんなレヴィ＝ストロース的世界イメージに閉じこもることがもはや不可能だからである。文化の特徴は、その異種交配さらには混合が起こりえない点にある、といった主張はなおさら受け入れがたい。

今日、大きな挑戦は、むしろ文化間コミュニケーションを確かなものとしている点にあり、各文化がつねに質を変えうるような、もっといえば解消しうるような諸文化の混淆を生きている点にあること、これは明白である。文化的差異がもっぱら外的なものだったり、互いに切り離され、ときおり接触をもつにすぎないような単位間の事実だったり、ときおりの使者だったりするような、そうした社会にわれわれは生きていない。

二つのアプローチ

以上の問題を考えるのに、一つではなく、二つの知的伝統がわれわれに語りかけてくる。この二つはひじょうに異なっているので、両者を対置するのは興味ぶかいかもしれないが、その対置は分析的にのみなされるのだ。そこで、この章の目的に沿うように若干の指摘による留保をしておく。それは、社会学的分析に先行して規範的な考察を行なわないこと、二つの伝統のそれぞれがもつ可能性のある哲学的および政治的含意についての検討は、問題となっている具体的現象の明確なイメージが取り出されて後にはじめて行なわれること、という必要である。

両者のうち、より最近の時期に生まれた伝統が大きな地歩を占め、一九六〇年代以降の研究者たちの関心を揺さぶってきた。それ以前は、文化の観念そのものへの無関心はいちじるしいものだった。たとえば、ジグムント・バウマンは『実践としての文化』の再版の序文のなかで、「イギリスでは六〇年代には、文化という観念は、一般に表明される言葉、とりわけ社会学的科学のそれのなかには、ほとんど完全に不在だった(2)」と書いている。右に触れた潮流は、文化的差異がコミュニティをつくり、集団をつくり、たしかに多少とも不安定であるかもしれないが、承認の要求をはじめとするある種の要求を押し出す共通要素をもった連帯を生み出すと考える。つまり、文化的差異のなかにある集合的存在の表明をみるのである。たとえこの存在が、根本的に主観的、個人的な決定と選択を出発点として形成されるのを認めるとしてもである。この知的伝統のなかで論争が過熱していったわけで、その様子はすでに政治哲学についてみてきたとおりであり、また承認要求の政治的・法的な扱いと解される多文化主義の主題に即して、後にこれに立ち返ることとする。しかし、さしあたり大事なことは、一九六〇年代以来、文化を現代社会の内部の集合的アイデンティティと行為の問題としてとらえてきたその定式化を確認することである。

　こうしたたぐいの思考は自民族中心的であり、また同時に、支配的社会に、それもとくにアングロ－サクソン諸国に特有のものである。この思考が、国際的であろうと欲し、カルチュラル・スタディーズのもっとも批判的視点のなかに位置づけられるときでさえ、そうなのである(3)。だが、その思考は、いまひとつの別の伝統がはるかに長くその証しを示してきた知的領分を、度を越えて占拠するようになっていないだろうか。その別の知的伝統とは、文化的共同体によりも、むしろ――明らかに新しいものではないが――諸文化の混淆の過程に関心を向けるという伝統である。かねて久しく社会科学には、異種交配＝混血（métissage）、およびその他の混淆や文化混合への関心が存在した。それについては、エメ・セゼール〔一九一三～二〇〇八年。カリブ海の植民地マルティニク島出身のフランスの詩人、国民議会議員も務める〕を当時の世代のもっとも著名な人物とする「カリブ人」経験のおびていた意義を、あらためて想起するまでもない(4)。ところで、集合的差異とその要求を特別に重視する思想潮流の台頭があってから三〇年ないし四〇年がたったいま、混淆という主題を強調するアプローチの型がまた復活している。

この回帰でもっとも興味ぶかいのは、おそらく、その論証が支配的社会のただなかでの非支配社会ないし被支配諸セクターの経験にもとづいているという点であろう。というわけで、今日まで一六世紀のラテン・アメリカに関する著作で知られてきた歴史家セルジュ・グリュジンスキーは、一九九九年、労作『混血の思考』(5)を著わし、二つの見方をはっきりしりぞけている。事実、彼は一方で、クロード・レヴィ＝ストロースの文化人類学と一線を画し、これを、伝統のなかに凝固した諸社会のイメージを維持し、最悪の場合「民族学的な化石化」の形式のもとに固定化するものだと批判する。しかし他方で、カルチュラル・スタディーズにも異論を呈する。カルチュラル・スタディーズは、北米のアカデミック世界できわめて重要なものとなってはいるが、個別の文化の価値をもちあげ、彼によれば、災い多い諸結果をともなう多文化主義へと帰結しているという。グリュジンスキー自身は、「さまざまな混淆の探求者」であろうとする。その該博な知識を駆使しながら、一六世紀のラテン・アメリカにかぎらず、混血がいかに出会いから、カオスから、征服から、押しつけられた西欧化から結果しているか、すなわち、被支配者たちにとっていかにそれが「不安定で、意想外の、そしてほとんど予想しがたい状況に対する生存のための反応」(6)をなしているかを論証しようとする。

なるほど、セルジュ・グリュジンスキーの研究は主として、とりわけスペインによる征服後のメキシコやペルーという非民主主義的社会に関心を向けている。要するに、純粋なかたちにせよ、雑種的にせよ、差異というものが政治的力として白日のもとに表明されることがほとんど不可能であるような状況のもとにである。不可能であるため、多少とも絶望的な暴動や反乱に訴えるなら別だが、差異の表明は、集合的行為者の登場しにくい政治以前的な空間に閉じ込められている。けれども、集合的アイデンティティへと構成される差異だけでなく、混淆、混血、雑種についても考えるという冒険に乗り出しているのは、ひとり歴史家だけではない。たとえば、ジョン・フランシス・バークはそのみごとな論文のなかで「メスティサーへ（*mestizaje*）〔15〕」という観念をとりだし、これをアメリカ合衆国南部とメキシコ北部の経験の分析にあてている(7)。それによって彼は、一方で文化的差異をもっぱら集合的な表出という角度からみたがるアプローチに、他方で特殊な諸文化は民族のるつぼのなかに融解させる必要があると唱える人びとに、正面から対決するのだ。彼の扱う「メスティサーへ」とは、諸文化の組み合わせ・結合であり、これは、「文化は相互的に変容をとげながら、必ずしも同化をみちびくものではない、というそのありようを強調し、『多様性のなかの統一』という組み合わせをつくりだしている(8)」。

　このように支配的社会の経験にとくに負っている思考の様式と、むしろ周辺的・被支配的社会の経験の告げてくれる他の思考の様式とのあいだの議論が姿を現わしている。したがって、現代社会では考えにくいものなっているクロード・レヴィ－ストロースばりの文化的統合性と、同化すなわち解消との中間に、文化的特殊主義のためのかなりの余地が残される。そこでは、第一の概観として、二つのレヴェルが区別されよう。文化的特殊主義が公的空間のなかで多少とも組織され可視的になっているか、または公的空間のなかにある位置を要求しようとしているようなレヴェルと、混血が行なわれ、種々の文化形式が構築されても、公的空間のなかにそれを押し出そうとはしないというレヴェルが、それである。

　いうまでもなく、混血者が集団として承認され、それとして呼称を与えられ、アパルトヘイト時代の南アフリカのように、エスニック化されているケースもある。だがその場合、彼らを特徴づけるのは、もはや文化的混淆の過程ではない。彼らを社会階層のなかのある特定の地位によって位置づけるのは、民族－人種的な定義づけなのだ。その地位が、彼らを一つ、または複数のマイノリティへと固定化することになる。

集合的アイデンティティへの回帰

文化的差異が明らかに一個の集団またはコミュニティに結びついている場合について、いまいちど考察を加える。関係する人びとや彼らへのまなざしからみて、そうした結びつきが明確であればあるほど、そこでは文化は安定性をもつと理解される。実際、集団またはコミュニティに愛着を示す人びとには、コミュニティの再生産の条件が、ぎりぎりの場合にはその存続の条件が確保されることが重要である。より防衛的ではない、さらに反攻撃的な言い方をすれば、コミュニティの発展と繁栄のための手段が与えられなければならないのだ。集団の文化的権利の政治的・法的承認にもっとも好意的な立場は、むしろ逆説を含んでおり、自らは進歩的であろうと欲しながら、その実、アイデンティティと文化の再生産を進めることしかできないでいる。

では、文化的アイデンティティの担い手たちは民主主義体制のなかで実際に何を要求できるのか。要求が領域的なものであることがあり、その場合、分離または独立の要求にまで行き着き、近代国家の諸属性の獲得をめざすことがある。それは民族解放闘争に特有の目的でもある。しかし、完全な決裂または独立、したがって文化的差異の内部的な政治的扱いの問題を決定的に解決する分離が争点になっているケースを除くと、もろもろの差異の共存を可能にするような定式を考え、これを機能させることが課題となる。このため、要求は文化的であるとともに政治的・法的なものにもなる。この場合、文化的要求とは差異の再生産にほかならない。ところが、そうした争点に関心を寄せる多くの思考の特徴は、文化を必ずしも不変、均質のものとはしない過程に目をふさいで、差異の政治的・法的な扱いを考えるという点にある。

もっぱら同化を進めるため、個別諸文化の承認のいっさい、さらにはそれらへの寛容のいっさいを拒否する思考や、逆に、それらの同じ文化に、普遍的価値を犠牲にすることを承知のうえですべての権利を認める共同体主義を唱える思考があるが、これらは脇に置いて、本質的に重要な点にただちに進みたい。多様なアプローチの方法が残るが、そのうち二つがわれわれの考察にとってきわめて重要である。両者はともに、文化の変容および自己変容の力には相対的に関心が薄いが、大いに開かれた精神を示し、マイノリティ文化に属する人びとの個人的経験に実際の感受性を示している。まさにそうした理由から、ここでは二つに限ってとりあげる。もしもそれほど開かれていない、より不満の残る他の方向づけを考えるなら、それらの限界をなすものはすでにもっと大きな障害となっているだろうから、この箇所でとりあげてもあまり意味がない。

事実、この二つの主な分析方法は、文化的差異の民主的尊重を受け入れている。双方いずれにとっても、問題は、文化の再生産と、権利および理性の普遍的価値とを結びつけることにある。すなわち、個別集団に特有の権利と、多様性を認めるにせよ普遍的価値の尊重をさまたげてはならない国民国家への所属とを、両立させることにある。この二つの分析の方法は、個別文化の尊重を根拠づける理由を明確にする段になって、はじめて分かれてくる。

第一の著者のグループにとっては、この問いへの回答は、まったく逆説的にも、個人的主体に価値を置くことという基本的照準にかかわっている。たとえばウィル・キムリッカの説明では、[9]各人は、とくに優先的に子どもは、その生を構築できるような、その後自分の選択を行なえるような安定した文化環境のなかで発達をとげる必要がある。この見方は結局、主体の形成のためには、当人の属する個別文化の価値を承認しなければならないということに帰着する。もしその文化が貶められたり、同化のなかに消滅すると予想されたり、果ては異邦人嫌悪やレイシズムの標的にされるなら、当の文化継承者は、自分の家族や近親者がスティグマ化され、本人自身が辱められるのを経験することになる。そのことは主体形成を困難にする、と。

ウィル・キムリッカは続けて言う。個別文化を尊重することとは、それらの存続や再生産に関心することではない。問題はそこにはない。むしろ問題は、個人の社会化と成熟に、個人主体の形成と実現にプラスにはたらくような諸条件を推進することなのだ。こうした見地からみて大切なのは、その過去や当初の所属にその過程をさまたげられることなく、自らを形成できるという個人の能力である。そして、この能力は、個別文化が尊重されることを前提として、はじめて形づくられる。まさにそれゆえに、キムリッカは、コミュニタリアンとリベラルのあいだのアングロ－サクソンの議論のなかで、両陣営の調停をめざす著者として立ち現われている。だが、根本においては、彼は前者よりも後者により近い。ただ、その立場は、最終的には同論争から脱する必要を確認するものとなっている。

これとひじょうに異なり、コミュニタリアンの陣営では、マイケル・ウォルツァーとチャールズ・テイラーが、より明示的に、脅威にさらされた各文化の「生き残り」に関心を向けている。彼らもまた個々の主体とその形成、表現に関心をもち、個別のアイデンティティの防衛に敏感に反応し、それが、テイラーを、マイノリティ文化の承認というテーマそのものにこのうえなく明瞭に同一化した哲学者としている[10]。

文化や宗教の存続と発展を確かなものとするための条件は何か。それが文化や宗教そのもののためであれ（チャールズ・テイラー、マイケル・ウォルツァー）、個人的主体の形成によりさいわいする最良のリベラリズムを進めることが重要だからという理由からであれ（ウィル・キムリッカ）、これに対する回答を二つの思想グループは法的・政治的なタームで定式化しており、著者のいかんを問わず、正義の原則よりもむしろ公法のタームによって行なっている。すなわち、ウォルツァーが「リベラリズム1」と呼ぶものを特徴づける個人の諸権利においては、法によって万人が平等となるような権利と保護が問題とされ、同じく「リベラリズム2」と呼ぶ文化的諸権利の場合、文化の振興と公的空間内でのその承認に関心がもたれている。

論争のすべての主役に区別なくいえることだが、より中心的なもののうち、ここで紹介した論争は、差異の変容や、新しいアイデンティティの出現や、それらを襲う解体や再形成の過程にはいかなる関心も示していない。ネーションが問題になるにせよ（たとえばカナダのケベック人）、アングロ‐サクソン世界でいわれるような「マイノリティ」が問題になるにせよ、さらにまったく別の人物のケースとして、征服や今日の諸ネーションに先立って存在した「第一のネーション」であるインディアンやアボリジニが問題になるにせよ、分析は、それらのアイデンティティをまえもって決められた与件とみなしている。その変容を無視して、文化の一種の始原状態を公準化しているのだ。

アイデンティティの変化の過程に対するこの無関心は、若干の著者にあってはさらに盲目化をなしており、小さな事柄ではない。なぜなら、こうした頑なさは、ここではまさしく、それら同じアイデンティティの政治的・法的な取り扱いを考える際の可能性を限定づけるからである。もしもアイデンティティが、ある程度の不変性という視角から性格づけられ、カテゴリー化され、考察されることがなければ、また、もしもそれらを名づけることができなければ、実際上、アイデンティティを承認したり、承認の要求があった場合これに応えることも不可能である。しかし、このように、およそ差異の政治的・法的な取り扱いの問題を統合することに意を払うアプローチは、たちまち一個の巨大な挑戦に出遭う恐れがある。だから、これに限定を加えること、したがって凍結させることが必要になってくる。この拘束はまた、破滅的な逆戻りの効果というリスクを引き起こさないとは言い切れない。権力を維持するため、とりわけ、名望家や圧力団体を鼓舞して、その集団のアイデンティティへの従属をこばむような人物の出現をむずかしくし、当のアイデンティティを硬直化させることが考えられる。制度化された差別へとつながる恐れのあるブラックリスト化の可能性については、いわずもがなである。

権利と理性の普遍的価値と個々の各文化の特有の個別的価値との政治的・法的な調停を考えることは、不可能ではない。けれども、それはかなりのリスクをともなう。すなわち、差異の再生産の論理を考察すること、したがって承認することが不可能になるというリスクである。

異種交配《メティサージュ》

「大発見」時代以来というもの、異種交配は近代と不可分となった。たとえば、一六世紀、一七世紀のアジアにおけるポルトガル帝国に関するサンジャイ・スブラフマニヤムの著書[11]に寄せた序文で、セルジュ・グリュジンスキーは書いている。一五四〇年から一六四〇年のあいだに最初の世界経済が出現したとき、「混淆の現象と拒絶の現象が現われ、地球的規模で広がっていった。アメリカ大陸におけるインディアン、ヨーロッパ人、黒人という諸集団の混淆、ゴアやマカオや長崎の港市におけるイベリア系とアジア系の文化の混淆、そしてとくにアメリカのインディアンの反乱や、一七世紀初めに日本が行なったあの瞠目すべき鎖国に例示される拒絶がそれである」[12]。ここでは、文化的差異は集合的なかたちで存在し、自らの存続と維持のためにはたらく。ただし、抵抗する、反乱を起こす、さらに日本のように完全な閉鎖の論理をはたらかせる、といった明らかに防衛的な仕方で行なわれる。

そうでない場合はどうか。文化的差異は純粋な原則であることをやめ、混淆し、不安定なかたちで絶えざる変容をもたらす。西欧が多少とも成功裡にその科学、知、芸術様式をもたらすのに対し、ポルトガル帝国では、右の現象は、サンジャイ・スブラフマニヤム描くところの「メスティソス」、「カザードス」、「フロンテイロス」といった前代未聞の社会的形態を生み出していく。

こうした視座からみると、二つの世界の出会いから生まれた混血した人びとに、政治への移行が禁じられていないことがわかる。「民族的複数性、多くの分派、そして移動が、これらの集団や個人が必ずしもその特有性を失うことなく、先住民国家のなかに移行するのを可能にしていた[13]」。しかし、いうまでもなく、そこにはいかなる集合的戦略も、文化的特殊主義の承認要求もない。なお、かりにそう望んだとしても、この要求を明示し、押し出すのはきわめてむずかしかっただろう。なぜなら、混血者とは、もともと混ぜあわされた者であり、混淆の要素は個人個人によっていちじるしく異なっているからである。フランソワ・ラプランティヌとアレクシス・ヌースは、「異種交配《メティサージュ》は動的で、揺れやすく、不安定であるので、その変転を予想することは到底できない」と書く[14]。

それゆえ、異種交配は文化の変動、変容を可能にするが、しかしそれは下から、すなわち個人的次元の過程からではない。たとえ、後者の過程がたびたび反復されて、一集団過程の変化であるという印象を与えるとしてもである。それは創造性や創意を可能にし、セルジュ・グリュジンスキーが『混血の思考』のなかで研究したように、芸術的生産を容易に現われやすいものにする。したがって、異種交配は、ドイツの社会学者のハンス・ヨアスが述べた「創造的行為」、つまり自らを表現する行為を可能にすると考えられる[15]。いいかえると、主体に自己構築の能力と、行為への自己表現の能力を与えるという意味で、主体化の要因でもあろう。

ということは、これが文化の混淆のみを意味するものではないということである。複数の堅牢な文化が、消滅を運命づけられることなく出会うとき、相互的影響（別の言葉では「文化変容」acculturation）のプロセスを生じ、必ずしも衰退ではない、むしろ革新的な変化をつくりだす。たしかに異種交配は文化現象を不安定にするが、また循環的にもし、文化現象のつねに驚くべき流通や場所定位を可能にする。

だから、当初の文化形態が、その起源に負っている形態を完全に置き換えることなく、独自の文化形態を自ら創り出すこともある。たとえば、ジョン・フランシス・バークは、アメリカ合衆国とメキシコを分かつ国境地帯に前例のない異種交配が生じ、「プロテスタントで資本主義的な北米文化と、ラテン・アメリカの地中海的・南欧的カトリック文化が結びついている」と述べている。ここで、「ニュー・メスティサーへ」の出現に触れておくなら、それ自体が混合的な表現であるこの語は、人びとは北米人であるとともにメキシコ人でもあり、決して排他的にではなく十分にそうであり、まったく同時に一方および他方であって、しかもそれ以上のものでもある、ということを指すのだ。

実は異種交配の語は、混淆のさまざまな形式の記述を汲み尽くしているというにはほど遠い。ジョン・フランシス・バークは、すでに引用した論文のなかで、一方のコスモポリタニズムと他方の雑種性とを区別すべきだということを示していて、この指摘は有益である。実際、コスモポリタニズムは、リベラルな個人主義の第一義性を一貫して説きながら、文化的差異を価値づけるものである。コスモポリタンは、多様なアイデンティティ世界に生き、自分も価値があるとみる文化的多様性のなかで心地よさを感じるが、しかし、とりわけ個としての自分の自律に執着する。その出自や個人的経歴がいろいろな要素の混じりあったものであっても、だからといって、混淆的アイデンティティを主張するわけではなく、本人がそのなかで活動している諸文化を自己中心的な仕方で結びつけるのを好む。なお、それらの文化のなかで活動するといっても、本人は諸文化の経験の内側に入り込むことはない。

雑種性（hyblidité）についてはどうか。これについての正面からの意義強調はホミ・バーバにみられるが[16]、それは、歴史的厚みが欠けているという点で異種交配から区別される。後者は、その各々が一定の歴史、伝統、多少とも過去にもとづく準拠をそなえた文化を混ぜあわせるものであり、それにひきかえ、雑種は、バークによれば歴史も記憶もないような諸文化を結びつける。バーバはさらに付け加えなければならないとする。雑種性とは、支配者も、また被支配者をも特徴づけることができるものであり、支配のための一必要条件としてさえ提示できる、と。たとえば、インドにおけるイギリスの植民地支配が言及されている。とくにキリスト教の布教がいわれているが、その効果を高めるために宣教師たちは、ヨーロッパ起源ではない、異なった言葉やカテゴリーを採用する必要に迫られた。「支配の行為そのものにおいても、支配者の言葉遣いは混ぜこぜになる」(17)。しかし、どんな混淆の観念が考慮されるにせよ、一般的にいって、複合化された集団によって要求される文化的承認、文化的権利の問題は存在しない。異種交配と混淆は、政治以前的な変容を意味するのだ。その行為者たちは、自身としては、政治‐法律的な種類の措置は期待しないということである。

「クレオール性」とか「クレオール化」は、このカテゴリーに入るのだろうか。遠い起源の消失した諸文化の融合をそこにみるということならば、しかりである。しかし、もしもこの融合の具現のされ方が固定的形式で考えられ、かつ、それらを凝固させ、それだけの数の文化そのものを承認させようとする行為者によってそれが担われるというならば、否である。このような状況は、政治的な型の要求や、あるいは「普遍的人種《ラサ・コスミカ》」にならっての集合的アイデンティティの定礎者の物語の主張へと発展することもある。この普遍的人種とは、ホセ・バスコンセロスが指摘するアステカ人とスペイン人の混淆である。したがって、諸文化のいわゆる政治以前的な混淆に属するものと、仮定上の混淆から出発して所与の文化的カテゴリーの形成や表出に達するものとを混同してはならない。

文化的差異によって提起された問題が、公的空間の問題と認められるようにと要求されることがある。異種交配は、これと対称的関係にあり、また逆でもあるひとつの問題をわれわれに突きつける。実際、それは、単なる差異の再生産、存続をではなく、差異の生産を可能にする。しかし、まさに創造性や創出を全面的に直接に可能にするから、政治的ないし法的レヴェルに高めることがむずかしくなり、さらには不可能となる。文化的差異をめぐる論争は、差異を固定化するといわないまでも、とかく承認要求に対してもたらすべき政治的な権利や回答についての論争に固定させがちである。異種交配は、それとは別の誘惑をかきたてる。文化がどのように修正をこうむるかを観察するように、とわれわれをいざなうのだ。もはや強固な核が再生産されるようなアイデンティティの中心領域に視線を向けさせるのではなく、すべてが混淆し変化し、しかも公的空間内で提起される要求に結びつくとはかぎらないような、そうした境界部分に注意を払うようにさせる。

混淆については、相互行為、出会い、集団間関係のみならず、それらの関係の影響で変化する個人間関係について研究することが必要になる。この点についてジョン・フランシス・バークは、「文化的差異を、『るつぼ』論によってしりぞけたり、分離主義の図式でこれを化石化することよりも、むしろ、文化間の交換を意味するメスティサーへは、差異のなかの一なるものの例示となっている[18]」とみている。要するに、混淆の現実は、ただちに間主観性に影響をおよぼすが、まさにそこでは集合的差異の現実は、何よりもまず内と外、「彼ら」と「われわれ」のあいだの越えがたい分離ラインに影響を与える。

集合的差異をめぐるリベラリズムとコミュニタリアニズムのあいだのアングロ‐サクソン的議論は、すでにみたように、単純化せず、より厳密に示されるかぎりで、主体の観念に関心を寄せることができた。当該の個人がひとつの「マイノリティ」に属している場合、その参加者たちは、主体の形成という観点からどんなことを推し進めたらよいかを考える。その文化集団の承認について彼を教育するか、または彼をその文化から引き離して直接に近代に参入させるか、など。

異種交配《メティサージュ》においては、主体の仮説は消滅するというわけではない。むしろ逆に、文化間の衝突ないし緊張の経験は、この衝突または緊張のなかに生きなければならないという義務——異種交配を結果するかもしれないある状況——と結びついて、主体の形成に、その主体化に役立つことは明らかだ、という仮説をあえて立てることができる。自己変革の力、創造的である力、想像の力、間主観性・内主観性を考える力、個人経験の両義性や矛盾を処理する力、こういったものは、文化の混淆を実地に生きる創始者的経験に多くを負っていることがある。バークは書く。「文化と文化の境界に生きる者は、他の文化を恐れることがない。なぜなら、複数文化の組み合わせが、彼らの経験そのものだからだ[19]」。ここでわれわれは、ゲオルク・ジンメルがある古典的テクストのなかで展開した異邦人のテーマに接近する。すなわち、通りすがりの旅行者や期限つき出稼ぎ労働者ではなく、われわれとの関係が必要であり、客観的であると同時に冷たい者、「関係内の距離が、身近であることが遠いことを意味し、他性であることそのものが、遠いものが近いことを意味する[20]」ような者が、それである。

しかし、これにはつぎのように付け加えたい。異種交配は、文化のそれではなく、人種の混淆と解されるときには、最良ではなく最悪のものの源、人が自ら主体となすことができず、激しいレイシズムに対抗できないという無力さの源となることがある。主体化を不可能にし、さらには分裂病質へ誘い込むことがある。また、もろもろの文化は平等な状況のもとで接触に入るわけではない、ということも付け加えたい。一文化による他の一文化の支配があると、その状況は、そこに関わりあう者が自らを主体として構成するのを困難にすることがある。

それゆえ、異種交配のアプローチは、両義性が重要であることを強調する幅広い一群の視野への道を開くことになる。また、それらの見方は、自身が同一性と他者性の緊張のもとに出会いを経験し、同時に複数のアイデンティティへの帰属をも生きるような人間すべてを動かしている相対立する傾向の、場合によっては克服しがたい性格をも承認する。(21)

文化の混淆と社会的実践

ここまでは、文化的なものから政治的なものへの移行に基本的に焦点を当てながら、集合的差異と混淆の区別を行なってきた。しかし、文化の問題を社会の問題から切り離さず、差異という主題を序列や不平等という主題と区別しながら結びつけるのがよいことがわかっている。混淆の経験は、さらにいっそう集合的アイデンティティの経験を多様化する。

集合的差異の場合、ただひとつの運動のみが、文化的承認の要求と、関連する社会諸問題を政治的・法的なレヴェルに高めることとを、同時に視野に収めることができる。それは、「統合された多文化主義」政策であり、後段（第4章）でみるように、これが同一の行為の枠内で、同じ人びとに向け、文化的承認の措置と、社会的再分配の特有の手段の按配と、不平等との闘いを推進しようとするものである。

しかし、ある種の集合的アイデンティティの場合にあっては、政治的なものから文化的なものを、経済的なものから社会的なものをかなりはっきりと区別することも行なわれる。たとえば、経済的戦略が世界的規模で展開されながら、差異の政治的処遇への期待が明確に表現されないといった例がそれだ。ヨーロッパやアメリカのアジア系商人のディアスポラが、それにあたる。彼らはしばしば強力な文化的表出を経済活動と結びつけ、経済活動も（たとえばエスニック・ビジネスの形態で）分化している。日常茶飯的に、文化と経済活動を、商いと祭りの時を結びつける。というわけで、アンヌ・ローランは、パリの「プティト・アジ」〔小さなアジア。一三区のショワジー地区の別称。一九七〇年代にインドシナ難民の定住と街区再開発により出現〕のアジア系商店では、宗教的グッズを商うこと、それと同時に、建物のなかに礼拝の祭壇を備えることが重要であることを明らかにしている。また彼女によれば、アジア的正月は正真正銘の商業イヴェントとなっている[22]。ところが、これらディアスポラたちは、ほとんど政治的レヴェルで発言することはなく、政治の領域で要求することは少ない。ホスト社会の政治制度から、時には法制度からさえ距離を保っている一民族の参加者というわけである。これは、権利に背を向ける者のゾーンをつくっていると絶えず非難されたほどである〔当局の監視を逃れ、縫製や皮革業でアジア系移民を劣悪な条件で雇用するケースなど〕。

なお、そうした非難のすべてが幻影、風聞のたぐいというわけではない。数々の死体を発見したあの警察官たちが、不法移民のネットワークの存在について指摘したように。これは、二〇〇〇年六月にドーヴァー〔フランスからイギリスへの入口にあたる、同名の海峡に面した港市〕で、イギリスに密入国させるはずのトラック内で死体で発見された五八人の中国人の輸送に関わった密輸組織のことである。

混淆の場合、社会的不平等への政治的・法的な対応が行なわれるならば、それは必ず文化的特殊主義の存在から切り離して行なわれ、そのことは互いに相補的である二つの結果をもたらすことがある。ひとつは、混淆は、強力な文化的分化の原理よりも、社会移動を可能にするという点にある。しかし、他方、文化的差異と社会的被支配の状況をあわせて負っているような人びとには、異議申し立ての集合的運動を起こすのに必要な資源をもたらしてくれない。異種交配と社会的不平等のあいだには、実際にはしばしば密接なつながりがある。そのつながりとは、自然的ないし人種的タームによる表象を通してつくられ、可視性をもたらすもので、それらの表象はいったん成立すると、差異をカテゴリー化させ、さらに社会のまなざしを有無をいわせず当の人びとに向けさせ、一個のアイデンティティを構成させる。そうすることで、人種的ヒエラルヒー、たとえば肌の「白さ」の度合いという特性にもとづく社会的上下関係のイメージを運ぶ。

よくあることだが、文化的混淆はとくに芸術を通して、押しつけられた社会的・政治的支配を表現することができる。かといって、それが必ず政治的または社会的異議申し立てへとつながるわけではない。文化的アイデンティティと関係のない大きな迂回路を経る場合は別であるが。そこからいくつかの結果が生じると考えられる。現に生きている社会の近代生活に参加できるように経済活動や社会闘争への人びとの動員を優先し、文化的アイデンティティが放棄されることがあろう。あるいは、集合的な文化的アイデンティティの領域に位置づけることができないため、文化的アイデンティティが、集合的にではあれ、人種および自然の領域で構成されることもあろう。さらには、つぎのような結果もありえよう。このアイデンティティが、行動へのつながりをもてず、起源の違いを極端に弱める衰退化のために、多少とも異国風のわずかな伝統といった、要するに象徴的な残余物になってしまうこともある。これは、アメリカにおけるエスニック・マイノリティの第三世代に言及してハーバート・ガンスの述べているアイデンティティ〔象徴的エスニシティ〕に相当しよう[23]。

　このアメリカの場合、そうした残余物が、結局は多様で雑種的な通俗文化のイメージをつくりあげている。その例が、「ブラットブルスツ〔焼きソーセージ、英語化されたドイツ語〕、ピザ、エスプレッソ、トロピカル・アイスクリームを売るあのサンフランシスコのタイ人経営の惣菜店[24]」というわけである。さらには、これと近いかたちによれば、そうしたアイデンティティの保持者が、単なる消費行動のなかにのみ身を置くことも考えられる。その消費行動自体は、エキゾティック趣味や記憶の入れ込みや独自経験のゆえに意味をもつ産品を求めるという、消費者の一般的傾向から生じている。一言でいえば、市場でのアクセスはたやすく、しかしマス相手の画一的消費にはしたくないというものである。

　集合的差異は、人種ではなく文化にかかわるタームによって理解されるなら、その成員たちに文化的権利を要求する諸資源をもたらし、それだけでなく自らを社会的に奮い立たせるための資源をも与える。混淆のタームによって自らを規定しない（混合婚をはじめ混淆にみちびくもの一切と戦いさえする）ため、承認の政治の恩恵に浴することのできる集団は、一定の条件のもとで、少なからぬ社会的・経済的な利益を引き出すことができる。まさにそこに、多文化主義政策に反対する者が唱えるもっとも強力な議論のひとつにかなり近い一批判の源泉が見いだされる。すなわち、多文化主義政策は、そのおかげで自ら選んで準拠する文化的特殊主義と有利な社会的地位とをあわせもつ一応の生活を営む者に、さらには裕福な者に、利益を与えているではないか、と。彼らは、自分たちの文化と、参加している世界経済の提供してくれる利潤とのあいだを、おそらく不当に、心地よげに行き来しているというわけである。

文化的差異に関心をもつものと混淆に関心をもつもの、という二つの道徳ないし政治哲学を対立させるのは誤りだろう。なぜなら、そういうことよりも、社会学的な問いかけは、一国、一集団、さらには一人間の歴史的経験のなかにいかにも共存し、ある程度まで結びついていることもある二種類の論理を区別すること、そのことにあるからだ。現代社会は、差異を受け入れ、再生産し、さらに新たに生産するが、それらの差異は少なくとも一部分、制度化され、コミュニティに共有され、公的空間でその承認が要求される傾向にある。ところが、これら同じ差異が、混淆または雑種化という作用へと入り込み、そこから複数の道が開かれることもある。解消、自然化、人種化、新しい集合的アイデンティティの構築、等々がそれである。混淆と差異をいくぶんとも固定化し、どちらかを選ぶといった必要はなく、それぞれの論理に属するものを承認すべきである。そのうえで、哲学的議論とならんで、政治的・イデオロギー的なもろもろの対決をくりひろげることも可能になる。

第4章　多文化主義

「多文化主義」という名詞は、形容詞の「多文化主義的」とまったく同様に最近使われるようになったが、とくに混乱して用いられている[1]。事実、二つの言葉はつねに、著者が本書で最初に区別した社会学的、哲学的、政治的という三つの領域にまたがるかたちで、それらをごちゃまぜにしながら用いられている。なお、この三領域は、クリスティーヌ・イングリスのカテゴリーを借りれば、「人口学的－記述的」、「イデオロギー的－規範的」、「計画論的－政治的」ともいえる[2]。ここでは、領域の混同がごく普通に行なわれているわけで、この混同は、場合によっては、冷静に考え、論じることの拒否と分かちがたいものとなり、「多文化主義者」とレッテルを貼られる面々の信用失墜をはかることと同然の結果となる。

フランスの場合がそれである。「共和主義」の諸理念についての強硬な普遍主義の担い手たちは、その観点を押しつけようと、一九九〇年代を通じて、文化的承認の要求が民主的な政治的取り扱いを受けられるようにと求める人びとに、激しい調子で非難を浴びせた。後者の人びとは、フランスの思想生活

における スティグマ化の回帰的やり口にしたがい「多文化主義者」といわれ、しばしば、「アメリカ流の」とおまけまでつけて「コミュノタリスト」呼ばわりされた〔コミュノタリスムのフランスでの含意については訳註〔1〕を参照〕。それだけではない。アメリカの、さらに広くは移民の到来によって建設された国々の文化的異質性についてのとはいわないまでも、少なくとも旧大陸諸国に想定されている均質性についてのある種の偏見によって、混乱は二重化されていた。ジオヴァンナ・ツィンコーネは論拠をあげながら力説する。「多文化主義の領野で、大陸間の比較から得られる教訓にもとづいて考察を展開しようと思えば、まずは、文化的に均質な諸国民のヨーロッパという観念と訣別しなければならない(3)」。

「多文化主義」のタームについては、広い定義を維持しなければならないのだろうか。ネイザン・グレイザーは、「今ではわれわれ皆、マイノリティと女性にはるかに大きな注意を向けているのだから」、「われわれは皆、多文化主義者にほかならない(4)」としてこれに答え、あるかたちで助け舟を出している。現代社会の文化的多様性と、それが含意する文化的多様性の承認要求の複数性を認めなければならないとすれば、広い意味で、この主張は了解される。しかし、いったんこれが認められても、哲学的か、実践的かという異なるアプローチが存在することをわれわれは知っている。そうである以上、明晰さへの要求のため、われわれは「多文化主義」という言葉に、ただひとつの範囲に限られた狭い意味を与えなければならない。その範囲とは、「多文化主義的」と性格づけられる制度的、政治的、法的なあり方のそれである。こうしたあり方が、それがそのなかでかたちをとる社会の具体的な状態とつながりを維持すること。あれよりもこれというかたちで一定の哲学的考え方と両立しうる、差異の政治的な扱いを求めること。そうすれば、多文化主義をそのものとして分析と考察の特定された対象に据えることはさまたげられないはずである。

文化的差異は、実際には社会的ヒエラルヒー、不平等、排除から切り離せないものである。そして、文化的権利も実は、社会的不公正の問題への考慮を含んだ論争抜きには、論議されえないものである。（雇用、就学、住宅などで）差別の犠牲となっている成員グループはつねに劣等視と周辺化に襲われているが、民族出自、宗教、身体属性、性、性的嗜好などのために社会生活の出発点から不利を負っている者たちも、またそうである。この社会的不公正と文化的貶価との重なり合いこそが、何はともあれ、多文化主義的行動を基礎づけたにちがいないと思われる。

ところが、われわれが今から維持していく狭い意味での多文化主義の具体的経験では、二つの主な選択を区別できる。その第一は、文化的なものと社会的なものを結びつけ、これこれの集団の文化的承認と、成員たちのこうむっている社会的不平等との闘争とに同時的に関わるような法や措置を提起するという行き方であり、これを統合された多文化主義（*multiculturalisme intégré*）というタームで呼ぶこととする。第二は、分裂した多文化主義（*multiculturalisme éclaté*）と呼ぼうとするもので、これは分離の原則に拠っている。文化的差異に関心をもつが、同じ運動のなかで社会的問題を引き受けることはしない。かといって、その文化的差異の擁護者は、決まって社会的問題に目をふさいでしまうということではなく、場合によっては、そこに他の分野に属する、別種の政策を要する問題を見いだすことがある。

統合された多文化主義

三つの国が、多文化主義に最初の実際に意味のある具体的表現を与えた。カナダ、オーストラリア、スウェーデンがそれである。

カナダでは、ケベックとその言語、すなわちフランス語の問題がその出発点となった。事実、多文化主義の理念は、一九六五年以来、「二言語主義、二文化主義に関する王立委員会報告」に盛られた勧告にもとづいて、その道行きを開始する。すなわち、言う。カナダ社会の民族的多様性を引き受けるため、イギリス系、フランス系という二大グループのみを考慮することをやめて、多文化主義が二文化政策に取って代わることがあってはならないだろうか、と。多文化主義は、公式には一九七一年、ピエール・エリオット・トルドー首相の主導権のもとに採択され、「権利と自由の憲章」という形式で、一九八二年憲法に取り入れられた。以後、これを拡大するひとつの立法〔一九八八年の多文化主義法〕にもとづくわけであるが、同法は当初の決定を、言語、文化、教育、反差別の闘争、雇用と昇進の平等などさまざまな領域に拡大する。このように文化的承認と社会的措置は強く結びついている。たとえば元移民であるマイノリティ集団については、彼ら特有のアイデンティティの承認と、社会的援助とを同時的に受けられることが眼目なのである。

しかし、ここでは、単純素朴な見方におちいらないようにしよう。カナダの多文化主義は、この国の国民的叙事詩と建国史において不当に扱われていると考えてきたマイノリティ（とくにウクライナ系）から要求されながら、ようやく一九七〇年代初めに打ち立てられたわけで、それは単に国の文化的・民族的諸困難の全体への回答を示しているわけでも、また、カナダを「るつぼ」ではなくモザイクと考える一流儀を示しているわけでもない。おそらくそれは、とりわけカナダの分極化[16]を避け、遅らせ、いずれにせよ複雑化するという一方式をもなしているのであろう。なお、多文化主義は、英語系の人びとからはアイデンティフィケーションのひとつの極として好感をもって迎えられ、ケベックのフランス語系の側でも、ある人びとにはそうだった。それは、ナショナリストのうちでも、自民族の民主的な性格、およびマイノリティ諸文化への開かれた精神を表わす可能性を、多文化主義のなかに見ようとする人びとである。(5)

全体として、カナダの多文化主義は、社会の歴史的および民族的な表象をひとつに結びつけようと努めてきた。この努力にはなんら逆説的なものはない。こうして多文化主義は、原住民から現代の移民にいたるまで、相次ぐ人びとの流入の波によって国土を開発したいとするカナダの歴史へとつながる。元移民のマイノリティが首尾よく鼓舞されて社会へ参加していくと考えることで、一九八〇年代にはひとつの成功について語ることができた。すなわち、マイノリティの結社が民主的なやり方で活動し、その指導者を選出するという条件で、連邦国家は諸資源を彼らの手にゆだねるのだ。しかし、社会的領域と反差別の闘争から離れて、同じマイノリティの文化的承認へと関心を向けると、その成果はすでにより控え目なものになってくる。ことケベックというネーション問題と先住民問題はとなると、多文化主義は明らかに適合しない政策として現われている。そうであればこそ、九〇年代の半ば以降、専門家や実践家たちは、社会的事柄も含めて多文化主義を、国の制度的装置としては二義的と考えるようになっている。[6]

　オーストラリアではどうか。多文化主義の採用は、カナダの場合ほど公式的ではない。国はカナダの「憲章」に匹敵するものをもたず、なおさらのこと諸制度の中核にその公式を刻み込んではいない。多文化主義は、公式の政策の枠組みのなかで専門機関によって適用される一連の措置からなっている。政策を実施するという決定は一九七八年に公式に告知されたが、すでに七〇年代初め、労働党政府のもとで「社会改革」の理念と並行して、多文化主義的な構想が打ち出されていた。なお、社会改革のほうは、社会、教育の面で移民たちのこうむっている不利を是正するために導入された諸計画に基礎を置いていた。だが、一九七五年の選挙での保守党の勝利以後、その意味づけは変わる。多文化主義は、言語的・文化的伝統の維持に向けての移民たちの努力に強い支援を与えることからなるが、それでいて、支配的文化〔英語および英国系文化〕の第一義性およびその政治・行政制度は問題にされなくなる。要するにその目的は、文化的多様性によって強化されているが、そのものとして承認ずみである上位の一連の価値にもとづく、多文化社会の社会的・国民的統合の保持とひとつになるのである。

　一九八九年、「多文化的オーストラリアのための国民アジェンダ」の公布とともに、この国の多文化主義にひとつの変化がもたらされる。同アジェンダは、個々の文化的アイデンティティおよび社会的公正を引き受けるものの、より一般的な経済的効率への懸念も表明しているからである。経済的次元では、その後「生産力の多様性」というテーマで言及され、このときから、移民の言語的・文化的能力を、貿易の改善のため、アジアの国々をはじめとする他国との投資にかかわる絆の強化のため利用する、という考えに拠るようになる。

多文化主義のこうした考え方は、国の経済発展への関心から特殊主義の尊重を口にするというわけだが、関係する集団、個人の全体にとっては何を意味するのか。それは、憲法ともろもろの法律、寛容と平等の価値、代議制民主主義、表現の自由と信教の自由、国語としての英語、そして両性の平等を受け入れるということである。ここでは人びとは、社会的公正、市民的平等、文化的特殊主義の承認、国民統合、民主主義、国際協調における国の進歩と経済業績達成をすべて同時的に引き受ける、全体的多文化主義（*multiculturalisme total*）へと接近する。そしてスティーヴン・カースルズは、「多文化シティズンシップ」について述べるのである(7)。

オーストラリアの多文化主義は、他の太平洋諸国に対する同国の地域戦略に関わっていたわけだが、一九九六年の事件(17)への保守政権の遭遇によってこれは弱められた。事件は、この政策をやり玉に上げ、従来の方向づけをも問題にした。

最後のスウェーデンの場合であるが、一九七五年に採択された多文化主義政策は、三つの基本原理にもとづいていた。まず、マイノリティ集団の生活水準の他の人びととの平等、次いで、エスニック・アイデンティティと固有のスウェーデン的アイデンティティのあいだの選択の自由、そしてパートナーシップ、すなわち職業の領域で共に働くことによってすべての者が享受できるかたちでもろもろの関係を確保できるという考え方(8)。

カナダであれ、スウェーデンやオーストラリアであれ、多文化主義は、このように文化的差異と社会的不平等は同じ一連の問題に由来していると考える。民族または社会の全体のために、彼らの文化的特殊主義を承認すると同時に、人びとの経済的参加のために、同一の運動を進めようとする。それ以外の国々、たとえばインドでも、比較的統合された多文化主義が行なわれていることを示すことができよう(9)。

なお、制度化された方向づけの形式をとったこの種の多文化主義は、一国というレヴェルとは異なる別のレヴェル、すなわち一地域や一市町村といったレヴェルで機能しうるものである。ドイツでフランクフルト・アム・マイン市が、一九八九年、市行政が移民とのあいだの関係をしっかり築くために、多文化関係部局〔多文化局（AMA）。同市の外国人・移民の統合政策の総合窓口で、同時に発足した外国人会議の事務局〕を設置したように。なお、このオフィスの初代の責任者として一九九七年まで任にあったのが、ほかでもない、フランスでもひとしく著名な政治的人物であるダニエル・コーン＝ベンディト〔パリ大学学生のとき、五月革命時の著名なリーダーとなる。ドイツでは緑の党に所属〕だった。

分裂した多文化主義

よくアメリカ合衆国はすぐれて多文化主義の国であるとイメージされ、その現象の具体的な定着ぶりが、二つの目立った性格を示している。まず第一に、それは、連邦という政治的・国家的な最高度レヴェルで機能している制度的装置のなかに位置づけられており、また同じく社会生活や知的生活のなかでも同様であり、そのレヴェルでは、多文化主義はあらゆるアクターたち（行動するマイノリティ、大学の責任者、地方政治家など）から発する論争、要求、実践の中心をなしている。しかし、それは、一方の、とくにいくつかの集団にかかわる社会的不公正および不平等との闘争を引き受けることと、他方の、文化的承認の要求を充たすこととのあいだに分離がある、というイメージをとくに反映している。それゆえ、先に言及した〔カナダ、オーストラリア、スウェーデンなどの〕諸経験がその統合に留意をしていたのに対し、「分裂している（éclaté）」と映じるのだ。なお、「分裂している」と言うのは、たしかに微妙さに欠けるイメージであるが。

その問題の半分は、アファーマティヴ・アクション（この表現のフランス語訳である「積極的差別」は、ペジョラティフであり貶価語）に関する実践と議論によって提供されている。この措置は、連邦レヴェルでは、一九六〇年代の公民権運動とその影響、つまりは大都市の黒人ゲットーにおける暴動や、自らのコミュニティで自らのことを真に管理することを要求する姿になろうとする「アフリカン－アメリカン」のリーダーたちに強まる一方の傾向からの結果である。アファーマティヴ・アクションは、リンドン・ジョンソン大統領の一九六五年の署名になる行政命令〔大統領命令一一二四六号〕を出発点とし、あらゆる種類の差別（人種、宗教など）に終止符を打つ具体的な措置を告げたものだった。まさにそれを出発点に、行政とその官吏たちは、優先処遇を受けることのできる人種ないし民族集団の定義を開始し、とくに企業のタイプごとに望ましい民族集団のパーセンテージを定めるため、これを複雑な計算にゆだねた。もしもある範囲以下であると指摘された差別を修正しない企業者があれば、金融上の、または法的なサンクションを受ける恐れがあった[10]。けれども、アファーマティヴ・アクションは上から、つまり政治当局からくるだけではなく、同じく下からも展開される。ジュリー・テルムが示したように[11]、とくに大学内では一九六三年以来、これが人種差別の弊害を正し、公民権の大義を推し進めることになった。そして、それは旧来の優先規則の鋳型のなかにもぐり込むのである。

パスカル・ノブレの説明では、当初この措置は「人種的に反差別の目的に志向するもろもろの手段の採用」と混同されていた[12]。しかし、一般の通念に反し、アファーマティヴ・アクションは、なんら文化的承認をもたらすためのものではなく、事実、ネイザン・グレイザーは「それは文化の承認とは何の関係もない」と書いている[13]。社会的不平等が人種差別にもとづいているなら、または人種差別によって強化されているなら、これと闘おうというのであって、それ以上でもそれ以下でもないのだ。この目的のためアファーマティヴ・アクションは、民族的、人種的ないしジェンダー関係的という基準にもとづき、特定措置の恩恵を受けられる人びとを規定するのであり、この基準設定から、文化的差異とこのタイプの政治とのつながりが生まれるかもしれない。けれども、適用対象である個人がそれらの人間集団に属していても、彼らの受ける措置は厳密にいって社会的なものにとどまる。教育、大学、大企業や官公庁の雇用、公共事業市場（「エスニック」企業家にとって）などへのアクセスをより容易にすることが、その措置だからである。

なお、いまひとつの別の一般の通念に反して、アファーマティヴ・アクションのアメリカ政治は、クオータの設定を経由することがほとんどない。とくにバッキ訴訟事件[18]以後は、これがなくなっていることを指摘しておこう。同事件については、ロナルド・ドウォーキンの著書のなかに刺激に富んだひとつの分析がある[14]。

アファーマティヴ・アクションはまずは黒人のために考えられ、望まれ、急速に女性、ヒスパニック、アメリンディアンに、次いでその他のさまざまな人口集団に広がっていった。では、それは、右に触れたように文化的承認とはっきり別物なのだろうか。しかり、とある人びとは言う。この人びとは、アファーマティヴ・アクションがしばしば文化的であるよりも「自然的」——人種的、アメリカではそのようにみなされる——なタームで規定される集団に適用されることを強調する。その状況は、たしかに同措置の優先処遇を社会関係の人種化に結びつけている。この回答はまた、自然の背後には文化と社会があるのではないかとする指摘への、緩和されているが、まったく不適切ではない批判をなしている。だが、その批判されている指摘はいう。アングロ‐サクソン市民にとって、人種やジェンダーは、文化や時代によっていちじるしく変化しうるような社会的構築物ではなかろうか。さらに、繰り返し語ったように、再生産され、深まったもろもろの社会的不平等が、もしも当該文化の貶価というかたちをとりうるなら、その対称関係において、およそその文化の成員にかかわる社会的施策は、その文化に見返りの効果を押しつける恐れがあると考えることができる。この観点を受け入れるなら、社会的なものと文化的なものは決して固定的に分離できないことにわれわれはあらためて思いいたる。

しかし、だからといって、アファーマティヴ・アクションの理論的中心争点に目が行かないということになってはならない。この政策は、社会的不平等の犠牲となっている集団の成員に機会の平等か、または特定の社会的措置を通じての衡平な配分を保障するというものであって、この配分は、それらの集団の文化に与えるインパクトに関心を寄せることはない、というものである。

アメリカにおける「多文化主義」のテーマの後半はといえば、反対に、きわめて直接に文化的承認という争点にかかわってくる。この点で実際に印象的なのは、何よりも教育の分野で行なわれる要求の強さと多様さである。たとえば女性（およびさまざまなマイノリティ）のグループが、カリキュラムや教科書で往々にして欠落しているか軽視されてきた、女性たちのたどった歴史的道のりやその独特の貢献を、歴史と文学の教育が考慮に入れるように、とそのイニシアティヴのもとにある種の議論を発展させてきた[15]。

ドゥニ・ラコルヌが指摘するように、独立以前の時期も含めてこの国の伝統である文化多元主義は、つねに共同体主義または文化的細分化への何ほどかの傾向をともなっていて、全体としてみると、アメリカ国民がひとつであることに異を唱えさせたためしはない。けれども、最近の三〇年間をみると、この国におけるアイデンティティ表出に、ある種の異常な激しさが認められることは否定できない。そして、この運動は多くの場合、普遍主義とそれが覆い隠す支配の形式への興味ぶかい批判をもたらしている。だが、そのラディカル化は、その表現をしばしば極端な相対主義や、「ポリティカリー・コレクト」の様式のなかに見いだしており、後者の行き過ぎは滑稽さと紙一重になることがある。

こうした文脈のもとで、大学の教育が変わり、教科書は多少とも修正されていった。一方では、個別の要求に応えるため、他方では、ある程度の多元主義をはたらかせるか、または文化間コミュニケーションの習得を促進するためというわけである。また、女性、黒人、その他の者の文学や歴史を見なおすべく男性と白人のそれ以外の別の文学や歴史を教えるため、または多様性の教育方法論をみちびくためということでもある。ドゥニ・ラコルヌによって強調された対立的なタームを借りれば、場合によって、「批判的多文化主義」の方向に向かうか、それとも「シヴィックな多文化主義」の方向に向かうということであった[16]。

アイデンティティの強まりは、下からの所業をも生む。たとえば、個別科学としての歴史学はかなりの程度革新され、一九八七年にはアメリカ歴史家協会会長レオン・リトワックが、アフリカン－アメリカンの経験をとりあげた会長講演のなかでこう宣したほどだった。まだ遠くない過去において「歴史家以外のいかなる研究者集団も、アメリカの若者への悪しき教育にこれほど深く関わったことはなく、人種および黒人についてアメリカ人諸世代の思想を歪めるために、これ以上のことをしたこともありませんᅳ[17]」。

したがって、アメリカでは二群に分かれる実践、仕組み、措置が認められる。なるほどそれらはしばしば入り混じっていて、たとえば大学向けのアファーマティヴ・アクションは、募集、優先入学、学費援助、就学支援、さらに特別なカリキュラムの立ち上げ、たとえばアフロ-アメリカ研究といったカリキュラムのそれも包括している[18]。なお、それらが惹起する社会的、文化的という二つの下位論争のなかでやりとりされる論議は、互いによく似ている。アファーマティヴ・アクションへの賛成と反対のウェイトを測るために雑誌『ディセント』に寄せられた記録、文章を読んでみると、これが確かめられる[19]。

くわえて、アファーマティヴ・アクションが具現する社会的・経済的領域と文化的承認の領域のあいだには、ある形式のつながりがある。たとえば、アファーマティヴ・アクションの優先政策の名のもとに大学入学を求めるマイノリティの成員たちは、それに続いて、彼らマイノリティの歴史や文学や言語により大きな、より正当な位置を与えるように、と叫ぶことが考えられる。ただし、多文化主義を基礎づけるこの二つの論理が接近し、影響しあい、合体したり、ともに成長することがあっても、依然としてここアメリカでは、二つの論理は相対的に区別される歴史の産物であり、両者は、必ずしも同一ではないアクターによってもたらされている。この確認からは別のかたちの定式化がなされることになる。すなわち、アメリカの経験は結局、社会的公正への懸念と文化的差異の尊重とを結びつける多文化主義の理論的統一が、必ずしも実践の一致に示されるわけではないことを示している、と。

議論と論争

多文化主義は、現代社会の複数文化的状況についてではないとしても、少なくともこの状況が要求している処遇の哲学的方向づけについて、また処遇そのものについて無視できない議論を引き起こした。その実際的な評価と総括がしばしば試みられ、公表もされた。クリスティーヌ・イングリスによれば、カナダ、スウェーデン、オーストラリアの経験は、マイナスではないが、真に良好というわけでもなく、いずれにせよ称賛を呼び起こすまでにはいたっていない[20]。彼女は、この三国の世論についても報告している。それの示すところでは、世論は多文化主義にどちらかといえば好感を示している。経済的危機、景気後退は、多文化主義の代表する他者性への開放よりも、異邦人嫌悪、レイシズム、他者への恐怖と拒否をうながしたにもかかわらず、である。

アメリカについてはどうか。評価はもう少し沈んだものになっているが、完全にマイナスというわけでは決してない。ジュリー・サームズが研究したアメリカの三つの有力大学の経験は、「全体としてプラスであることが明らか」になっており、ウィリアム・ボウエンとダーク・ボックの重要な著作が、この診断を裏づけている[21]。

多文化主義は、社会のある種の問題への回答ではあり、必ずしもその敵対者たちが言いたがったように、社会の解体、国民への挑戦、さらには文明への挑戦、部族化、あるいはバルカン化、民主主義の衰弱、コミュニティ内で集団の法を個人に押しつける暴力を含むあらゆる形式の暴力、といった来たるべき悲劇の要因とはなっていない。実験を行なった国々の世論は、多数をもってこれをしりぞけてはいないのだ。とはいえ、多文化主義は検討に値するさまざまな問題を提起している。

平等と衡平

多文化主義は、狭い意味での社会的次元では衡平（équité）という原則にもとづいていて、これは、権利と正義の普遍的価値を問うているようにみえる。事実、それは不利を負っている集団の成員に優先的手段を与えること、彼らに特別な処遇を、すなわち企業や大学ではほぼ留保されている枠を提示すること、また彼らが大きな数を占めている地区では税制上優遇措置を行なうこと、多く住む街区の公立学校には資源の補填を行なうこと、等々からなっている。

それは、〔フランスでは〕個人のアイデンティティから多少とも明白に距離をとり、領域に適用された政策のなかに位置づけられ、空間化されて現われている。このようにフランスでは、都市政策（politiques de la ville）[19]という分野のなかに置かれ、そこで雇用の創出に同意した企業には減税措置を認めたり、学校に関しては、補完的な諸手段を学校に与えるZEP（教育優先地域政策）[20]をもってする。そして、これらの措置は、文化的差異の問題とは弱いつながりしかもたない。住民の国籍や民族的出自が多様である庶民的な街区を対象にしてはいるが、エスニック・ビジネスを援けようとか、学校でこれこれの特定の文化を盛り立てようなどとは意図しない。

一般によく、これらの措置は「生粋フランス人」を犠牲にして移民を優遇しているのではないかという嫌疑がかけられ、ポピュリスト的・レイシスト的な言説においてもこのことがいわれた。だが、その諸結果のうち、より深刻に批判されているのは、学校のレヴェルではよいが、経済レヴェルではかんばしくないというものである。また、同措置は、平等の原則に対する侵犯を意味するとして批判され、さらには、機会の平等を利する論理から社会的分配の政策へと移行させる逸脱であると強調される。各人の社会的・経済的な成功への平等な機会を保障することをめざす代わりに、「より少なくもつ者により多くを与える」ことに向かい、もはや条件の平等という論理をかかげることだけをめざしている、と。(22)

平等と衡平とを対立させる議論は、この二つを同じレヴェルに置き、同じ次元のものとして二つの価値のいずれかを選択しようとしている点で、誤って立てられている。そうではなく、平等とは目的、または達成すべき水準であり、衡平はひとつの手段だということが了解されるならば、以後、この両者を同じ思考の進め方のなかで結びつけることが可能となり、望ましいということになる。まさにそれが、多文化主義政策がその社会的次元で提起したいと欲するところのものである。ただし、周到に考慮がなされ、よく準備されるというかぎりにおいてである。

衡平が平等に貢献するとき、個々人の有利さが一集団（または一領域）に譲り与えられ、成員たちがそれ以外の人びとと同じ成功や社会移動の機会を利用できるとき、また、合意された有利さが定期的に問いなおされ、この型の政治が生むおそれのある濫用や腐敗を避けるために別の防護柵が設けられるとき、まさにそこに、民主主義をより豊かにし、集合的連帯を強固にする一要因があるということになる。

社会的な面については、よく行なわれる批判がある。多文化主義は、それが援けるのだと称する人びと自体のなかに、細分化という効果をおよぼしてしまう、と。たとえば、アメリカの黒人で、大学でアファーマティヴ・アクションの利益を受ける者は、一般民衆世界によりは中間階層に属している。ウィリアム・J・ウィルソンの記述する黒人底辺階層は、一九六〇年代以来、一部優遇政策のおかげで強化された裕福な黒人階層から、はるかに距離を置かれているように思われる。とはいえ、この点では議論は閉じられていない。なぜなら、全体としてみて、アメリカの黒人は社会的には進歩をとげた、と考えることもまた可能だからだ(23)。

この種の批判のラディカルな型のひとつは、多文化主義は、被支配的集団のなかの豊かな一部だけでなく、裕福な諸集団全体に対して有利となるようにはたらき、弱者ではなく強者を強めることがあり、そうなると、根本的に不公正なものとなる、と強調する。とくにジオヴァンナ・ツィンコーネが、この観点をヨーロッパについて展開している。彼女によれば、最近移民してきた人びとの集団よりもはるかに目立って上位の社会層と、もっとも豊かな地域が、民主主義の変容について多文化主義型の制度的影響力を行使している。これと似た見方は、アメリカの作家ブルース・ベンダーソンにもみられる。一九三〇年代以来、アメリカでは社会階級について語る声がまったく上がらなくなってしまった、と彼は言う。そこでは「貧困の現実について力強く、激しく、その悪化に声を上げることはタブーとなった」。アイデンティティ重視の政策は、もっぱら中間階層の精神状態の反映となっている。「今日『多文化主義』を言う声が黒人という顔、女性という顔、ホモセクシャルという顔、労働者の子弟という顔をもっているとしても、もう意味がない。この人びとはすべて、生活に余裕のある人間の語法でしゃべっているのだから(24)」。

この点をしめくくるにあたり、つぎのことを指摘したい。フランスでは、「積極的差別」の諸施策に対し、ある循環論的な批判がある。同政策は、それがかかわる人や地域にスティグマ化の効果をおよぼす、という非難がそれである。この見方では、「積極的差別」は同時に「否定的差別」でもあって、援けの手を差し延べるべき人びとを貶価してしまうというわけである。実は、この矛盾は克服不可能ではない。貶価という効果には、被援助集団の文化的承認と象徴的価値づけを積極的に行なう政策で対抗することができる。政治行動が狙いを定める社会的な目的に文化的な諸次元を付け加えることで、これを行なうのである。そのネガティヴな効果についても、これを弱めるための手段はある。それは、機会の平等のためのもろもろの措置の拡大をあくまで追求し、ウィリアム・J・ウィルソンが「アファーマティヴ・オポテュニティ[25]」と名づけたものを推進することにある。

差異の承認か、コミュノタリスムか

多文化主義に相対しては、三種類の議論が複雑な、ことさらに激しい論議をつくりだしている。

第一のそれは、抽象的普遍主義の意義を前面に押し出すもので、政治的・制度的レヴェルではもろもろの文化的差異を同化へ誘おうとする性急な勧めとして現われている。ここでの議論は、要は、およそ文化的特殊主義（またはその他）をもとに行なわれる人びとのカテゴリー化がもたらすリスクに対して、個人の権利が最良の――実際には唯一の――回答となるとする観念に拠っている。この見方では、中立的で、個人しか知らない公的領域の存在こそが、人びとにとっての保護と平等と自由の保障となる。そのもっともラディカルなヴァージョンにおいてこの志向は、それ自体おのずと偏狭で閉鎖的であるとみなされるマイノリティの文化的特殊主義の世界から、個人を引き剥がすという狙いをはぐくんでおり、それこそが個人を国民とシティズンシップの普遍的価値へと接近させることができる、というかたちで考えられている。くわえて、普遍主義と個人主義への依拠が、ここでは、人の自由や男女の平等を無視する共同体重視の伝統が個人の諸権利を踏みにじるのを避けるのに役立つ、とされる。

その同化の進め方は比較的ゆるやかで、強制的ではなく、奨励的・説得的であることもある。しかし、やり口が暴力に転じ、民族抹殺にいたることもないわけではない。たとえば、オーストラリアでは一九六〇年代まで、アボリジニの子どもたちをその家族から引き離して、寄宿学校（またはそれに類したところ）に入れていた。それは、子どもたちが彼らの文化的・家族的な環境から絶縁するようにということであり、近代生活に入ることを可能にするためという口実のもとに行なわれたのだ(26)。したがって、同化は、文化的特殊主義をつねに公的領域の外にとどめておくことで満足せず、その解体を要求することもある。そして、同化のためには、普遍的なものを体現し、正当化できる強力な象徴的・制度的な枠組みが必要となるので、一般に同化は、程度の差はあれ柔軟性のとぼしい国民と国家の観念と手をたずさえて進む。同化は、文化的ないし政治的な原理主義に容易に適合し、これがナショナリズム、主権主義、あるいは共和国主義といったかたちをとる。

第二のタイプの議論は、寛容の原理を前面に出すので、多文化主義への対抗はそれほど激しいかたちをとらない。ここでは私的空間のなかで文化的特殊主義が許容され、公的空間でも、その要望、要求、または単なる可視性によって何もトラブルを引き起こさなければ、同じく許容される。第一の議論が柔軟性を欠いて抑圧的になるのに対し、この志向は大いに柔軟性をもたらしている。より実際的で、それほどイデオロギー的でなく、原理原則によりも具体的現実に関心を向けるからである。しかし、マイノリティの文化的権利の承認については、これを許容しない。その点については、この第二の議論も、コミュノタリスムという強迫観念、および、普遍的諸価値と人および市民の権利に異議提出がなされるのではないかという恐れに、依然として支配されている。マイノリティが国民に対し忠誠心を抱いているかどうかに疑念をいだき、警戒心と猜疑心によって特徴づけられ、それらの払拭は部分的にしか行なわれていない。多文化主義に対抗するために寛容を求めるのは、とりわけ、文化的差異と結びついた紛争が広がるのを放置することの拒否を意味している。これは、およそ社会秩序を、さらには個人の国民への同一化を弱めるとみられるものを懸念するという思考なのだ。とはいえ、先に指摘した思考や、これから目を向けようとする思考に比べれば、より陰の薄いものである。要するに、当面の議論のなかでは、これは相対的にいって曖昧さを示している志向ということになる。

最後に、多文化主義はしばしば、いわばその左翼の側を、コミュノタリスムと近い関係にある超批判的な立場によって圧倒されている。右でみたような経験のなかでの実践としての多文化主義は、国民の一体性や社会体の統合性には異を唱えず、文化的差異の承認と普遍的諸価値の尊重とを組み合わせようとし、言語的、宗教的その他の特殊主義と個人の平等、自由の要請とを両立させるように努めている。なるほど多文化主義は、逸脱して濫用を招いたり、ある種のコミュノタリスムを呼び起こしているが、全体としてみて現実の多文化主義は、これを制度的に実践してきた国では中庸にとどまっている。この視点からすると、文化的差異の承認は、普遍的諸価値と両立するという想定にもとづき、民主的努力が行なわれることを意味している。チャールズ・テイラーが言うように（ただし、彼は多文化主義という言葉自体は避けている）、「有無を言わさず、真正ではない仕方で諸価値の平等の断を下すのではなく、われわれの地平を新しい混淆に向けて移動させるため、文化の比較研究に対して開かれていること」[27]が重要である。

こうしたごく穏健な多文化主義は、ある種の文化的差異の自動的承認を主張する志向によって異議を唱えられ、圧倒される可能性がある。後者は、極端な相対主義を進めることを覚悟のうえで、自らの行為の全面的自由、一般的権利から独立した諸権利、自分の子どもへの教育の内容を自らで定める可能性を要求したりする。これが超批判的（*hypercritique*）多文化主義であるが、それが押し出す要求は、多であることと一であることの弁証法や、文化の多様性と民主主義の弁証法を困難にする。その相対主義は、コミュニティ間関係のゲームの規則を固定化することでよしとするような政治的定式としか適合しない。また、なんら文化間の関係づけの理由や、成員の個人の自律を追求する理由さえもたないような集団の権力の分有や、権力への接近としか適合しない。したがって、ある集団やマイノリティについて、または文化的マイノリティの角度から行なわれるサイコセラピーのような特殊問題についての批判的な要求を除いては、これが民主主義のなかで共鳴を呼ぶ要素はごく限られている。この多文化主義の立場は、どんな一般的な政治的考察にも結びつかない。制度的ないし国家管理的な方式も、デヴィッド・アプターやアレント・レイプハルトの思考にならった「多極共存」モデル[21]も説くことはない。

多文化主義はだれに適用されるか

多文化主義的な政策が有効にはたらくためには、それが引き受けることをめざす集団が特定されなければならない。そして、このことから根本的な問題と、一連の実際的な問題が生じてくる。人口の一セグメントを対象とする政策は、それが何であれ、明確な安定した定義を練り上げる必要があり、対象を同定でき、境界を知ることができ、そこに属する者と属さない者を識別できなければならない。その成員を指名することさえでき、必要なら、数を数え上げることもできなければならない。いきおい、ひとつのカテゴリー化に拠ることになるが、その点でまず第一に、根本的な争点が生じる。すなわち、こと文化に関して、いったいカテゴリー化を行なうのは望ましいのだろうか、と。そこで、公的空間の一般的考え方として、この空間を、自由で、権利において平等な諸個人のために留保したいということになれば、議論はただちに幕を閉じる。なぜなら、この原則にそむくものはすべてしりぞけられるからである。ここにこそ、エルヴェ・ル・ブラによって展開された議論がきわめて直接に適用される場が見られる(28)。

個人が自由に要求する主観的帰属の外で、およそ客観的と称する基準にもとづいて押しつけられるカテゴリー化は、恣意、不当な帰責、人と集団の貶価、そして国家の側からのそれを含む最悪の逸脱であるレイシズム、民族的、宗教的ないし人種的出自にもとづく個人のリスト化をみちびくおそれがある。恩恵を受ける者を特定するのだとしながら、多文化主義は、公的空間のこの第一の観念とはじめから衝突してしまう。反対に、政治文化が、同じ公的空間においてアイデンティティの特殊性を許容し、民族的、人種的、宗教的、等々による個人のカテゴリー化が正当とされ、受け入れられるようなところでは、多文化主義が実際に適用されるチャンスはより大きくなる。

したがって、この二種類の状況では、議論は同じではありえない。第一の場合、議論はまず、公的空間のなかで文化的差異について導入するものすべてに抵抗する必要があるかどうかに関わることになろう。たとえばフランスでは、多文化主義の拒否は、根本的な理論的拒絶に、そして〔多文化主義が適用されれば〕社会がエスニック化、人種化されるのではないかという懸念にもとづいており、人によっては、アメリカ化への懸念もその理由となっている。第二の場合では、議論はもっと複雑になる。論議は、同じ懸念に由来するさまざまな要素を、適切なカテゴリーを技術的に用いる可能性についての考察へと混ぜ合わせ、これに多文化主義政策の効果とその具体的な限界についてのより実際的な評価を付け加えるからである。

アメリカでは、一九九〇年の国勢調査で、白人、アフリカン－アメリカン、アメリンディアン、アジア系、ヒスパニックという民族－人種的なカテゴリーが使われ、二〇〇〇年からはこれにハワイ系が加えられた。以上の諸カテゴリーは今後、消滅する見通しはないが、さらに分岐はすると思われる。今後は、提示される項目のどれもが不都合であれば、各個人は自分のカテゴリーを選択でき、「その他の人種」というカテゴリーをあげることもできるからである。そのうえ混合型も認められたので、それによって、同一の個人が二つ以上の人種で自分を定義することも可能となっている。

さて、多文化主義の原則がいったん認められたとして、実際にはどんな難問が控えているのか、それに触れてみよう。アメリカのアファーマティヴ・アクションの経験は、当初はきわめて特定されたひとつのマイノリティ（黒人）に向けて始まったが、考えなければならないひとつの警告をもたらしている。これがあらゆる種類の集団へと拡大されたことで、その一般化はたしかにアファーマティヴ・アクションの有効性を弱めている。人種化されているかどうかを問わず、文化的アイデンティティの多様性は、宗教、民族、ジェンダー、差異へと変容される障害、等々いちじるしいものがある。では、その効果をおもんぱかって、限定的で比較的均質な、たとえば、ただひとつのエスニシティに限られた枠組みを推奨すべきだろうか。それとも、公正を配慮して、考慮に入れるもろもろの文化特殊主義の異種並存を受け入れるような、開かれた枠組みを推奨すべきだろうか。後者の場合、多文化主義は、限られた一連のアイデンティティを対象とした政策というより、民主的生活の機能のための一般的な一原則となろう。前者の場合、多文化主義はより適用しやすいものの、そこから恩恵を受けることを正当に要求できるはずの集団が排除されてしまう恐れがある。第二のケースでは、多文化主義は適用困難な、しばしば不可能でさえある一規則となり、いずれにしてもひじょうにコストのかかるものとなる。

もろもろの文化的特殊主義がすべてひとしく多文化主義政策に適合するわけでも、その政策の鋳型のなかに必ず収まる傾向にあるわけでもない。そのため、ジョセフ・ラズは、多文化主義の政策は、尊敬を受け繁栄する集団を形成する安定した文化的コミュニティを、活力のあるコミュニティを、存続を欲するとともに自らで存続を図れるコミュニティを、あまり多数にのぼらない範囲で必要とする、と指摘する。ところが、しばしば何十という異なる国からやってくる移民をとってみると、そうしたケースがつねにあてはまるわけではない(29)。ラズはさらに付言する。これらのコミュニティは必ず、価値の多元性と、つまるところは民主主義とに信頼を抱いていなければならず、そこまでいかなくとも、そうした信頼を身に着けられる状態になければならい、と。以上を合せると、多くの条件が必要となるわけで、それらを結びつけたなら、問題の定式化がほとんど不要となるほどである。

事実、多文化主義が成功する条件として、ここでは、いろいろな差異があっても、また差異のなかにあっても、現実がそうであるよりもはるかに平和な民主的な一社会を前提しているように思われる。これはいみじくもエイミー・ガットマンが語ったことである。彼女によれば、この見方は「理にかなった知的、政治的、文化的な差異に対する相互的な尊重」を前提とし、「その相互尊重は、一個の善意が広がっていることを要求するが、またわれわれの不同意を述べたり、同意できない人びとの前でこれを擁護したり、尊敬すべき不同意とそうでないものを区別したり、十分に論証された批判に直面して自分の意見を修正する能力をも要求する。多文化主義の倫理的約束は、討議のこれらの徳の自由な行使にかかっている」[30]。大いに心に訴える言葉ではあるが、疑問を深める一方でもある。もしこのように規定するなら、多文化主義の当初の条件は、さしずめ、問題は提起される前に事実上解決されていること、といったことではなかろうか。多文化主義が、その構想を事実のなかで形にすることをすでに知っていた一社会のユートピアにもとづくものででもないかぎりは。

　多文化主義政策の理論的基準に合致していても、この政策に敵意を示すコミュニティがありうることも述べておきたい。オーストラリアでは、アボリジニとトレス海峡諸島民〔パプアニューギニアとのあいだの同海峡の島々に住むメラネシア系先住民。一九九二年先住権が公式に認められた〕のあいだから声が上がる。彼らは、自分たちがその他の唯一の真正で正統的な住民であることを想起させながら、近年陸続として到来する移民たちとはイギリス人以上に関係があるわけでもないと述べ、そのため、同じ多文化社会のヴィジョンのなかで、最近の移民たちと結びつけて扱われるのを拒否したのだった。同じくカナダでも、先住民たちはおそらく多文化主義に属する諸措置によって、援けられるよりは、むしろ脅かされているといえよう。事実、多文化主義はつねに文化の建設やその自立的な維持を鼓舞するわけではなく、さまざまな資源をもたらし、当の集団を、しばしば身の破滅を招く、市場に顔を向けた見世物的芸能《フォークロール》と、とくに多分にアルコールに負う自己破壊的行為との組み合わせのなかで、化石化してしまいがちである。

これとひじょうに異なる論理によって一集団が、アファーマティヴ・アクションの措置に抵抗することも起こっている。抵抗の理由は、その措置の社会的内容が、同集団の表明している要求の文化的特徴を否定していると感じられ、その承認の期待への無理解を現わすしると感じられたため、とされる。たとえばベルナール・モテの語るところでは、一九七〇年代の初めのこと、アメリカの一上院議員が、視覚障害者に適用している優遇税制を聾唖者にも拡大するという考えを示したとき、全米聴覚障害者協会はこれを屈辱的と感じたのだった。協会の責任者は、こう反論している。「私たちは障害者ではなく、言語的マイノリティなのです。私たちが望むのは、自分たちの言語の市民権であり、学校内での使用であり、〔手話〕通訳者を増やしてもらうことなのです[31]」。

さらに、つぎのことも明らかである。世界全体では、仮滞在的ないし間歇的移民というものが存在し、これはホスト国では部分的にしか生活せず、国境を行ったり来たりし、多少とも規則的な間隔で出身国に戻るか、ある期間をおいて後に最終的に帰国を果たすといった人びと、集団から成っている。この新ノマド主義、ピストン往復の現象、そして振り子的ないし限定的な移住は、多文化主義のそれとは異なる、文化的承認に関する施策も含む別の政策を求めている。この問題は、現に進むグローバル化が政治の古典的枠組みである国民や国家の意味を問いなおすようになった世界における、人の移動のさまざまな問題へとわれわれをいざなってくれる。制度的行為様式としての多文化主義は、この古典的枠組みの外にある、部分的にせよナショナル以前の、またはトランスナショナルである、一言でいうとディアスポラ的な社会的・文化的現実にとくに適合するわけではない。

その逆の現象もある。その歴史や社会内の位置からして多文化主義の中心に位置づけられて当然であるような集団が、それ自体としてはきわめて周辺的にしか現われていない。とくにいえば、たとえばユダヤ系のアイデンティティは、多文化主義やアファーマティヴ・アクションをめぐるアメリカの議論のなかでほとんど中心にきていない。ユダヤ系の経験は、これらの問題を考える際によく言及され[32]、その論争に参加するユダヤ系の人びとは比率からみると高いにもかかわらずである。もっとも、彼らがこれらの議論に参加するのは、ユダヤ系のマイノリティやコミュニティの成員としてよりは、研究者や知識人としてである。

最後に、文化的差異が安定しておらず、再生産よりもはるかに生産の過程にもとづいている場合、多文化主義はそれだけ当の文化的差異に起因する種々の困難にぶつかりやすい。なにものも結晶化しておらず、解体と再構築がルールであり、新たな創造の営みが伝統までも含めてつくっていく、またアイデンティティが高度に主観的選択の対象で、個人は自分で決めてそれに合流し、まったく同じようにそこから去っていくような、そうした場もあるのだ。当然ながら、そこでは多文化主義が適切に機能していくのはむずかしい。多文化主義は一定の固定性を必要とする。承認された対話者、明確に規定された集団がなければならない。これは、フレドリック・バルト流[22]の文化的アイデンティティの絶えざる流動状態[33]とは、正反対というわけである。

それゆえ、（制度化された政治としての）多文化主義は、ある種の文化的差異を、ある種の条件のもとに引き受けることができるにとどまり、そのことが多文化主義の射程を独特なかたちで制約する。それだけではない。多文化主義は、それらのアイデンティティを承認することで、かえって目的の反対の極に行き着いてしまう恐れもある。なぜなら、単に変化、変容であるものを承認によって固定化し、生産と革新であるものを再生産に押しやることで、これを当の集団のある成員たちの利益としてしまうこともあるからだ。別の批判として意味をもってくることだが、すでに古典的批判として、多文化主義の提供物は、保守主義またはクライエンテリズム〔恩顧主義。利益供与と票の取引のような現代的関係も指して使われる〕の力となり、そこから利益を得る名望家を、彼らが代表しているとされた民衆の生きた経験からしだいに離反させてしまう、という批判である。したがって、目的－手段関係を逆転するようないまひとつ別の論理が展開されなければ、一個の集団が、もっぱら政治的または経済的な有利さの享受のために存在しつづけることになってしまう。

文化的差異を承認すること、しかしその固定化は拒否すること、不平等と社会的不公正の問題を引き受けることと結びつけて、文化的差異が変わっていくことを受け入れること、まさに以上が、特有の政策が求めているものである。この政策は、交換、コミュニケーション、きわめて少数の前例のないような観点への注視、といったものを重視する。それらさまざまな側面が、複雑で柔軟な施策を要求するわけで、多文化主義は――たとえ穏健な多文化主義であっても(34)――これらを真に十分に作動させることはできない。多文化主義政策が具現した観念と実践は、決定的に重要な論争を組織するうえで大いに有用だったことが、もう明らかになっている。けれども、おそらく、これらの議論はすでに用済みといわないまでも、少なくともやや旧式となっているといえよう。このことは、新しい観念を打ち出すことにかかわるさまざまな努力によって、それなりに証言されている。その新しい観念とは、「文化的市民権(35)」

や、「多文化市民権(36)」のそれである。また、文化的権利、病者の権利、同性愛カップルの権利、等々の権利の創造と拡大という狙いを強調するという努力についても、同じように証言されている。

第Ⅱ部　差異の分析

文化的差異をめぐっては二つの議論が行なわれている。ひとつめは、アイデンティティ、文化的特殊主義、マイノリティなどの異なる現象に同じラベルを貼りつけ、少々いい加減なやり方で一括りに論じるものである。二つめは、反対に、マクロな分析枠組みなどには言及せず、イスラームや同性愛といった、はっきりと具体的な現象をとりあげて、その特異性に焦点を定めて論じるものである。

ひとつめの議論においては、差異が概念化されず、結局、一貫性を欠いたさまざまな経験のリストの提示にしかならなかったり、そのリストに一貫性があったとしても、それは今日的なアイデンティティ表出の諸経験が相互に影響をおよぼしあっていることを確認する程度のものにしかならない恐れがある。[1]また、差異を多様性の問題にとり違えてしまい、文化的アイデンティティが生産・再生産される過程を見落とし、それらのアイデンティティを本質化し、所与のものとみなすような視点にとらわれる恐れもある。[2]さらに、性やジェンダーの関係といったきわめて大きな問題を、マイノリティの問題と同列に扱う恐れもある。いうまでもなく、男性支配の問題は「マイノリティ」だけに還元できるものではなく、差異をめぐる他の多くの経験にも横断的に関わっている。ただし、第Ⅱ部では、この問題にこれ以上は立ち入らないことをあらかじめことわっておく。

二つめの議論においては、文化的差異が全体的な変動の一部をなしているにもかかわらず、その文化的差異を、より全体的な変動から切り離してしまう恐れがある。さらに、実際にはきわめて限られたひとつの問題しか考慮していないにもかかわらず、それがきわめて一般的な問題であるかのように語られる恐れもある。その一例に、フランスにおける「差異への権利」や統合をめぐる議論があげられる。これらの議論は一九八〇年代、九〇年代を通じていくつかの問題提起はしたものの、何よりもそれが反映していたのはイスラームへの恐怖と幻影だった。

いったい、文化的差異の各々の独自性を示しながら、あらゆる文化的差異と、差異の存在が意味する争点に共通する問題を、どのようにとらえればよいのだろうか。二つのアプローチが考えられる。ひとつは、社会全体のなかではたらいている諸アイデンティティを、所与の一時点で特徴づける意味作用、その機能、論理、困難などを検討することである。このアプローチは、場合によっては相違の諸経験の類型をつくりあげることによって、あるいは一般的な理論枠組みを構築することによって進められるだろう。二つめは、あらゆるアイデンティティが生まれ、変容し、脱構築や再構築される過程に焦点を定めるものである。それは、アイデンティティ、記憶、歴史のあいだにあるもろもろの関係を検討することにもつながる。第5章と第7章では、どちらかといえば第一のアプローチに対応する共時的分析を、第6章と第8章では通時的な分析を行なう。

第5章　差異の再生産と構築——類型化

現代社会に特徴的な文化的差異の種類やタイプを区別するうえで、ひとつの指導原理が手がかりとして役立つだろう。それは、二つの対となる論理を考察することである。第一の論理とは、文化的差異は「原初的なもの」であり、そこにはある種の歴史的厚みがあり、それを成員たちは維持し、再生産し、擁護しようとしているというものである。これは、文化的差異が凝固した諸要素や本質、本性をなしているという意味ではなく、ある所与の時点における文化的差異の存在から分析を始めるという意味である。所与の時点における文化的差異の存在とは、ある過去や記憶を自らのものとして要求する行為者が体現しているようなものである。二つめの論理は、差異とは、新しいものであれ、反復されたものであれ、「二次的なもの」であり、したがって創造されるたぐいのものだというものである。

この基本的な対置にもとづけば、差異の具体的な経験の分類が可能になり、二つの論理を独自に組み合わせて、それぞれに生じる異なったタイプを規定することもできる。

抑圧されたマイノリティ

ひとつの国家や社会、民族はそれらに先立って存在し、ひとつの社会生活や政治原理、諸制度、文化を所有して機能する諸集団によって構成されている場合が多い。フランスでは、大革命以来、ジャコバン的と呼ばれる中央集権制度（しかしそれ自体は時代をはるかに遡る）が、資本主義と市場の影響と結びついて地域的・地方的なものを押さえつけてきたが、だからといって地域的・地方的なものが完全に消滅したわけではない。歴史家オイゲン・ウェーバーがみごとに論証したように、二〇世紀初めには、文化的帰属や言語、郷土への自己同一化によって地方的アイデンティティが維持されている状況が多く存在していた。こうした地方の状況は、フランスという国民国家が構成する政治的・文化的単位とは異なっているか、完全に、またはほとんど無縁のものだった(1)。

こうしたアイデンティティを体現する行為者として、聖職者、エリート、知識人などがあげられる。彼らは、アイデンティティの消滅や、アイデンティティ自体が民芸品として扱われ、商品化されてしまうことを避けようとした場合、つぎの二つの政治的方向性のどちらかの選択を迫られる。ひとつめの選択肢は反乱、決裂、したがって分裂することである。この分裂に意味を与えるには、ナショナリズムのイデオロギーが必要となる。このイデオロギーは、自らを構造化する政治的・文化的枠組みにもとづいていなければならない。いいかえれば、あらゆる属性をそなえた一国家に訴えるということである。二つめの選択肢は、国家のなかで集合的権利と一定の承認を獲得するためにに、圧力を行使することである。ただし、その国家への所属の問題にするようなことはしない。この方法は、直接に政治的様相をおびることがあり、必ずというわけではないが、政党を結成するとか、たとえばロビー活動を通じて選挙で重要な位置を獲得するといった道がとられることもある。

また、経済的・文化的な動員という経路を経て行なわれることもあるが、それは矛盾しているわけではない。これはブルターニュで顕著にみられる事例である。ブルターニュ地方では、近代化志向で世界経済に目を向けている企業経営者たちが、明瞭にブルターニュ・アイデンティティを中心に据えて活動を展開する一方、文化的実践一般、とりわけ教育における言語の振興（とくにディワン〔一九七二年設立のブルトン語で教育を行なう幼児学校。その後中学、高校を擁するまでに拡大。〈ディワン〉は「芽」の意〕の諸学校）が盛んに行なわれている。ここでのアイデンティティ表出は、行為者自身が自分たちの文化とその振興を担うという模範的な態度と、経済発展、政治的圧力が結びついている文脈で行なわれ、ブルターニュ・アイデンティティと結びついた積極的行動のための便益と資源の獲得がめざされている(2)。

ここで、本質的に重要で、先に提案した分析の中心原理に関わると思われることを指摘したい。地域アイデンティティ、またはそれと類似のアイデンティティの今日的な表現を理解するには、二つの論理を区別すべきである。両者は、実際には入り混じっているが、分析的レヴェルでいえば根本的に質の異なるものである。

ひとつは、これらのアイデンティティを防衛的なかたちで再生産する論理である。この論理は破壊的な諸結果、突きつめていえば、近代の政治的・経済的な破壊者に対する抵抗を表わしている。したがって政治的支配と資本主義の影響によって伝統を破壊された人びとや集団の生存への意志を表わすのだ。この論理にしたがって考えれば、文化的アイデンティティは、単に近代の外側に位置する、近代とは無縁の単なる過去の遺物ではない。かつては近代の一部をなしていたアイデンティティが、支配的社会と、その政治的へゲモニーや文化的同化の意志に抵抗できなかったということもある。この場合、へゲモニーや支配の形式自体は、必ずしも強圧的で一次元的とはかぎらないことを付け加えておく。たとえば、フランスで共和国とその学校が同化的役割を果たしてきたことを強調するのはよいが、それがつねに、どこでも地域的・地方的な特殊性を徹底的に押しつぶすように機能したわけではないことも踏まえる必要がある。共和国は「小祖国《プティト・パトリ》」を考慮に入れて尊重し、これに適応することもできたのだ[3]。

二つめは、同じ形態のアイデンティティが、ヤドカリがなかに住み着いた貝殻のようなかたちで機能する論理である。行為者たちは、伝統や歴史的記憶に訴えながら、自分の子どもたちに地域語を教え、音楽や文学、祭りの行ない方を保持しようとして行動を起こす。しかし実際のところ、彼らの行動は伝統の保持だけでなく、伝統の再創造でもある。彼らは近代に取り込まれた後に伝統を生み出しており、つまり彼らもまた近代の行為者だからである。引きつづき、ブルターニュの事例をみていこう。ロナン・ル・コアディクによれば、高齢者にとって言語は過去の遺物であるという。彼らは先にみた第一の論理にあてはまり、かつて「俚言」のために蔑まれてきたか、自ら地域語を恥ずべきものだと感じていた庶民層に属している。これと対照的に、今日、ディワンの学校でブルトン語を学んでいる若者たちは、明らかにより豊かな社会層に属している。彼らはこの言葉を学ぶことを選択し、熱意をもって学んでおり、それが往時の言語とまったく同じではない一言語を再生させている[4]。

つまり、啓蒙思想の継承という次元に還元された近代や、それ自体が蒙昧主義に類する伝統と決別するという計画に反対することは、もはや意味がないのである。それらに抵抗することも、アイデンティティをさらに近代的にすることも、もはや重要ではないのだ。そのように行動することで、アクターたちは主体として振る舞うことになる。彼らは自らを理性の存在として、しかし歴史と文化のなかに位置づけられた存在として主張したいという欲求をおおやけにする。彼らは自分たちの歴史や文化を蘇らせようと決意しているが、だからといって個人主義を放棄するわけでもない。彼らは集合的アイデンティティと近代生活への参加を全体として区別しつつ結びつけることで、文化と歴史の再生を実現するのである。

「第一次的」マイノリティ

「第一次的」という形容詞は歴史的な先行性を指して使われる。このマイノリティは、すでに近代以前にある領土空間に定住していて、しかもそこに後からやってきた人びとからも排除されなかった集団のことである。近代は移民の到来や植民地主義、「フロンティア」の前進などを引き起こしたが、それにともなって新世界に形成された社会や国民は、その初期段階において、先住していた民族を根絶するか、ただちに根本から人間性を否定するまでに劣等視した。

実際、その征服の時代にスペイン人は、いったいインディオたちにも魂はあるのかと疑ったほどで、これに対してバルトロメオ・デ・ラス・カサス[23]がインディオを擁護して行なった発言は知られている。具体的に擁護の対象となったのは、オーストラリアのアボリジニ、ニュージーランドのマオリ、三つのアメリカ〔北アメリカ、中央アメリカ、南アメリカ〕に居住するインディオであったが、彼らは「抑圧されたマイノリティ」であっても、極端な事例である。その相違点は、彼らが侵略される以前において近代的だったこともなければ、近代と長期間にわたって接触したこともなかった点である。彼らは近代とまさに正面衝突したのである。

しかし、これらのさまざまな集団にもまた、先に述べた二つの論理がはたらいている。一方で、今日、これらの民族を体現している人びとはたしかに歴史の遺物だということができる。征服の暴力は、疫病やアルコール中毒、人の自己破壊（自殺）、集団規範の自己破壊（コミュニティ内での子どもへの暴力や、無意味な破壊行為）などの壊滅的な結果をもたらした。こうして彼らのもっていたほとんどすべてのものも破壊され、損なわれたいま、失われたものの名残をはっきりとどめているのは彼ら自身の存在なのである。しかし先に述べた一連の自己破壊行為によって、これらの民族と、蔓延した飲酒癖や度しがたい非行を結びつけるイメージが強まるという、きわめて深刻な悪循環が生まれている。

一見、これらの集団にはある極端な差異があり、他者と接触すれば劣化するしかないような世界の痕跡をとどめているように思われる。だからこそ、彼らが、自分たちと移民出身のマイノリティを同列に扱うような多文化主義政策に対して、しばしば消極的な姿勢をとることは、すでにみた。そして、彼らのなかに、文化的権利や先住性に由来する正統性、暴力をこうむったことを主張して、外部の社会からできるかぎり距離をとって暮らすことで自己保存をはかりたいと望む者がいることも珍しくはない。これは、あらゆる差異の包摂をめざす多文化主義とは正反対の生き方である。

もう一方で、これらの集団はアボリジニのように、社会からできるかぎり孤立することによって、全面的解体を食いとめようとしているのだ、と考えるのも表面的な見方であろう。事実、彼らのなかには、以前から近代とわずかながら接触してきた者もおり、彼らの政治的自律への要求の多くは、要するに特権または（税制などの）優遇の獲得によって容易にされる経済的参加をめざすものである。彼らの文化は、売り物になる。それゆえ、彼らにとって意味のある行為ではあるが、必ずしも芸術的な意図はない日常生活や聖なる営みが、彼らの手から遠く離れたところで芸術となるのである。ここでいう芸術とは、場合によっては、いっさいの人類学的枠組みの外で考えられ、美的または形式的価値のためだけに評価されるような芸術のあり方を指す。

こうした芸術「作品」は、その初期においては、「プリミティヴ・アート」の素人愛好家や蒐集家によって美術館向けに盗まれ、だまし取られたものだった。ところが、ジェイムズ・クリフォードはつぎのように述べた。「『文化』や『芸術』は、もはや単純に一般民衆や非西欧の事物には拡大しえない。それらは、最悪の場合は押しつけられ、最良の場合は翻訳される——この二つの操作は、歴史・政治の両面において偶発的なものである［……］。西欧で蒐集が行なわれたことで、過ぎ去った時代の文物が救われたのなら、この時代の指導原理はどのようなものと推定されるのだろうか(5)」。その後、これら同じ作品の代用物やコピーが販売品となり、市場に応じてつくられる生産物となり、まぎれもない職人仕事が繁盛するような商売が発達していった。

これらマイノリティの指導者、エリート、代表者は、これらの物の存在を一時的なものに終わらせないために、自分たちの権利を認めさせようとして、よく政治的・法的レヴェルで戦う破目になる。そこでは、彼ら自身が支配階級に入り込んで世論を動かし、専門家、とりわけ法律家の力を借りて、自ら圧力集団になることも必要となる。要するに、こうしたアイデンティティに含まれる、より活発でダイナミックな要素はしばしば、つくりあげられた孤立（こうした孤立は、アルコール中毒や人格の心理的崩壊によって慢性化してしまうこともある）から生まれるのではなく、むしろ社会との関係を完全に断つことなく、差異のなかで進化をとげる彼らの能力から生まれるのである。

いずれにせよ、現代の民主主義社会を中心に扱う本書で関心の対象となる多くのものに照らしてみると、「第一次的」マイノリティもまた、すでに近代のなかに運ばれているのだ。そして、逆説的なことであるが、彼らが存続し発展するためのより大きなチャンスとは、自らを救うというよりも閉ざしてしまうようなコミュニティ一丸となった抵抗にあるのではなく、後期近代の世界に対して自らを解放することにこそある。つまり、過去に閉じこもらず、過去を再活性化する文化的形態をふたたび創造することにこそあるのであり、それは民主主義のなかでの、民主主義による差異の承認という現代を大きく特徴づけるものにかかっている。

「非自発的」マイノリティ

この「非自発的」という形容詞はジョン・オグブが提起したもので、(6)アメリカの黒人について用いられている。これは、自ら選んで今いる場所で暮らしているわけではなく、奴隷制において強いられた故郷喪失の結果として、現在、その社会に存在している人びとを指す。この集団に属するマイノリティは、政治や経済の変化にも耐えてきたような文化の積極的な維持によって特徴づけられるわけでも、現代社会のなかに位置を見いだすような伝統を目立つかたちで再創造する力によって特徴づけられるわけでもない。この「非自発的」マイノリティは、このうえなく暴力的な歴史の産物であり、粗暴な根こぎの結果なのである。こうして、固有文化のなかで暮らしていた人や集団は破壊された。そして彼らは、その発祥の地から遠い土地に、新しい環境が押しつける恐るべき条件のもとで移植されたのである。これらのマイノリティは文化を奪われたうえ、かつて保持していたものの再構成や再生産を行なうことが不可能な条件のもとで劣等視され、支配された。こうした環境も手伝って、彼らは強力な文化的アイデンティティを形成する空間をもつことができなかった。

アメリカ合衆国の黒人たちは、極端な支配によって自然化されるとともに、疎外されがちだった。彼らは文化という角度からではなく、自然という角度からつねにとらえられた。こうして人種化され、また支配的社会が望むステレオタイプ化されたイメージに沿って振る舞うことがつねに期待されたのである。このため、彼らを「善良な」黒人たらしめるようなアンクル・トムのモデルをはじめとする、さまざまなステレオタイプを内面化し、それにしたがうことが望まれた。

このようなマイノリティにとって、文化への移行とは、歴史への回帰や記憶への依拠の要求と切り離すことができない。いいかえれば、未来に自分を投影するには、彼ら自身が、自然や人種のイメージに還元された自身の定義と訣別するという、ある種の能力をそなえていることが要求されるのだ。その能力とは、彼らがある固有のモデルにしたがう行為者になりうるということを意味する。実際、耐えがたい過去とふたたび関わるには、剥奪や破壊、さらには中身の本質もわからないようなものの喪失によって、自分が定義されることを受け入れなければならない。つまり、否定の歴史を押し出さなければならない。歴史的遺産は祖先たちに求めるべきだが、その祖先たちは非行為者で非主体だったのであり、彼らを奴隷状態におとしいれた者、次いで搾取した者によって文化と歴史を奪われた人びとだった。だから、彼らが奪われた文化や歴史がどのようなものであったのかということさえ、もはや判然としないのである。

ここでは、本書の分析の根幹をなす二つの対になる論理のうち、第一の論理、すなわち脅かされた文化的アイデンティティの再生産や抵抗の論理の占める位置はほとんどない。なぜなら、元来もっていた文化はほとんど残っておらず、過去の遺産はゼロではないにせよ、きわめて慎ましやかで、形もなく、はかないものだからである。行為者がそこで形成されるには、自然化やその人間性を否定するレイシズムと決別しなければならない。こうして行為者は自らの文化を生産し、創出するという第二の論理に参加しなければならなくなる。

しかし、伝統や歴史的連続性を容易に主張できる人びとの存在を欠いた状態で、文化の生産・創出をしなければならないのである。伝統や歴史的連続性がどれだけ人工的なものであったとしても、それを容易に主張できる人びとの存在は資源であるだけに困難なことである。行為者の知りうる過去は、勇壮な物語とも栄光とも無縁のものであり、悲壮なエピソードと受けた暴力の暗いイメージに支配されていて、アイデンティティの「ブリコラージュ」〔レヴィ＝ストロースの用語で、限られた雑多な材料を寄せ集めて作ること〕を行なうための材料もほとんどどもたらさない。それだけに、この第二の論理をはたらかせることはむずかしいのである。スティグマ化された恥辱にみちた過去のほかに、長いあいだアメリカの黒人を（経済的、政治的、社会的な）「一次的」資源や、（肯定的自己定義に関係する）「二次的」資源をほとんどもたない人びととして、何よりも侮蔑によって定義してきた状況があったことも付け加えておく。

疎外され、人種化され、非人間化され、不可視の人間となる。このことをラルフ・エリスン[24]は有名な小説のなかで語った。それでも一九六〇年代以降、アメリカの黒人は、自己の歴史の文化的行為者として自らを構成することから始めるために、困難な道を歩みはじめた。「アフリカン－アメリカン」として、大西洋の両岸で過去に起きたことを自らの過去として主張しはじめたのである。

しかし、この「非自発的」マイノリティにとって、アイデンティティの表出は依然として微妙な問題である。いちばん重要な文化的表示があいかわらず、コミュニティ色の強いクリスチャン（バプティスト派、福音主義、ペンテコステ派など）であるような、さまざまな断片から形成される黒人コミュニティにおいて、「アフリカン－アメリカン」というアイデンティティはほんの一部をなすにすぎない[7]。少数ではあるが、黒人の一部は中間および上層階層に組み込まれており、これらの層は文化的差異をおっぴらに言うこと必ずしも望まない。この層はむしろ、アメリカ社会のもっとも同調的な価値に適応しようとするのである。この同調と「自己適応」への腐心がいかなるものであるのかを知るには、雑誌『エボニー』のページをめくるだけでよい。また、黒人の約三分の一は、ウィリアム・ジュリアス・ウィルソンが描くように、大都市のハイパー・ゲットーのなかで貧困、孤独、排除のなかで細々と暮らしており、ここでも文化的な表現によって自らを定義するような能力はみられない[8]。

これらの「非自発的」マイノリティが、自分の出身文化から断ち切られ、根こぎにされ、連れてこられた社会において隔離され、過剰な搾取を受けるとき、彼らは単に経済的手段を欠いているだけでなく、出身文化から汲み上げ、それによってその成員たちがアイデンティティを再形成、再発見しうるような素材も欠いているのだ。したがって、個人的、集合的な固有の存在を背負った行為者として自らを構成することはとくに困難で、試練の多いものとして現われてくる。また、一般にこれらの集団について経済面で言えることは、文化面でも言うことができる。それは彼らが、自発的な移住に由来しているマイノリティとは同じ道のりをたどっていないということを意味している。

移民第一世代

移民たちはきわめて異質な共同体、集団、アイデンティティに出自をもち、近代とのつながりもまちまちである社会からやってきている。実際、移民の出身国の文化が、必ずしも伝統的、または前近代的ではないことを踏まえる必要がある。国外に移動すること自体が、多くの場合、以前から近代と接触があったことの証左である。たとえその接触が漠然としたものであっても、行こうとする世界についてある種の知識をもてるようになり、だからこそ移動を決定するのだ。これは一五世紀末、新世界に向けて大きな移動の波が起こったときからそうだったが、グローバルなコミュニケーション・ネットワークの時代である今日においてはなおさらである。

ホスト国にやってきた移民たちは、皆が同じように出身文化との関係を培うわけではない。それでも移民第一世代（primo-arrivant）の文化は彼ら自らが携えてきたものであって、ホスト国のそれと異なっている。しかし、その違いが人や集団の疎隔、ゲットー化の源になるわけではなく、社会への人びとの組み入れを困難にする距離の維持に必ずしも結びつくわけでもない。むしろその逆で、差異が疎隔などにつながることはあっても、それはまったく一様ではなく、部分的な現象である。たとえば政治に無関心で、あらゆる市民生活の面でも溶け込んでいない者が、経済的にはしっかり参加しているということもありうる。

この点については、有名なウィリアム・アイザック・トマスとフロリアン・ズナニエツキの研究『ポーランド農民』をはじめとする、アメリカ社会学の古典中の古典の労作――この場合、シカゴ学派のそれであるが(9)――は、コミュニティへの所属が統合にも個人的同化にもブレーキをかけるものではないことを示している(10)。なぜなら、具体的なコミュニティはさまざまな資源をもたらし、これらの資源を出発点にして、各々はエスニック・ビジネスのかたちにせよ、一般経済への参加のかたちにせよ、職について収入を得ることができるのだ。なお、「エスニック」経済の市場や消費が当該の民族の人びとに限られないこともよくある。

このように、エスニック・コミュニティは生き残りを可能にし、その国の生活への一般参入への移行を保証する、一種の「篩《ふるい》」のようなものとして機能するのである。これは、ルイス・ワースがアメリカの経験に照らしてユダヤ人のゲットーを論じた際に示したことでもある。ワースによれば、ゲットーは外から強いられた閉塞ではなく、そこから飛び出すこともできるが、挫折や困難に直面すればふたたび戻ることもできる暖かい連帯の場なのである。[11] このようにエスニック・コミュニティは、個人の編入を可能にするもので、いずれにせよ、必然的に個人の反対物や対立物になるというわけではないという。

以上のような指摘の基礎になっている研究には、ある種の進化主義的要素が含まれている。このため、これらの研究が適切なものになるためには、この要素を除く必要がある。実際、先ほどの指摘から、「模範的」な経過、つまり「唯一最善の道」はエスニック・コミュニティから個人的同化へと進ませることであるといった答えをみちびいてはならないだろう。後でみるように、別のシナリオも可能なのだ。それにしても一九二〇年代、三〇年代のシカゴにあてはまったことが、逆説的にも現代フランスに妥当することを述べておこう。

たとえば、クレール・シフによれば、若いスリランカ人の来仏者（同国での激しい紛争の結果、脱出してきたタミル系難民たち）は、まず学校教育、次いで労働市場で困難を抱えるが、そこから抜け出すことにかけては、同じ地域に住み、同じ学校に通うマグレブ系よりも多くの点で成功している。学校側の彼らへの対応は、マグレブ系の若者に対してよりも冷たく、おまけにマグレブ系の若者から人種差別や排斥的な行為を受けている。しかし、スリランカ人は彼らを雇用してくれるエスニック・ネットワークのなかに入り、躊躇なく学校を早退して働きに行く。きつい、低賃金の仕事を行なうときでも不平を言わず、雇用主から過剰な搾取を受けても、自分たちが冷遇され、ないがしろにされたとは感じない。この点がマグレブ系の若者と異なる点である。[12] マグレブ系の若者を特徴づけるのは、再イスラーム化に向かっている場合を別にして、とりわけコミュニティとの関係が弱い点と、出自文化の活力よりも国際的または超現代的文化（ヒップホップ、ブランドの服、最新の情報・コミュニケーション手段の使用）への参加がみられる点である。彼らの出自文化は事実上、破壊されているのである。

「当初の」出自文化というものは、通念に反して、経済的・個人的編入の障害にはならず、それどころか編入をうながす要因になることもある。ホスト国に到着した時点が、当初のアイデンティティが統合への最良の条件をもたらす時点であることさえある。そのうちに、当初のアイデンティティの活力が失われ、少なくとも一部の人びとはこの状態から遠ざかることがある。こうなると、第二、第三世代は、これといった集合的な経済的・文化的資源がないこともあって、社会的に弱体化された存在として現われる。「当初の」アイデンティティの維持は、第一世代の統合のためだけでなく、新世代の個人的成功にとっても重要である。だが、すべての移民がこのようにアイデンティティを維持するわけではなく、一部の者だけである。アイデンティティが維持されないと、後続世代の者たちは、より不安定な状態に置かれるうえ、失業、貧困、社会的転落などの危険によりさらされやすくなることがわかる。

移民出自者のアイデンティティ

社会学の研究において、「移民」の文化的特質や彼らがつくるかもしれないコミュニティの問題は、しばしばその均質的な居住空間、すなわちゲットーと関連づけられて漸次的な解体という観点から扱われてきた。そこでは、個人は同化するか、準同化にいたるものとみなされ、彼らの出自は漠然とした伝統、たとえば料理のなかで維持されるようなものにすぎず、それは遅かれ早かれ、ホスト社会の「るつぼ」のなかに溶解されるものとして考えられている。また、目に見える文化的差異についても、当初のアイデンティティが文化的統合から以前の認識枠組みの消失にいたるまでの過程が示され、どのレヴェルに到達しているかということが評価の基準とされている。

たとえば、いわゆるシカゴ学派の著名人物、ロバート・パークが説くには、アメリカへの移民の統合はつぎの四つの段階をたどる。移民の到来。彼らは労働を通して社会的に統合されていき、そこで雇用市場にすでに登場している人びとと競争状態に入る。労働者としての社会的利害にもとづく他の移民との接近。これは移民の社会的編入を強めるが、そこでは紛争、緊張や政治闘争への参加にもとづいて編入が進められる。社会の市民的・政治的な機能のルールへの適応。そしてホスト社会の一般的価値と文化への同化(13)。以上のモデルに、ディディエ・ラペイロニーは適切なやり方で、古典的社会学のひとつの表現を見いだしている(14)。これは理論的な道筋をえがき、移民に役割、役割期待、規範を与え、まず経済生活、つぎに政治生活、そして市民社会へと参入させ、最終的には文化、つまり社会の全成員に共有される価値領域に参加させるという習得過程をえがいている。シカゴ学派にとって、同化の過程は結局のところ、社会化の古典的過程とそれほど異なるものではない。

進化主義モデルは再検討され、場合によっては、ハーバート・ガンスがやったように修正がほどこされている。ガンスに言わせると、諸個人は、最初からコミュニティの与えてくれる資源を頼りに自らを統合していくものである(15)。しかし進化主義モデルは、現実に観察される事柄をつねに説明してくれるものではない。それはとくに、しばし故郷から遠く離れて移住するという経験からどのように新しいアイデンティティが形成されていくのか、という問題を無視してしまう。ここでもまた、アイデンティティは伝統から借用した要素をふたたび取り入れ、クロード・レヴィ＝ストロースの有名な言葉によれば「ブリコレ」〔限られた手持ちの材料を寄せ集めて作ること〕をしながら、とりわけ新しい他者性の形象を生み出すのだ。

この意味で、ディディエ・ラペイロニーのように「移民の第二の人間像」を語るのは正しい。この言葉は、とくに一世代または二世代のあいだに、当初の自分たちの文化から多少の苦悩をともないながら離脱して、完全に近代生活に入るといった姿を指すのでも、伝統から抜け出て難なく個人主義的世界に入り、留保なしに近代化の諸経験に参加するといった姿を指すものでもない。むしろ、同化または統合しているにもかかわらず、社会の他の成員と比べてきわだった差異をおびている者がそれである。この「移民の第二の人間像」はホスト社会のあらゆる文化的価値を内面化し、主体として自律的人格を築いた近代的個人に対応するのであるが、それに対し社会は、身体的属性や名前、両親の宗教、民族的出自からみて、彼は異なっているのだと言い立てる。

この第二の人間像が真に存在するのは、もっぱら第一のそれが一掃され、彼や両親の出身国の伝統から移民が解放されるようになってからである。それは、社会が自らについて行なう活動の結果であり、また行為者が自らについて行なうはたらきかけの結果でもある。社会的構築であるとともに、高度に主体的な個人的生産でもあるのだ。したがって、この第二の人間像は、同じ移民という現象も国によって異なることを示している。それは、ニコラ・ティーツェがフランスとドイツにおける現代イスラームの諸形態の比較のなかで明らかにしたとおりである[16]。それは新しいコミュニティの形成にいたることもあるし、第一のコミュニティへの回帰にいたることもあるが、第一のコミュニティに回帰した場合でも、そのアイデンティティの意味は更新されている。この第二のモデルはとくに行為者が、〔内向きになることもある）アイデンティティの論理と、（そのなかに全面的に入り込んでいる）近代生活への参加の欲求との緊張のもとに置かれるという、複雑な姿にいたる可能性がある。

この第二の人間像は、あるかたちで第一のそれと対立する。なぜなら、移民にとって大切なのは、伝統から離脱して近代生活のなかで個人化することではなく、逆に、集合としての帰属や基準を見いだして再発見することで自らを構築し、自らの生きる経験に意味を与えることなのである。ここでは、意味の追求が個人的必要として内面化されている。なぜなら、移民はつねにレイシズムにさらされる可能性があり、スティグマ化され、ポジティヴな自己表象をすべて否定されて、自尊心を形成しにくくなる恐れがあるからだ。その場合、アイデンティティの選択は、劣等性の同義語である差異を押しつけてくる貶価に対する最良の回答をなす。スティグマの逆転、すなわち貶められた差異を肯定的なかたちで取り戻すことを通して、意味が再発見されることもある。

以上のように、「移民」とともにわれわれは同じような論理の二元性を見いだすのであり、これが本章の導きの糸となる。さらに、この二元性は、移民についてはパラダイム的意味をもっているとさえいえよう。移民の第一の人間像は再生産の論理にもとづいており、一世代、二世代、三世代のうちに移民はその論理から抜け出すのだが、第二のそれは、このプロセスを逆転させて、移民がそこから解放されてきたものを新たに構成する。もしくは出自のアイデンティティと類比可能な、または近いアイデンティティを生産するのである。といっても、理論的な二つの人間像や二つの抽象的な論理を、不可避の歴史的進化といったものとないまぜにしてはならない。実際には、移民は一方から他方へと移行するのであり、この移行は自律的なものでもつねに完全のものでもない。これが飛躍、断絶、後退によって混沌のなかで進むことも大いにありうる。また移行がきわめて部分的、あるいはまったく生じないこともありうる。

個人的体験から集合的アイデンティティへ

これまでみてきた事例のように、集合的アイデンティティを出発点にした文化的差異ばかりでなく、もともとは個人的に自己規定していた人びとがともに運動を行ない、そこから文化的差異が生まれることもある。したがって、同性愛者に関して、彼らが運動を形成しはじめた一九六〇年代末以前から、ある集合的アイデンティティの形式が存在していたというのは言い過ぎであろう。同性愛アイデンティティの特徴は、分析的にいえば、本書で示した二つの論理のうち、「第二次的アイデンティティ」の論理に該当するものである。このアイデンティティは、「第一次的」アイデンティティにもとづいてつくられたのではない。何十年もの抑圧と禁止の後、一九六〇年代、とくに一九七〇年代にいきなり、あるいはそれに近いかたちで形成されたのである。[17]

ここでの文化的差異は集合的行動から生まれたものである。それまで同性愛は多かれ少なかれ蔑まれ、笑いものにされ、疎外されて、注視されることを受け入れないかぎり、私的空間に押し込められてきた。この私的空間から外に出たことによって、文化的差異が生まれたのである。行為者が自己形成し、集合的所属を獲得し、これを全面的に引き受け、かつ生きるようになるのは、私的空間から公的空間への移行においてなのである。そうなると、ひじょうに目立つようになるので、一部の成員からはコミュノタリスム的逸脱の恐れがあるのではないか、純然たる商業主義的操作ではないか、といった批判があがるようになる。

同性愛者の集住する街区の存在、同性愛者ネットワークを用いての経済活動、「ゲイ・プライド」のような運動の重要性や意味、またさらにエイズや親子関係をめぐる現代的な論争への参加、こうしたことすべては「ゲイ」あるいは「レスビアン」の運動のなかに活発な交流を生み出したり、彼らの参加を引き起こしている。二〇年前や三〇年前には想像もつかなかった交流ぶりである。ここでは差異は、歴史に依拠することもできず、また「第一次的」アイデンティティから借りた素材からの「ブリコラージュ」もなしに構成される。できるのはせいぜい、たとえば古代ギリシアのなかにひとつの前史、または歴史の断片を見いだすことくらいである。

また、重病や慢性病、身体障害、聴覚障害と結びついた差異についても同じことがいえる。これらの差異の多くが、「第二次的アイデンティティ」の論理にしたがって形成される。ここでの差異は選好や選択によってではなく、悲劇や個人的困難によって構成されるのである。行為者は、それまで個人的なものとしてとらえていた困難に、集団的要素のあることを発見するようになる。最初に、自分の運命について自分で決めることを許さないような問題や、自分の存在を形成する能力を奪ってしまうような障害の認知を求める運動が起こる。こうして個人が集合を形成し、そこに身近な者、近親者、友人、政界や芸能・スポーツ界の人物、医師、法曹、慈善団体などの第三者が介入してくることもある。そして一個の行動が始まるわけだが、そこでめざされるのは、当該の分野で試みられている研究の諸政策について発言し、影響力をもつことである。また、障害の犠牲者が、ただ看護や治療を受けるだけの者にならないようにすることでもあり、または単に、この種の問題に対するあまりの無関心に揺さぶりをかけることでもある。

ここではおそらく、二つのモデルケースを区別しなければならないだろう。この区別を通して、われわれの類型を論じるこのカテゴリーにおいて、聾唖者が特殊な集団であることが説明される。実際、第一のケースは、聾唖者にとっての手話が集団の正真正銘の文化として結晶化され、コミュニティが形成されるケースである。このコミュニティは、移民の第一世代の論理と同じように、第一次的文化とその再生産の論理にしたがって機能することもあれば、むしろ「第二次的アイデンティティ」の論理のように、社会生活に参加して、存在することを切望する主体の、個人的であるとともに集合的な表出様式として機能することもある。実際、聴覚障害者として社会の規範にしたがって生きていくと、ゲットーのなかに生きるか、それとも耳が不自由であることを隠し、健聴者とともに彼らと変わらないかのように生きるかという苦しい選択を迫られがちだ。それに対し、エマニュエル・ラボリが語るように[18]、手話で自己表現し、その場合、聴覚障害者もそうでない者も含めた万人から認知された行為者になることを選択できることは、まったく別の事柄である。

第二のケースは、具体的なコミュニティによって体現され、制度（聴覚障害者の場合に一部あてはまるように）のなかに入り込んだ文化が形成されるのではなく、本質的には一個の運動が形成され、集合的アイデンティティが動員されるケースである。この運動を通して、集団の成員の声を届かせることがめざされる。具体的には、彼らの抱える障害は差異に変容されうること、彼らの病は彼らを心理的、社会的に破壊するものではないこと、彼らの輸送や移動の困難を考慮に入れて都市計画や建設を行なうこと、彼らがスポーツ競技や特定の文化的創造においても自己表現できるようになること、新薬の治療実験は病者としての彼らの観点を考慮に入れることなどが主張されるのである。

現代社会では、聴覚障害者や身体障害者、エイズ患者は、近代の外からではなく、そのただ中から生まれている。移民とは反対に、彼らは伝統を断ち切り、当初の特殊性を放棄し、自らを近代的個人のなかに表出するのだ。むしろ、第二のタイプの移民と似ていて、恥辱とスティグマ化のなかに封じられるのではないにせよ、劣った地位に固定され、障害や疾病を理由に依然として貶められるかたちで彼らの個人的経験が組織されることを、理性、科学、経済的拘束の名において拒否するのである。

これまで素描してきた類型化には欠落があるが、将来、より体系的な作業が行なわれれば、その欠落を埋めることができるだろう。たとえば、ツィガーヌ〔日本語ではジプシーなどともいわれる、北インド起源のロマニ系に由来する移動型民族ロマを意味する〕のあれほど重要な経験はどこに位置づけられるのだろうか。さらに、本章の考察にはひとつ抜け落ちている点がある。先に触れたように、本章では女性の問題、男性支配の問題、性関係の問題を扱わなかった。これらの問題は差異の問題のカテゴリーに入るが、差異の問題だけにとどまるものではない。したがって、本書で行なった類型化の素描は、あまりにもごちゃまぜに扱われているさまざまな差異の分析を準備するための、ひとつの努力でしかない。また、差異というものをその多様性において、しかし統合された知的道具の助けを借りて考えることへの誘いにすぎないのである。

第6章　差異の生産

これまでみてきたように、すべての差異が必ずしも完全に「第一次的」なもの、つまり直接、自然のものとして与えられてきたわけではない。また、すべての差異が必ずしも大いなる歴史的厚みと強い再生産能力をそなえているわけでもない。一部の差異は「第二次的」論理に属しており、そのなかには伝統の外観を呈したものも含まれる。さらに、もっとも活気に満ちた現代社会には、文化的アイデンティティを活性化させる運動や紛争が増加し、多様化しているという特徴がみられる。これは「第二次的」論理が、現代社会で重要な位置を占めていることを意味する。今日、差異の生産は社会が自らに対して行なう作業の中心をなしている。

それにしても、どのようにして集合的アイデンティティの不在、あるいは「第一次的」アイデンティティの不在から、第二のタイプの文化的表出への移行は生じるのだろうか。集合的差異はいったい、どのように生産されるのだろうか。

相補的な二つの条件

集合的アイデンティティ表明のプロセスの進行を決定しうる条件には、主に二つのものがある。ひとつめの条件は、最初から支配、拒否、貶価が存在することである。いいかえれば、現実の社会において、諸個人の自由や平等は、権利、理論の面でも、実際においても実現されていないという事実である。

このような事実が差異から成っているということは、少なくとも、多くの差異に対して、不平等、社会的上昇や転落、排除、差別、隔離の現象が存在するからである。いいかえれば、諸個人は、集合的に抑圧のメカニズムに向きあい、個人の生を耐えがたいものにしている劣等化の様式と訣別するという自らの努力に意味を与え、あるいは距離を置くために、優越性を示そうとするからにほかならない。そこで、もう少し付け加えるなら、差異の社会学は必然的に社会的ヒエラルキーの社会学なのであり、支配と排除の社会学でもあるのだ。もっとも、このような視点に立つからといって、きわめて粗っぽく文化的生産を古典的意味での社会的諸状況から説明するわけではない。こうした決定論的な方法にもそれなりの有用性はあるだろうが、しかしすぐに限界を露呈する。その一例として、現代の宗教運動を、貧困または他の悲惨な状況によって説明するのに甘んじるような説明があげられる。むしろ重要なのは、社会的なものと文化的なものとのつながりの存在を確認することである。また、今日的な近代性のなかでの自我形成が、アイデンティティの選択を通して可能になるのだということを想起することも重要である。そして、そのようなアイデンティティの選択とは、社会的状況を批判的に対象化しうるもの、または社会的状況に文化的意味を充填することでそれを強化しうるものである。

差異の生産が行なわれるには、もうひとつの条件が必要となる。それは、差異の生産において、行為者が自分自身を肯定的に評価し、自分の目にも社会の目にも自らを呈示することができるようなポジティヴな原則が含まれていなければならない点である。その際、自己の呈示は剥奪や排除、劣等化という角度、つまり拒否や自己防衛という角度からだけでなく、構成的で肯定的かつ文化的にも価値づけられ、しかも価値づけ可能なものをもたらすことのできる存在として、行なわれなければならない。一個の集合的アイデンティティは、ひとつの資源、ひとつの意味の持ち分をもたらすものでなければならない。

集合的アイデンティティが、そこに自分を位置づけ、自己投入することを決めた人びとに対し、存在にかかわるいくつかの方向性、すなわちひとつの文化的意味や倫理、道徳、生き方、宗教、また（それが架空のものであろうとも）なんらかの出自への依拠を提示できなければ、そのようなアイデンティティはなかなか選択されたり、主張されたりしないだろう。こうした原則が欠けてしまうと、差異は個人を何もない状態に置いてしまうことになり、また自己を構築し、ある行動に取り組み、自分をアピールしようとする個人に対しても、アイデンティティの否定的定義や欠如、空疎さしかもたらさない。

ここでは、つぎの二つの点が考察に値する。ひとつは自己嫌悪というテーマである。自己嫌悪は、再生産の論理に属するアイデンティティを引き受けることの拒否から生じている。このようなアイデンティティを押しつけられたと感じた個人は、たとえば社会に同化するために再生産の論理から離脱しようとするが、それは許されない。その理由のひとつには、社会が全体として離脱を禁じており、当人の拒絶するアイデンティティの角度から個人をとらえつづけていることがあり、もうひとつには、その出身集団がたとえ道徳的または象徴的なものにすぎなくとも、なんらかの圧力をかけてきて、アイデンティティの放棄を裏切りと同一視することがある。テオドール・レッシングはユダヤ人の自己嫌悪に関する有名な作品（『ユダヤ人の自己嫌悪』）で、この現象の分析を試みた最初の著者のひとりとなった。彼が示すには、このような現象が起きるのは、「第一次的」アイデンティティを離脱することも、そこにとどまることもできないことから、一部の人びとのなかに引き起こされる解決不能で、しかも耐えがたい緊張があるからである。このような状況は、自殺やこのアイデンティティに対する憎悪に満ちた激しい言葉（たとえば、ユダヤ人側からの反ユダヤ主義によって）、またはある種の昇華の企てにもつながる[1]。

エステル・ベンバッサとジャン＝クリストフ・アッティアの説明を聞こう。「近代ユダヤ人は、それまでの自分を同化のなかに無化しようとするときでも、つねに自分が何者であったかの意識で満たされつづけた。彼は二重の罪の意識を感じる。ユダヤ的存在を裏切ったという意識と、ユダヤ的存在を他者の目から完全に消し去るにいたらないという意識をもつのだ。逆説的にも、同化は差異を消し去るどころか、むしろきわだたせながら進行する［……］。自発的であれ、不可避的であれ、まず自分の集団からの排除［……］、そして非ユダヤ世界からの排除という、後ろめたさをもたらすこの二重の排除のなかで、ユダヤ的自己嫌悪が彼のなかに深く根を下ろす[2]」。そして、レッシング自身が見たように、自己嫌悪の典型的な表現が近代ユダヤ人に見られるものの、これは「人類全体に関わる」もの、つまりその他の諸集団にも関係するのである。

第二の点は、むずかしく苦悩をはらんだ問題である。これは、旧来の伝統的で、既定の、なお強力なアイデンティティが「弔いの作業」を行なえない場合に生じる問題である。この「弔いの作業」とは、再生産から生産の論理に移行し、もともとのアイデンティティから借りた素材を基にして、「寄せ集め」の作業を自らしていけるような、新たなアイデンティティを生み出すために必要なものである。この問題は、一九一五年のトルコによる犯罪〔一九一五年に始まったアルメニア人虐殺〕の犠牲となったアルメニア人の子孫の多くが、一九七〇年代以降に経験している悲劇にもあてはまるところがある。この人びとはジェノサイド、つまり彼らをディアスポラにいたらせた破壊から生じた自分たちのネガティヴな定義に閉じこもりがちで、そのジェノサイドの承認を要求しているが、この要求を必ずしも力強いポジティヴな原則に結びつけることができないでいる。

その問題点は、とくにピエール・ヴィダル－ナケによって指摘された。「『弔いの作業』をなしとげられないまま、ジェノサイドに固着したり、ジェノサイドに対し強迫観念をもつことも、明らかに危険をはらんでいる。ある民族のアイデンティティが、その民族がこうむった災厄だけに限られることはありえない。『涙を誘う』ような（S・バロン）ユダヤ人の歴史のあり方には抗議しなければならないが〔……〕、それと同じく、もっとも自覚的なアルメニア人たちは、自分たちの文化が恐ろしい記憶だけから成っているのではないこと、単にジェノサイドのみで培われた文化は急速に死せる文化になっていくことを知っている[3]」。

ピエール・ヴィダル－ナケは、この文章をアルメニアの独立〔一九九一年、旧ソ連からのアルメニア共和国の独立を指す〕の前に書いた。ところが逆説的なことに、ソヴィエト帝国の解体以来、この独立国家の存在はアルメニア系ディアスポラに対し、このポジティヴな原理に力を与えるものをもたらしていないようにみえる。少なくともこれが、一部のアルメニア知識人も含めた多くの人びとの見解である。アラ・トラニアンは『アルメニア通信』のなかでこう書いている。「ディアスポラからジェノサイドをとりあげよ。そうすれば、ディアスポラは単なる移民現象となる［……］。アルメニアの独立以来、ディアスポラはいわば操業停止状態になっている」(4)。

アルメニア人ディアスポラがそのジェノサイド承認の要求に、将来計画、文化的目標、強力な宗教、エスニック化要求の可視性を据えることがなくなるほど、ディアスポラが解体するリスクや、それと両立不可能ではないが、一部の領域で過激化するというリスクが大きくなる。そして、その敵であるトルコ国家も、討論や鎮静に対してより開かれた他の道をさぐることに協力しないため、一部の者たちは、盲目的で破壊的なテロリスト手法をとる可能性のある圧力行使に踏み込んでいることが確認される。これは、一九七〇年代、八〇年代にＡＳＡＬＡ〔アルメニア解放秘密軍〕にみられたことである。

以上の二つの指摘を結びつけることは可能だ。一方で、少なくともある種の経験によれば、集合的経験の生産はひとつの至上命令から、したがって行為者にとっての信念信条から始まるため、行為者を完全に近代的主体として構成する可能性を奪ってしまうような状況とは訣別する必要がある。そうした状況から自らを引き離し、解放を可能にする訣別や転覆を行なうという意志の存在が、集合的アイデンティティの出現の前提となる。しかし他方、集合的アイデンティティの出現は経済的資源よりも文化的・象徴的資源を要するものである。これら資源によって、行為者は自らを剥奪やスティグマ化との関係においてだけでなく、ポジティヴな表現によって定義できるようになる。しかし、剥奪やスティグマ化に言及することなく、許しがたい状況からいますぐ訣別したいという意識もなければ、人には所属の構築は絶対に必要とは感じられず、そうなると、人はそのようなことを行なう理由も見いだしにくい。

スティグマの逆転

帝国や植民地の権力者や国家によって多くの文化的アイデンティティが創出され、強化された。彼らは自らの優位を確かなものにしようとして、民族やネーションをつくりだし、ナショナリズムを昂揚させたのだった。かつての植民地にあてはまったことは、実に多くの点で、旧ソヴィエト帝国にもあてはまる。このような過去を起源にしたナショナリズムとエスニシズムが多くみられる。だが、いずれにせよ、本書でとりあげる差異の大半は、スティグマの逆転を出発点として、公的空間のなかで構成されたものである。ここでは、アイデンティティの表出を禁じ、無力化するような劣等化がきっかけとなって、差異が生まれる。その禁止や無力化があまりにも激しく行なわれ、いずれそのうちに形成されるであろう現象をも想像不可能にしていた。たとえば、今日の集合生活と公的論争における同性愛者の位置や可視性を、一九六〇年代に、いったいだれが想像できただろうか。

スティグマの逆転は必然的に二つの次元を含んでいるが、両者は交錯している。これは、行為者にとって自分自身へのはたらきかけであると同時に、社会との対決でもある。つまり、それまで社会が彼に向けていた、または社会でそのように見られていると彼が感じていた無力化のまなざしへの反発だった。サルトルの言葉にしたがえば、「他者のまなざしのもとでの自己の意識」(5)としての恥辱に終止符を打つことである。

単純な逆転

第一次的アイデンティティが内容と歴史的厚みを十分にそなえ、連続的に自己再生産を行なう場合があるが、この場合、アイデンティティはレイシズムにつねに似かよった劣等化を成員たちにもたらす。開かれた社会では、こうした劣等化とは訣別したいが、アイデンティティから逃避したり、裏切ったりはしたくないと望む人びとがいる。こうした人びとは、自分自身についての努力によって、その差異を維持したり、しばしば再創造しなければならない。ここでの差異は、スティグマを払拭され、あるかたちで再生をとげた差異なのである。

その意味では、これを単純な逆転と呼ぶことができる。ブルターニュの地や言語、芸術表現を再発見するブルトンの若者、ユダヤ教への宗教的回帰やイディッシュ文化の再発見を選択するユダヤ系の若者、再イスラーム化へと向かうムスリムの若者。彼らには、二つのプロセスが組み合わされている。彼らは、一方で、多少とも貶価された集合的アイデンティティに自分が所属していることを前面に出して行動し、アイデンティティに付与されている恥辱を否定する。支配者たちが彼らの父母や祖父母を扱ったやり方を拒絶する。そのやり方とは、ブルトンの若者にとっては、「ベカシヌ」なる漫画に登場する愚かだが善良なブルトンの少女が象徴する侮蔑であり、ユダヤ系の若者にとっては反ユダヤ主義、ムスリムの若者にとっては、イスラームに恐怖をいだく憎悪感である。彼らは、自分の差異をおおやけに引き受けることを選択し、その自己拘束《アンガジュマン》によって、社会がその差異に対して向けるまなざしはもはや軽蔑的であってはならないし、それがありえないことだと伝えるのである。他方で、これら行為者たちは、当の差異の再形成に参加する。これに修正をほどこし、新たな意味をもたらし、同時にそのダイナミズムに寄与し、場合によっては政治・社会生活に介入するという能力を増すのに貢献する。

西欧社会の内部では、文化的特殊主義のスティグマ化はしばしば自然化されており、それには、一般に二つの対立さえする異なった次元がみられる。なお、この二つの次元は実際には、逆説的にも相補的である。一方で、スティグマ化はこれらの特殊性に優越した文化の名においてなされる。たとえば、地域的・地方的アイデンティティの従属やその消滅を要求する国民の名のもと、他宗教に存立の余地を与えてはならない、または、多少とも幅のある寛容さの成果として、他宗教はせいぜい二級のゾーンの位置がふさわしいと考える多数派宗教の名のもとにスティグマ化が行なわれる。しかし、もう一方で、徹底した普遍主義からもスティグマ化は生じる。普遍主義が徹底されると、あらゆる特殊性は個人的自由や人および市民の権利への脅威であると同時に、諸個人にとっての喪失としてとらえられたり、共同体主義、レイシズム、暴力の事実上の源泉としてとらえられるからである。

この二つの劣等化の傾向は、たとえばネーションという多数派のアイデンティティ原理が普遍的価値を体現していると称するとき、互いに交わりあう。したがって、彼らはブルトンだ、ユダヤ人だ、ムスリムだと社会が称するものであることは恥ずべきことではないと人びとが決める、というスティグマの逆転は、根本的な問いなおしを意味するのである。さまざまなものがこのような問いなおしの対象となる。たとえば文化的独占、すなわち文化的差異が公的空間に登場することを禁じたり、もしくは滑稽で疎外された、従属的なかたちでの登場しか許可しないという一種の支配が問いなおされることもある。

また、普遍主義が問いなおされることもある。とくに、特殊性を蒙昧主義と同一視してしまう啓蒙主義を受けつぐヴァージョンにおいてはそうである。さらに、まったく同時に、支配的集団の文化的特性と普遍主義の二つが結合された次元における抑圧が厳しい批判の対象となることもある。

スティグマの逆転の過程は、該当する集団のなかにも、場合によってはある人びとのなかにも激しい緊張や論争をもたらし、そこではもっとも強い決意をもつ行為者は衝突するか、故意の沈黙に出会う。[6]たとえば、社会学者ジャン・ミシェル・ショーモンは、世界中のユダヤ人にとってこのタイプのプロセスに見られる諸段階に説明を加えた。ショーモンは、このプロセスが一九六七年のアメリカでジョージ・スタイナー〔一九二九年〜。オーストリア系ユダヤ人。アメリカの文芸評論家〕とエリ・ヴィーゼル〔一九二八年〜。ルーマニア出身、ユダヤ系のアメリカの文学者〕が参加した、あるシンポジウムをきっかけに始まったと述べている。ショーモンが示すには、このとき以来、「混乱した沸騰状態」において、何世紀ものあいだ変わることのなかったユダヤ人アイデンティティの意味変容が始まったのだった。ショーモンによれば、「犠牲者であることの恥辱は、犠牲者を苦しめた世界に差し向けられ」、「かつての欠陥は、勇敢に呈示される象徴へと積極的に変換される。ただちに、支配的モデルに同一化しようとする配慮は消滅し、代わりに独自性の主張が現われた」。[7]

聴覚障害者のケースは、多くの点でスティグマの単純な逆転のモデルに合致する。手話のなかに生きる文化的権利を認めさせるための彼らの運動や努力は、必ずしも一般に考えられているほど最近に始まったわけではない。ベルナール・モテの指摘によれば、この闘いの起源は、一般には一九六〇年代に求められるが、実際には一世紀近く前に起こった論争に遡るものだという。「歴史は口ごもりながら進む」と彼は書く。[8]たしかに聴覚障害者の家族が存在するが、彼らの集合的アイデンティティがたいていの場合、個人的な障害という見方にもとづいて形成されるのも事実だ。本人が聾であるのはその両親がそうだからだとする再生産の論理があてはまることはありえない。このため聾という経験は、大いなる歴史的厚みを与えられるとともに、個人的運命や偶然的・生来的ハンディキャップによって決まるものとされる、きわめて特異なものとなっている。

逆転プラス転移

劣等化やスティグマの逆転が行なわれると、「第一次的」アイデンティティ、つまり他者のつくりあげたアイデンティティから比較的遠ざかっていた諸アイデンティティが、これに合流する場合がある。たとえば、祖先がそうであるわけではないのに、ムスリムに改宗するといった場合である。アメリカでは、とくに黒人のあいだでイスラームの台頭が見られるが、これがいかなる起源への遡及でもないことは明らかである。この台頭には、まず人種差別や社会的差別の含意するものの逆転や拒否の段階があり、つづいて、行為者の目には自分の存在にひとつの意味を与えてくれると映るアイデンティティのなかへの転移や定位が行なわれる。ここでわれわれが向きあっているのは、嘲弄され侮辱され、熱意と自信を再度吹き込まなければならないような「第一次的」アイデンティティではない。われわれが置かれているのは、ひとつの集合的アイデンティティをつくりあげるか、そこに合流するかして、向きなおることが求められている状況である。したがって、これはいっさいの再生産の論理からきわめて遠いところにある。

この種の分析は、ほかの種類の運動にも適用できる。たとえば、エイズやその他の重大な病の犠牲者が集合的アクターとして構成され、それまでは公的空間のなかで貶価され拒絶されていたアイデンティティを表出するといった場合がそうである。自らの病（自分の子どもの病）のアクターとなるために、患者とその親は保健制度の官僚的緩慢さに頼ることなく、劣等化や無関心、無視、そして知的怠惰の混合物と闘わなければならない。それらの運動のなかでアクターが形成されるためには、アクターをなお無視するような、あるいはアクターがすでにひとつの集合的アイデンティティに属するかのようにカテゴリー化する言説や社会的実践から自由になる必要がある。そうなると、この状況はその経験をスティグマの単純な逆転の経験へと近づける。しかし、具体的にいうと、集合的アイデンティティはこのカテゴリー化に先立って存在するわけではなく、もっとも勇敢で能動的な人びとと、その他の人びととのあいだで展開される弁証法のなかでかたちをなしてくるものである。それゆえ、このアイデンティティはなんら「第一次的」性格をもたない。それが秘密のものであろうと、控え目なものであろうと、歴史も主張すべき伝統ももたない。そうなるとこんどは、生きられた経験が、逆転に転移が加えられた論理に近づいていく。ある意味で、一九六〇年代以降の同性愛の運動は、この二重の論理の性質をおびている。

集合的アイデンティティを構築する行為者たちは、私的領域や「変質的」（同性愛）とされる領域に閉じ込められる状態を脱し、病気や障害（エイズの犠牲者や身体障害者など）、欠陥の主体となってはならないとするような定義のなかにもはや押し込められないために、社会を告発する活動家になっていく。彼らは、当初、ひじょうに困難な諸条件のなかで運動を行なうことが多い。貶められたひとつの性行動や病気、障害の集合的性格について自覚しなければならないし、次いで、途方もなく深刻な無知や敵意を取り除かなければならないからである。病気や悲劇の性質自体について意識を高めることは、それだけでもとりわけ困難であることが明らかになる。

たとえば、輸血によるＨＩＶの感染者である血友病のエイズ患者は、医学の進歩のおかげで病気を抱えながらも普通の生活を送っていた。ところがエイズの突然の登場によって、多くの者がすでに肯定し受け入れていたノーマライゼーションの論理は断ち切られた。この状況から説明したいのはつぎの点である。エイズ問題が最初に報じられてからというもの、医学界も、血友病支援の活動家たちもこの脅威をまともに受けとめ、この悲劇が犠牲者たちを「リスク集団」と目される売春婦、薬物使用者、同性愛者たちに合流させ、突如としてスティグマ化するようになったことを、なかなか認めようとしなかったのである(9)。こうした条件のもとで運動が、とくに誕生の局面において、激しい怒りと過激さをおびていたことは容易に理解できる。

運動を通した抗議は、挑発という次元と怒りという次元を含む可能性があり、それは必然的かつ根本的に批判的な抗議となる。まさにそこから、運動の出現と発展の時点で、ミシェル・フーコーのような知識人の役割が生まれた。しかし、行為者が自己破壊的になってしまう場合を除き、こうした対立はまた、ある訴えを代表している。対立は、閉じられたアイデンティティの論理のなかに運動を位置づけるものでもないし、そこに登場した主体を自分だけに差し向ける反主体に変容させ、社会全体を敵に回して戦わせるものでもない。大切なのは、同じ運動において、超批判的立場への逸脱を避けることのできる知識人や宗教責任者、医学界の有力者、スポーツや芸能界の「スター」など広範な聴衆の感性をとらえることができ、彼らの支持するアイデンティティの承認を取りつけるべく、政治責任者に圧力をかけられる立場の人びとの参加なのである。

平等や友愛の価値を称える社会では、スティグマ化はこれらの価値への個人の全面的な接近を阻むため、文化的または自然的アイデンティティ（表現型にもとづいた身体的属性）の名において個人を貶価するスティグマ化は支持されない。スティグマ化された人びとがそうした状況に立ち向かうのに用いることのできる応答手段は限られている。自己破壊的行為（アルコール中毒、薬物中毒、自殺）におよんで、人びとが平等であるように見えて不平等であり、似ているようで異なっていることを知らしめることで、差別を承認させることもありうる。

また、疎外されたかたちでスティグマを内面化し、自分たちを劣等化する諸カテゴリーを進んで取り入れていくという態度をとることもできる。だがこの場合、もはや人びとの主体性や自律性はなく、支配者の言説に無条件に自己同一化する道しか残されていない。名前を変えたり、[10]スティグマを消し去ろうとする人もいるかもしれない。もっと自然なものが対象となり、たとえば肌を漂白したり髪の毛のちじれを伸ばしたりする人もいるだろう。こうして周囲の社会に溶け込むように努めるか、さもなければ、少なくとも、一九八〇年代のスローガンだった「差異の権利」を叫ぶのである。また、狙い打ちされたアイデンティティから自由になれないため、自己嫌悪におちいり、スティグマの言説を自分で内面化し、これを自分のこととして述べ立てることも起こりうる。さらに、自らをエスニック化し、欠陥とされるものを差異へと変換してスティグマを自分で内面化し、単純な逆転や転移を行ないながら、これをアイデンティティとして引き受けることもありうる。こうした変換に力を貸すもろもろの行為がどのようなものかは自明ではない。とりわけ先駆者たちにとっては、個人の自身についての素晴らしい活動がなければならないし、これに理解を示し、新人の活動を助ける聖職者、知識人、エリート、世論の流れの存在があれば、もちろん、この活動はより容易になる。

しかし、個人的・集合的な道のりがあたかも必ず幸せな結末を迎えるかのように、スティグマの逆転の時点で分析をやめるべきではない。なぜなら、行為者がそのときにかかげる誇りは、その後に他者のまなざしにさらされ、生きられた経験の一要素となり、それが社会的現実、世論、判断、あるいはまったく単純に、社会が全体としてその存在を確認する力と衝突するからである。実際、誇りの意識がくりかえし表明されると、現実との関係でいちじるしくズレを生じさせる恐れがあり、常軌を逸した構築に出会ったり、社会の他の成員には受け容れがたい表象のなかに行為者が虚構的に位置づけられる恐れもある。なかには、たとえば自分たちのコミュニティはこと科学に関して優れていて先を行っているのだと証明するような、ひとりよがりの命題を主張する運動もある。そうした運動は自分たちの言説を、人工的で夢想に近いような世界に位置づけ、後退や暴力への流れを生み出すのである。

こうして生まれた誇りの意識に対し、社会が無関心だったり、認知しなかったり、もっと悪いことにこれを架空のものだと決めつけたりすると、どうなるか。誇り意識を生み出した逆転によって、行為者は、社会において承認された自分の場を獲得できず、狂気や自己破壊、過激な政治運動だとみなされ、孤立してしまう。行為者が自分を理解させる力をそなえ、社会がそれを聞く耳をもっていないかぎり、スティグマの逆転はこうした破滅的な結果をまぬがれない。なお、これらの運動が、すでにはっきりと存在の知られている集団間の諸関係のなかに位置づけられた屈辱をバネにしていると、その逆転も、好戦的で復讐的な野望をみちびくことがある。たとえば、ナチズムへの説明のひとつとして、一九一八年のドイツの敗北と、とくに敗者にとって屈辱的なヴェルサイユ条約の諸条項があげられるのは、その例である。[11]

以上のさまざまなシナリオの対極に、行為者だけでなく、これを越えて社会全体によって見いだされ引き受けられている誇りの意識があるが、これは、行為者の目には変化をもたらす必要を結局は活性化していたとみえるダイナミズムを失わせる可能性がある。そうなると、行為者にとっては、自らが主張し誇示できた差異のなかに留まりつづける理由が弱まる。つまり、彼のアイデンティティは解消を強いられるようになる。こうした理由から、いかなる進化主義的幻想もしりぞけなければならないが、それと同じように、ある集団について不可避的にエスニック化への傾向や、その衰退の傾向があるとみなすような決定論も否定しなければならないのだ。変化とは多くの場合、予想よりも複雑で予見しがたいものである。

この考察を例示するために二つの例をあげる。ひとつは、今日のイスラーミズムである。ニルファー・ギョレがトルコについて示すように、この現象が政治的形態、とくにラディカルな形態としては後退し、解体しているところでも、だからといって文化の領域、つまり文学、芸術生活、言語生活、メディアの機能などにおいて、その発展が続くことがさまたげられるわけではないことが見てとれる。さらに、ギョレが詳しく述べるところでは、女性たちがイスラーミズムのこの新しい傾向の中心に位置している。[12] 二つめの例は、ディアスポラのユダヤ人である。これはヨーロッパでは、消滅または同化のプロセスに入っているが（フランスとその他の三、四の国は顕著な例外である）、アメリカのディアスポラのユダヤ人は、たとえばＡＩＰＡＣ〔アメリカ・イスラエル広報委員会、強硬なイスラエル支持団体〕のロビー活動にうかがえるように、依然として可視的で積極的でありながら、それでもしだいに個人的で私的な、しばしば緩和されたユダヤ思想の担い手になっていく。これは、イアン・グレイユサマーに言わせれば「強度の低い」ユダヤ思想ということになる[13]。

痛みなきアイデンティティ？

ここまでとりあげてきたさまざまなプロセスは、現代社会においてずっと人びとを苦しめつづけてきたある不幸を出発点にしていた。現代社会では、これらの人びとは個人として承認される一方で、依然として肌の色や名前、宗教などによってスティグマ化されている。この人たちが身体や精神の全体に影響する悲劇の犠牲者である場合は、そのかぎりではない。ここでは、運動が生じるのは、社会がそれらの人びとに向けるまなざしからか、あるいはまなざしの不在、つまり遺棄と弧絶の感情を培う無関心からかである。前者はわれわれをジャン－ポール・サルトルの有名なユダヤ人の定義（ユダヤ人とは、反ユダヤ主義者がユダヤ人と名指す人のことである）に立ち帰らせる。このいずれの場合にもまた、そのまなざしへどのように向きあうのかとヴァンサン・ド・ゴールジャクが強調するように、恥から逃れるために「恥の社会－心理的なもつれを解く[14]」努力が関わってくる。

解放とコミットメント

アイデンティティの生産が、必然的に行為者の自分自身へのはたらきかけを必要とするのであれば、たいして痛みをともなわないかたちでアイデンティティが生産される事例や、耐えがたい状況の押しつけがない状態からアイデンティティが生産される事例をとりあげる必要はないであろうか。また、社会から人への否定的または無関心なまなざしよりも、要するに、右で述べた論理のように劇的な性格をおびておらず、むしろ関係と相互行為がなす気まぐれな作用が中心にあるような事例など、いままでみてきたのとは異なる事例をとりあげる必要はないだろうか。

集合的特性には自然的なものと文化的なものがあるが、アイデンティティに関わる運動は、必ずしもこういった集合的特性によって人びとが劣等化されることを出発点にして生まれるわけではない。何の犠牲もともなわない意味の追求からも、同じように生まれることがある。このような意味の追求は、現代世界からかなり大胆に自分を切断したり、その反対に、コミットメントなどの手段によって現代世界に自分が満足できるような場所を見つけることを可能にし、アクターに安堵感や喜びさえもたらす。

おそらく他の社会にも同じことがいえるだろうが、現代社会も解放のメカニズムというものを可能にする。それによって、行為者は社会システム（そこで主体性はとくに抑圧されたわけではないが）から離脱し、もうひとつの所属を獲得して、社会関係の外側や周辺で活動することができるようになる。キリスト教の歴史は、この論理に対応するような事例に富んでいる。同じように、今日、西欧社会のなかで仏教徒になることは、近代に対してある距離をとることを意味するが、だからといって、それは痛みをともなう決裂を行なったり、なんらかのスティグマを逆転させたり、無関心の遮蔽物を揺さぶらねばならないわけではない。距離をとる努力をし、自分の反省的能力をはたらかせることを意味するが、だからといって社会的支配を揺さぶり、排除を拒否しなければならないわけではない。むしろ社会システムとその統合メカニズムから自由になり、逆説的にも宗教的・哲学的な影響と見方に方向づけられ、いまひとつ別の生において再社会化することになる。

このように、解放が必ずコミットメントに先立って起こるというわけではなく、二つのプロセスは区別されるが、対応しうるものでも前後関係がありうるものでもない。どちらのプロセスも超えた地点で、差異というものが、これを経験する者にとってより目立たない、心理的要求も低い論理にしたがって扱われることもある。

相互行為と劣等化

フレドリック・バルトは有名な論集のなかで、ひとつのアプローチを提唱している。これはエスニシティのダイナミックなとらえ方に先鞭をつけたもので、ホスト社会のなかで民族的な区別を維持するような相互行為と排除のプロセス、または反対に合体のプロセスが重視されている[15]。そこで彼は、「ある所与の場で民族と民族の区別が顕現してくるうえで必要なもの[16]」について考察をめぐらしている。バルトは、多くの点で相互行為論的な見地から、差異（この場合、エスニックな差異）が存続する二つの状況を指摘する。ひとつめは、マイノリティ集団が（たとえば、ホスト社会のなかで）直面する政治的・文化的・社会的変動にもかかわらず差異を存続させる場合であり、二つめは、これらの変動に反してではなく、ある程度までそれらを通して、またそれらによって差異を存続させる場合である。民族集団が再生産され強化されるのは、しばしば、文化接触と人びとの移動によってであり、また、接触する集団を分け、他の集団から区別する境界によってでもある。

バルト自身による、またはバルトから示唆を受けたこれらのアプローチは、文化的差異をつぎの二つの観点からとらえるうえで役立つ。ひとつは、その差異を維持するか否かにかかわらず、差異を発展させたり離脱したりする個人や集団の関係や環境が、差異にどのような影響を与えるのかという点である。二つめの観点は、行為者が深刻な悲劇やスティグマの逆転という骨の折れるプロセス、また容易には動かせない世論にはたらきかけるための諸論理に依拠する必要のないレヴェルで、差異が行為者にどのような拘束や含意、可能な方向性を与えるのかという点である。

しかし、この知的系譜のなかには、引きつづきスティグマの劣等化の問題と関係するいくつかの側面が見いだされる。そのことは、フレドリック・バルトとその弟子たちが、有名なスティグマ分析の著者、アーヴィング・ゴッフマンの著作をどう用いたのかにも表われている。民族特性を仕立てあげる相互行為において、個人がスティグマを隠したり、「体裁」を保つために自己呈示することも重要になることがある。文化的差異は日々生産されているが、だからといって、限られた規模のミクロな関係の流れのなかで、先に触れた大規模な運動と同じ集合体に控え目なかたちで属する諸論理の展開がみられないわけではない。

差異の合理性

一般的にこのテーマを扱った研究には、差異の生産のために行為者が自分自身にはたらきかけるという発想からはかけ離れたものが多く、たいてい功利主義的な諸パラダイムを準拠点にしている。このようなパラダイムは、ある集合的アイデンティティの選択や主張を、計算や戦略の対象、または合理的動員という行為に変化させる。というのも、合理的動員によって行為者は、政治的、経済的、あるいは（たとえば威信と結びついた）象徴的な満足を得られるチャンスを最大化するからである。この文脈において、差異は把握すべきひとつの贈与への応答として、また行為者が特定の目的のために他の行為者と競争することを可能にするひとつの資源として考えられる。こうして、民族集団は強固なものとなり、その成員に経済的手段を与えたり、地域や全国レヴェルで政治権力に接近することを助けたりするのだ、とネイザン・グレイザーとダニエル・パトリック・モイニハンは共編著(17)のなかで、興味ぶかい諸定式を含んだ説を示している。この観点において、アイデンティティはある集団を利益集団にするものであり、その集団は、共有された情動や、極端な場合には非合理的にもなりうる情緒的・感情的連帯によって、または同じ価値を共有したネットワークをもとに、成員たちを結びつける力をそなえている。

以上の分析にはさまざまな変種が存在するが、それらは例外なく、差異を手段的次元に還元する傾向にあり、差異の意味や差異を生み、変容させ、再生産するプロセスや意味には関心を示さない。このような分析の長所は、あるシステムの危機とか破壊によって差異の生産を説明することをこばみ、逆に、成長や開放の経済的・政治的諸条件のなかで発展しうるような現象として差異をとらえる点にある。その例として、イギリスでエスニック・マイノリティに対して行なわれている強力な政治的贈与があげられる。このような分析の弱点は、国際比較を行なうとただちに明らかになる。合理的選択という表現でのアプローチが十分なものであったとしても、同じタイプの運動が、それに有利な環境においても、またそうでない環境においても展開されると、どのように説明できるのだろうか。また、ひとつのアイデンティティにコミットしたり、反対にアイデンティティから解放されるために、行為者がたいへん労力のいる自分自身に対する作業を引き受けるという事実を、どのように説明できるのだろうか。たしかに、差異の生産には行為者の計算が関わってくる。しかし差異の生産が、きわめて多様な文脈のなかで、しばしばきわめて困難な状況において行なわれることを考えれば、行為者の計算を中心に据えた分析は手堅いものとは思えない。

第7章　差異の三角形

　これまでの各章の流れのなかで、とくに注意しながら検討したのは、文化的差異がどのように現われ、発展し、変容し、場合によっては消滅するかということだった。補足すれば、このようなアプローチで求められるのは、同じ差異をその作用や内的緊張だけでなく、社会的、政治的、文化的な環境のあいだに維持される関係においてもとらえるということである。したがって、われわれはいま、歴史的・経験的記述としてではなく、ひとつの分析道具として差異の理論的モデルを描き出そうとする。それは、差異のモデルや差異の社会学的地平と呼べるようなものである。

　規範的観点からいえば、このモデルは操作的な性格ももち、完全に規範的次元にもとづいてはいないが、それでも可能なかぎり最高度に完成された調和的なものとして構想されている。というのも、大切なのはまず、考察を組織する際の出発点となるような概念枠組みをもつことだからである。この概念枠組みをもとにして、もっと経験に近い別の理論モデルを構想していき、最初の理論モデルを起点にした段階的モデルが示される。したがって、差異について考えられるあらゆる形態の作用を踏まえなければならないだろう。これらの形態は一連の分析上のプロジェクターとなり、具体的な諸現象を的確に照らし出していく。

モダニティのもっとも先進的な諸形態において、「低位モダニティ」は、アラン・トゥレーヌの説明によれば、「市場と諸コミュニティという対立する世界のあいだで、主体に重要ではあるが劣弱な地位を与えていて」、指令原理をめぐって組織されている「高位モダニティ」からも、産業化とネーションの結びつきに支配された「中位モダニティ」からさえも遠ざけられている。(1) ここでは三つの極が、差異の理論的空間の目印となっている。それは、アイデンティティ、個人、主体である。この見方からすると、差異についてもっとも精練された理論像を築くことは、結局この三点について思考し、それらの相互関係について考察することに帰着する。そのため、ここでは三角形の幾何学に依拠してみよう。差異の三角形は頂点と辺からなり、単純で変哲のないものであるが、二項対立や基礎的な二分法の検討に限定されない、ほかのいろいろな推論を可能にしてくれるという長所を示している。

差異の三つの構成要素

集合的アイデンティティ

「差異の三角形」の第一の頂点には、もっとも自明なものがある。それは集合的アイデンティティであり、ひとつの集団やコミュニティへの所属の感情を規定する文化的準拠対象の総体である。なお、この所属は、ネーションに関するベネディクト・アンダーソンの言葉を借りれば、現実の、および「想像上の」それである(2)。

現代社会では、この準拠対象がしだいに強く意識化され、それが表明され、要求されている。とくに、非近代または前近代といった他の歴史経験のなかで、この準拠対象がいかなる自省の対象ともならず、文化的特殊主義として明示的に思考されることもない場合にはそうである。今日では、内側からも外側からも、これらの準拠対象が社会的生産物であることを認めるという共通の見解がある。だからといって、これらが絶えず自然化され、自然や人種に帰されたり、さらに神格化されたり神秘的な起源に結びつけられたりすることがないわけではない。とはいえ、無意識の遺産として表象されることはしだいに少なくなり、マルロー〔アンドレ、一九〇一〜七六年。フランスの作家、美術評論家、情報相、文化相も務める〕の「すべてが忘却されてもなお残るもの」、それが文化なり、という表現に対応するものではしだいになくなっている。

集合的アイデンティティ自体がその内部に描き出すのは、一連の意義や意味ではなく、ある集団のまとまりを規定する価値体系である。こうしてアイデンティティは、行為が内的・外的な挑戦にさらされるときに限って、行為を方向づけるような一連の特性をもとにして組織される。集合的アイデンティティが問題にされたり、行為者たちをさまざまなかたちで動かすこともある。集合的アイデンティティが抵抗というかたちで表出され、外部からくる脅威に直面したり、集団内部の危機という事態を前にして、防衛的な行為の形式をとることもある。また、征服者的な外観をまとい、外への拡大を確実にしようと狙いをつけることもある。しかし、もっと複雑な仕方で、しばしば防衛的行動と反攻の行動を結びつけ、そのために民主的承認の要求を含んだ葛藤的な関係を処理することもある。さらに、集合的アイデンティティは、自分たちに対して抑圧的だと感じるような広範な集合体からの政治的解放をめざす場合には、決裂に向かうこともある。

つまり、集合的アイデンティティは、さまざまな方向をめざすことが可能であり、さらに、同じひとつのアイデンティティがより閉鎖的だったり、より開放的だったりと多様な形式をおびることもある。場合によっては、それは共同体中心志向となり、内向きで党派的となり、ほとんど強迫的な純粋性の追求というイメージを与えることもある。その場合、ひとつの法則というよりは、避けがたい必然性として、集合的アイデンティティが最悪の暴力を打ち立てる恐れもある。また、それが内部の粛清に向けられたり、外側の現実的または想定上の危険の回避に向かったり、さらには自らの膨張へと向けられたりする。それ以外のケースとして、集合的アイデンティティは、反対に多少とも制度化された闘争に関わり、そのなかで行為者たちは交渉し、議論のやりとりをし、政治的圧力をかけることもある。さらにほかのケースとして、同化によって解消されてしまうこともあろう。

要するに、集合的アイデンティティの表現様式は、所与のアイデンティティについても時間に応じて異なるし、あるアイデンティティと他のアイデンティティのあいだでもいちじるしく異なるのだ。このことを認めると、およそ「原初主義的（primordialiste）」ないし「本質主義的（essentialiste）」といった分析、つまりこれこれのアイデンティティはほぼ自然的な性格をもち、その性格の形成に影響を与えるようないっさいの外的要因からは独立した、決定的に与えられたものだとみなすような分析からは距離をとることになる。アイデンティティとは、それ自体が閉鎖的だったり、開放的だったり、防衛的だったり、反攻的だったり、決裂に向きがちだったり、民主的参加を希求したりということではないのだ。

アイデンティティがどういう展開をたどるかは、理論的三角形を構成する他の二要素をはじめとする、多くの場合、外生的な諸要因によるのである。

近代的個人

「差異の三角形」の第二の頂点をなすのは、近代的個人である。これは、人びとが理論的には自由で、権利において平等で、独特の存在として近代生活に参加するような社会の元素的な原子として、個人を位置づけるものである。これらの人びとは雇用、金銭、教育、住宅にアクセスするのであり、それはたしかに不安定なさまざまな方法でではあるが、つねに本人自身および他者によってそのようにみなされる個人として、これらにアクセスする。

ここでの個人は、文化的所属によってではなく、市民生活への社会的・政治的参加の力量によって定義される。多くの金銭を手にするかもしれないし、そうでないかもしれない。社会的に統合されるかもしれないし、逆に排除されて、ロベール・カステルの表現では「つながりを絶たれている《デザフィリエ》」かもしれない[3]。消費をし、とくにそのことが社会的統合の標しになるときには、消費への関心が自らを規定する要素になるかもしれない。エスニック・ネットワークの支えのもとで、さらにはエスニック・ビジネスの形式を覚悟のうえでビジネス界に身を投じるかもしれない。給与稼得者になるかもしれないし、闇の所得で生活する者となるかもしれない。その個人は市民であることもあれば、外国人のため市民の地位に就くことを阻まれているかもしれない。また、移民として選挙権が市町村レヴェルでのみ認められているとき、部分的に市民であるにすぎない。

しかしそれでも、個人は、まったく個人的にのみ行為を遂行する存在に還元されはしない。社会的・政治的運動やストライキ、あるいは暴動に参加することもあるし、決裂の行為にあえて加わることもある。そして、これらすべての行為は、一部の自由主義思想家を当惑させた。そのひとりであるマンカー・オルソンは、労働組合活動への参加が個人レヴェルではコストを要し、闘争に参加しなかったときにも組合の獲得物から利益を引き出すにもかかわらず、なぜ給与稼得者たちが組合活動に参加するのかを問題にしている(4)。

実際、近代的個人主義と社会的コミットメントを関係づけることがすでに意外に映るとすれば、先に規定したような近代的個人主義を含めて集合的差異を考えることは、よりいっそう逆説的に感じられる。しかし、そうした関連づけは明らかに不可欠なものである。なぜか。一部の共同体の内部には、自分の存在がただひとつの集合的アイデンティティの極に還元されるような人びとが存在し、また個人主義の批判と拒絶を根本的な基礎として形成される集団もたしかに存在する。だが、事実上、細かくみていけば、集合的アイデンティティの表出と近代への個人的参加のあいだに、多様な形式をとるつながりをみるほうが、はるかに一般的だからである。こうして、本章の三角形のイメージになぞらえれば、二つの頂点が結びつけられるのである。

もういちど確認しよう。集合的アイデンティティの論理は、近代的個人主義の論理をしりぞけるものではまったくない。実際、集合的アイデンティティの論理は多くの点で、近代性を享受する個人、すなわち近代性を享受しなければ欲求不満を感じるような個人が創出したものとして登場している。たとえば、一九七〇年代、八〇年代、九〇年代を通じ、もっとも過激な流れも含めたイスラーミズム運動は、現代テクノロジーを使いこなす個人によってリードされてきた。事実、これらの運動の幹部にはエリート技術者や中級技術者としての教育を受けた者が多い。しかし彼らは、その欲求の一部だけを欧米風の消費生活から切断することを願う存在として自己定義したにすぎない。

　イスラーミズム運動は、たいてい近代に関連する社会的期待をおびていて、それは「貧しき人びと」の行動（一九七〇年代初頭にイマーム、ムクターダー・サドル〔レバノンのイスラーム教シーア派の強硬派宗教指導者〕によって鼓舞されたレバノンのシーア派運動）や、より最近では、強く望んでいた金も近代的消費生活も大都市で手に入れられないことがわかって幻滅した、イランの「脱農民化した農民」の行動を考えてみればよい[5]。以上に加え、イスラーミズムを理解するため、優れた専門家たちは、たとえば「敬虔なブルジョワたち」という具合に社会的次元と宗教的次元を組み合わせて定義される層に関心を寄せた[6]。

　民主主義において、アイデンティティの表出は、その性格からして、共同体の生活への成員の個人的な政治参加と相容れないものではない。その場合、成員たちにとっての問題のひとつは、民主的生活が要求する普遍的諸価値と、権利および理性の尊重と、彼らの引き合いに出す特殊性における固有価値とを、その個人的経験のなかで調整できるかどうかにある。行為者たちの意識は、容易に解決したためしのないこの問題との格闘のなかでつくられていく。これを解決不可能だと決めてしまう者は、つぎのように考える。すなわち、普遍的なものと特殊的なものという二つの論理を対立させ、そのうえで、普遍的なものにすべてを解消し、特殊主義を放棄するか、さもなければ特殊主義のなかに閉じこもるかしかないというのである。

　しかし、むしろ両立しがたいものを両立させ、二つの視点の関係を規定する矛盾をなんとか収めようと努める者もいる。このため、ひとつのアイデンティティの承認をめざす闘いが、差別に抗して市民的諸権利や完全なシティズンシップを求める闘争と不可分のものとなる場合もある。こうしてアメリカでは、一九五〇年代から六〇年代にかけての公民権運動によって、その後の黒人のアイデンティティ表出の道が開かれた。付け加えると、文化的特殊主義と近代的個人主義への真の参加の両立は、一般に大きな経済的・政治的資源を手中にし、富裕とはいえなくとも社会的に多様なアイデンティティに属している人びとには容易である。ひとりの人間のレヴェルでいうと、貧しさや困窮は、近代的個人主義と結びついた諸価値とアイデンティティ帰属とを、調和的に結合させやすくする要因ではない。

主体

近代世界のなかでは、アイデンティティへの依拠は、しだいに属性や再生産の問題ではなく、選択の問題となっている。したがって、関係するアイデンティティに合流し、それを自認し、自分のアイデンティティだと主張し、またはそのアイデンティティから離れるといったことになる。たしかに人は、ひとつの集団や共同体、宗教のなかに生まれるわけで、国民や民族としての出自をもつ。しかし、それらについてもしだいに選択が行なわれるようになっている。それらを維持するのか否か、そこに留まりつづけるか否かを決定し、場合によっては一世代または数世代を経てそこに立ち戻ることもある。この種の決定は主体であることの拒否として行なわれるが、それは自らに目標を与え、行動の能力を示し、自身の存在を跡づけ、自分の経験を把握するためなのだ。一言でいうと、主体性は差異の基本的に重要な構成要素にほかならない。そして、この指摘を脱工業民主主義だけに限定する理由はない。人類学者のジョナサン・フリードマンは、別の社会についても「カーゴ・カルト〔メラネシアなどに存在する招神信仰〕、カストム〔ヴァヌアツ、ソロモン諸島、パプアニューギニアの一部で用いられるピジン語で「伝統」、「慣習」の意味〕運動、宗教セクト、あるいはナショナリスト的ないし民族的《エスニック》な反乱などは、これに参加する諸主体の経験とうまく呼応しなければ機能しえない」[7]と書いている。

まさにそれゆえに、主体は「差異の三角形」の第三の頂点をなす。場合によって、あるいは個人的経験のある段階において、ある集合的アイデンティティに依拠することが主体化の始まりや要因になる。それは主体形成の原動力にさえなる。それまでは混乱したかたちで、希望なきものとして生きられていた実存的経験にひとつの意味を付与するような差異を前面に押し出すことで、人格がつくられるのだ。また、つぎのようにも言えるだろう。主体であることを否定したり、主体として自己表現することを禁じたりするようなスティグマの逆転を可能にする象徴的資源を、人はそこに見いだすのだ、と。

単独の主体が、アイデンティティの内部自体であらゆる種類の不測の出来事を経験することがある。自律性の解体や破壊、喪失を引き起こし、それによって集団が成員に法、規則、規範を押しつけ、いっさいの経験の個人化を許さないセクト的論理が強化される恐れもある。だからといって、必ずしも人びとが不幸であるとはかぎらない。むしろ反対に、とくにその発展段階にあるセクトの特徴は、成員たちにある種の能力開花の条件と十分な自己実現の感情をもたらし、彼らの存在に意味を与えることなのである。しかし、主体として存在するという行為は、ある種の自省性(réflexivité)をもって自分をとらえる力、自己と自己の関係のなかで自らを定義する力をもっていることを意味し、同時に、そうした力が他者にもあることを認めることを意味している。なお、この最後の点は、セクトの内部では消失してしまう次元である。そこにセクトの範囲を定める基準さえ存在している。ある集団が、主体の否定者でないかぎり、また解放、自省性、創造性、個人的想像力を許容するかぎり、それはセクトといわれるべきではない。

若干の極端な状況は別として、多くの文化的特殊主義は個々の人間に主体として存立する可能性を与えるが、それだけでなく、社会全体が与える資源以上のものを彼らにもたらしもする。なお、このような理由から、差異の政治的な扱いをめぐる論争は、リベラルとコミュニタリアンの対立も含めて、個人の諸権利および主体化の諸条件を焦点に置くことになる。問題はつぎの点にある。文化的マイノリティに属する子どもたちが「自分」、すなわち主体を構築し、表出する最良の機会を獲得するには、一般社会にできるだけ大勢で、直接的に統合し、ある特殊性に閉じこもり、限られた文化的地平しか提示していないと非難されないようにするべきなのだろうか。反対の角度から考えれば、主体には自己蔑視の正反対である自尊心と承認が必要となるため、自分の愛する環境、家族、固有の文化が劣等視されていると理解した子どもは、大きな障壁にぶつからないだろうか。主体に関する問題が差異の分析に組み込まれると、いくつかの決定的な問題に対する回答といわないまでも、少なくともそれらの問題の考察を一新する側面が照らし出される。それは、ある民主主義社会において主体とアイデンティティとの関係はどのようなものかを問うとき、人格形成における毀損について相対的に機能的な仮説が立てられがちだということである。つまり、人種差別的蔑視、恥辱、集合的アイデンティティへのスティグマ化は、子どもに突きつけられる挑戦であり、障壁である。しかし、これを克服できれば、子どもは、この種の困難を知らずにきた子どもよりも、その生においてよりよく武装されて現われるというのである。

主体は、集合的アイデンティティの内部で自らの位置を見いだすための活動を達成し、さまざまなかたちでわかりやすい努力を行なう。まず、文学的即興、映画、音楽、舞踊など、とくに芸術的創造性によって自己を表現することができる。今日では、およそ身体にかかわるもの、および個別アイデンティティに属するものが決定的な重要性をもっており、これはすでにジョージ・モッセのような歴史家によっていわれている[8]。

身体が集団への加入の条件とされたり、統一した動きに従属させられるとき、アイデンティティの内部で、主体が否定されたり、挑戦を受けたりすることが起こりうる。それに反して、主体の形成や表出のダイナミズムのなかに身体が場を見いだし、位置づけられるのは、権力に従属させられることのない状態においてである。また行為者の意志に反して、個人的情動をつねによりよく支配するプロセスに巻き込まれず、快楽をもたらすことができると認められ、探求され、可能性へと変容され、くわえてセクシュアリティにおいて価値づけられた状態においてである。このような考えは、イギリスのエスニシティ研究が「英国カルチュラル・スタディーズ」[9]の伝統、とくにステュアート・ホールやポール・ギルロイの仕事[10]の系譜に位置づけられたときに、多くの点で例証された。実際、イギリス社会におけるエスニシティは、文化による主体の価値づけというこの視点に照らして解釈することができる。

なお、文化による主体の価値づけという視点は、支配や搾取、排除、人種差別に関するより古典的で社会的なテーマへの生き生きとした感受性と結びついている。たとえばアンティル人〔カリブ海アンティル諸島のフランス海外県に住む人びと〕のような黒人エスニシティの文化的生産は、彼らのこうむっている蔑視やレイシズムや不平等と切り離せないが、それが精力的な音楽的生産、ヒップホップ文化における中心的役割をともなってもいる。文学をもった民族についてては、サルマン・ラシュディだけが代表者というわけではなく、もっぱら折衷的・雑種的にではなく創造的にさまざまな素材を結びつけることができている。

白人のエスニシティは、究極的には労働者コミュニティの子孫たちにみることができる。彼らは部族主義的に生き、しばしば自分たちの美学や独自の音楽表現の形式を形成しようとしている。たとえばスキンヘッズの場合がそれである。この点、ディック・ヘブディジは、パンクの衣装コードやレゲエ音楽、テディ・ボーイズのダンディズム、一九六〇年代のイギリスの「ブラック・ジャンパー」〔一九五〇年代に注目された労働階級の不良の若者。独自の下位文化を発達させた〕に関心を寄せた先導者だった[11]。このような視座において、主体は欲望や、時に歴史性への言及を通して現われる。有名なボブ・マーリーの歌『ラット・レース』とそのリフレイン「歴史を忘れないで、歴史を知っていて」がそうである。

主体はまた、芸術的・身体的創造性やセクシュアリティと結びつかないような形式でも表現される。強制的動員に依存するのではなく、豊かさと普遍的なものへのより広い接近の源となるものを提供するような教育方法を、アイデンティティを通して提案しなければならないとき、主体が見いだされるのだ。これは多くの宗教運動がひじょうに強く関心をもっている点である。とくに、文化的帰属によって定義される行為者の紛争化を生じさせるのは、主体の徴《しるし》である。アイデンティティが秩序への異議申し立てとその乗り越えのアピールの力となるのは、主体が存在し、拘束的社会規範から脱しようとする意識があり、文化的支配の諸装置によって欲求が操作されることに対する拒否があるからなのだ。

しかし同時に、コミュニケーションへの欲望、自己以外の者における主体の承認、自尊と承認への心遣いが影響を与えるからでもある。社会学的問題としてのアイデンティティは、たしかに無視できないものがある。アイデンティティがさまざまな資格で、さまざまな仕方によって主体の構築の集合的条件をなす個人的要求と結びついていなかったなら、コミュノタリスム、党派的な閉鎖性、外部との遮断といった問題に帰着しているかもしれない。これとは対称的に、たとえアイデンティティのなかで主体が没し去られ、否定され、ないがしろにされ、忘却される恐れがあっても、主体がアイデンティティのなかにふたたび見いだされ、これを緊急に必要とすることもありうる。

　主体とアイデンティティの関係がもつ力は、おそらく今日の文化的特殊主義の主要な特徴のひとつを説明してくれるだろう。それは、文化的特殊主義が不安定とはいわないまでも、少なくとも、これに合流してきた者によって放棄されたり、解体と再構成の無限運動を生じたりする絶えざる可能性のなかにある、という点である。その例として、北米の聴覚障害者の運動があげられる。あるとき、この運動からユダヤ人のマイノリティたちが抜け、それに続いて同性愛者からなる新しい層も離脱した。実際、主体にはもろもろの規範から解放する能力も含まれており、それは、かつてまったく自由に自分で選んだ規範も例外ではない。ところが、アイデンティティとはそれ自身の価値によって定義されるもので、つねにその価値を規範へ、次いで規範は役割へ、そして役割期待へと書き換える傾向にある。アイデンティティが制度化されればそれだけ、その諸規範に異議を持ち出す人びとと出会う恐れがある。そのため、安定性へと押しやるアイデンティティの論理と、解放の絶えざる潜在的可能性を要求する主体の論理とのあいだには構造的な緊張が存在する。

　こうして、三角形のイメージによって差異の理論的空間を形づくることが可能であるようにみえてくる。その三角形の三つの頂点は先に記述したとおりであるが、これは、著者が数年前にエスニシティに特化したケースについて素描した命題を発展させる諸タームによって記述されている[12]。しかし、この三角形は具体的にはどう機能するのか。

理想的な布置連関

差異の表出はどのような条件のもとに受け入れられ、正統だとみなされ、さらに三重の観点からみて望ましいものとなるのだろうか。その三重の観点とは、差異を構成する諸個人の観点、全体の統一という観点、差異がそのなかで考察されるより大きな共同体の観点である。これらの条件をはっきりさせることは、差異の三角形の理想的な定義を示すことにほかならない。なぜなら、このことは、個人または主体としての個々の要求と、検討の俎上にのぼる特殊主義からの要求と、社会全体の要求をうまく両立させることになるからである。

緊張のもとに置かれたアイデンティティ

集合的アイデンティティは、権利と理性を尊重する普遍主義的価値とつねに両立するわけでも、あらゆる状況下で両立するわけでもない。また、必ずその成員たちが、コミットメントや解放の能力をそなえた主体になることを可能にする力を与えられているわけでもない。必ずしも主体の樹立者、形成者というわけではないのだ。むしろ反対に、集合的アイデンティティが主体の否定、主体の従属化をみちびくこともある。また逆に、コミュノタリスムの諸傾向が、すべてを完全に集合的アイデンティティに還元し、最悪の逸脱や共同体同士の暴力、また同じ共同体内部の殺人衝動を引き起こしたり、個々の人格を強く否定するような党派主義をみちびく恐れがあるわけでは必ずしもない。けれども、そこにみちびかれる可能性もあり、そのことが「差異の三角形」の理想像からわれわれを遠ざける。

アイデンティティを自己閉塞性の側に引きつけるような構成要素を多少とも踏まえなければ、アイデンティティについて考えることはできない。そうした共同体的な側面をもたない集合的アイデンティティや、成員の一部や、各成員の意識の一部が、しばしば原理主義的な表現で集団の結束の強化を訴えることのない集合的アイデンティティというものは存在しない。この指摘はユダヤ人の経験によって例証される。実際、ユダヤ人のアイデンティティは、いっさいの同化をこばみ、頑迷なほどに自己を維持し、たいして民主主義にも配慮せず、再生産の仮借なき論理を体現した宗教アクターの存在がなかったならば、とくに最近の幾世紀を乗り越えて存続することはできなかっただろう。

今日のディアスポラ・ユダヤ人についても同じことがいえる。集合的アイデンティティの存続を保証しているのは、宗教の考え方において比較的柔軟な「リベラル」な層や、ましてや混合婚の実践にもほとんど躊躇しない、ユダヤ教の刻印のいかにも少ない無信仰者ではない。それは宗教者なのであり、しかも、そのなかのもっともセクト的な人びとなのだ。逆説的なことに、もっとも民主主義に配慮する無信仰者のユダヤ人は、政治においてはほかのユダヤ人と争ったり、ひどくかけ離れていると感じたりするが、自分たちのアイデンティティを永続させるのに、ほかのユダヤ人たちを必要とするのである。

したがって、あるアイデンティティが本書で定義しようとする理想像に適合するための条件となるのは、コミュノタリスムの傾向を完全に取り除くことではない。むしろアイデンティティが、コミュノタリズムや原理主義という避けがたい傾向と、不可決な普遍的価値の受容とのあいだにある緊張のもとでも機能しうることを示すことなのである。

個人主義とアイデンティティ

近代的個人主義が「差異の三角形」の不可欠な部分をなすには、市民生活への参加が、差異の解体やアイデンティティとの接触の喪失というかたちで終わらないことを前提とする。同化と呼ぶものはつねにこの喪失を指しており、そこでは人は近代的な存在となり、集団への特別なつながりのない他者のなかの一個人となる。同化は、二つの主要な条件があってこそ起こる。ひとつには、同化は同化する者のパーソナリティ、その者の過去との関係に作用し、あるアイデンティティと訣別する能力を想定させるような道筋の終点となる。だが、これはつねに容易なことではない。結果はまえもって得られるものではない。同化は自己自身の一部の否認に変わり、すでにみたように、同化を望みつつも、なしとげられない場合には自己嫌悪に行き着くこともある。また出自集団の激しい拒否にいたることもあり、それは当の集団から離脱すべきなのに、離れられない場合にみられる。同化が外見上は達成されたかにみえても、内面には失われた、または放棄したアイデンティティの刻印を残している行為者には、さらなる努力を要求したかもしれない。このような刻印は一種の欠如ではあるが、場合によっては呼び起こされ、鋭敏にされ、時とともに急変することもある。たとえば、高齢に達した者が子どもころの宗教を再発見し、これに熱心に打ち込みはじめるようなものである。

以上の第一の条件は、行為者とその準拠アイデンティティに関するものである。これに、システムに関わる第二の条件が付け加えられる。実際、同化が可能になるのは、当の社会自身が真にこれを欲し、社会の側に、出自のアイデンティティを棄てる者を劣等視し徴《しるし》づけるなんらのスティグマもない、という場合に限られる。外国人嫌悪やレイシズム、差別があるかぎり、同化はひとつの罠となり、最悪の事態を生み出すことさえある。

このような事態が顕著になるのは、差異が希薄になっているときで、そのために差異から遠ざかっている者がアイデンティティを隠しているのではないかと疑われ、その文化的特殊主義をうまく維持しつづけるために支配的文化に紛れ込んでいると非難されるような場合である。たとえば、ナチの反ユダヤ主義は、ユダヤ人が特殊性において徴《しるし》づけられるような可視的マイノリティであることをやめたドイツのなかで隆盛をみた。また、普遍的価値への同化を社会的公正や連帯に過剰なまでに結びつける寛大な言説が、不自然だとみなされる場合も、同化は失敗をまぬがれない。とくに一九八〇年代、九〇年代のフランスにみられたイスラーミズムの台頭のような、ある種のアイデンティティが先鋭化した背景には、フランス共和国が自由、平等、友愛を立派に約束したにもかかわらず、マグレブ系移民出自の若者の経験する現実は、共和国のうたう理想とはまったくかけ離れているという事実が大きな影響をおよぼしている。

ある社会が同化、つまり文化的特殊主義の解消に有利な状況を与えたり、与えなかったりするのと同じように、社会はその政治文化と社会的組織化の様式によって、「差異の三角形」の適切な機能、または近代的個人主義とアイデンティティ帰属の両立を奨励することがある。こうして、ジャコバン的、中央集権的で、文化的差異にあまり開かれていないフランス・モデルと、アングロ－サクソン諸国の多くに支配的である図式とを対置するのが流行となっている。

「差異の三角形」の機能の仕方における政治文化と社会的組織化の様式の重要性を、たとえ大ざっぱにでも知っておくべきである。それは、文化的特殊主義の先鋭化の現象を単にそのアイデンティティのリーダーだけのせいにしたり、差異が本質的に共同体的、原理主義的、また党派的なものだという前提に立つような、差異を本質化する傾向に抵抗するために必要なのだ。実際のところ、近代的個人主義と集合的アイデンティティの組み合わせは、そのなかで問題が提起される社会の一般的状況によって容易になる。もしこれがとくにむずかしかったり、不可能だったりすると、その場合リスクは大きくなり、アイデンティティは歪みを生じ、硬化し、孤立し、決裂の論理に入る恐れがある。

主体の位置

近代的個人と同様、主体もそうである。主体は、押しつけられるかもしれない集合的アイデンティティに対して多くの点で自律化し、集合的アイデンティティと根本的に対立するにいたる傾向がみられる。完全な自律性、つまり独立によって、人はつながりや出自のアイデンティティへの準拠をもたない特異な主体となる。だからといって、もちろん、創造性や自省性や想像力がさまたげられるわけではない。しかし、その場合には、芸術家や作家などの創造活動をする人びとは出自のアイデンティティから切り離されている。主体は、外部的にはあらゆる文化的特殊主義に対して実にみごとに機能し、それが代表するものと対立して自己を定義し、外部から戦いをしかけ、対抗して立ち上がる。これらのことは、この特殊性が主体の拒否または否定として含意する可能性のあるものの名において行なわれるのである。

この場合、主体は距離をとることによって、ひとつの秩序やその規則、法への異議申し立てをしたことをはっきり表明する。主体は、人がアイデンティティや集団に完全に従属することを批判し、自省性と自己 - 生産の能力に訴えることで自分をきわだたせるのである。

それゆえ、集合的アイデンティティと主体が調和的な諸関係をとり結んでいる空間も、二つの限界を徴《しるし》づけられている。ひとつには、主体の吸収という事実によって関係が消滅することがありうる。他方で、この関係は、両者の分離という事実によって、そして場合によってはきわめて軋轢に満ちたかたちで解体することもある。この二つの限界は、集合的アイデンティティを絶えずおびやかす二つの脅威をもなす。コミュノタリスム的な諸傾向に出会うと、主体は集団に対して個人的な創造的行為を求めるが、この要求は自分の生を明確にし、その信じるところと準拠価値を把握する個人的能力のそれにほかならない。けれども、主体は絶えず従属を求められたり、諦めることを求められたり、または離脱へと駆り立てられるリスクを負う。

主体とは、アイデンティティの領域をその社会的環境へと結びつけ、内と外のあいだの絆を維持するものであり、文化的帰属と社会の一般的生活への参加をつなぎあわせるものである。理性と文化の、普遍的価値とひとつの（または複数の）アイデンティティの特殊性との交差点というこの特権的位置を主体が占めなくなると、それはひとつの均衡破壊が浮かび上がることを意味する。具体的には、普遍的諸価値が猛威をふるうコミュノタリスムによって告発されて後退するか、個別のさまざまなアイデンティティが、これらの敵対的といわないまでも無関心な抽象的普遍主義によって存在を禁じられたり、特別に抑圧されたりして後退する状況を指す。

こうした条件のもとで、差異の理想的な空間がどう組織されうるのかは明らかだ。すなわち、個別的なアイデンティティへの依拠、各成員の個人としての権利と理性の普遍的諸価値への接近、そして主体の形成と表現に必要な開放、この三つがつなぎあわされなければならないだろう。この空間のなかで諸個人が位置づけられうる理想的な場としての中心点を規定するのは、魅力的な試みではある。だが、よりよいのは、これら個人が三角形のそれぞれの頂点に固有の要求を使い分け、ある頂点から別の頂点に移行して動く能力という観点、つまり移動の観点から考えることである。

いうまでもなく「差異の三角形」は不安定で、つねにバランスを崩したり、それどころか崩壊したりする恐れのある空間を浮かび上がらせる。理想のかたちから遠ざかるにつれて、行為者がそのなかで調和を保ちながら移動することはむずかしくなる。社会学的分析は、理想的三角形の理論的イメージに甘んじていてはならない。そうした理論的イメージは、純然たる規範的命題になる恐れがある。実際には、社会学的分析はひとつの道具であり、多少とも神秘的なひとつの地平をなし、幻影をなすが、これは逆説的でもある。というのも、理想的三角形の理論的イメージとは、行為者がそこに近づいて、到達したつぎの瞬間に、それまで経験したこともないほどの崩れたかたちにもなりうるからだ。

移動をめぐる困難

「差異の三角形」において、各頂点は緊張の場として現われる。つまり、三角形によって構成される空間を多少の決意をもって移動しようとする者、すなわち行為者として振る舞おうとする者にとっては、困難の起点として現われる。

アイデンティティの弱さ

アイデンティティという極は、当の差異のダイナミズムによって、共同体の論理と葛藤を含んだものであれ、民主的生活への参加という個人主義的論理とのあいだで緊張にさらされているわけでは必ずしもない。なお、民主的生活とは、社会の一般的な動きという外からもたらされたものである。アイデンティティの極はまた、絶えず反対のものにもおびやかされている。それは、ひとつの信条や集合的存在を押し出すために特定の資源に頼ることができないという行為者の弱さ、無能力である。知られているように、アイデンティティの諸資源が根絶されたり、いちじるしく縮小されるといったことはありうる。ジェノサイドはエスノサイドであり、ひとつの民族の破壊はその文化の破壊にほかならない。なお、奴隷制度がそうだったように、最初の文化から突如無理やりに引き剥がすと、その文化を存続させることはひじょうに貧しい形式以外では困難となる。移民が行なわれる場合も、そこに持ち込まれた差異をホスト社会が打ち砕いて否認すると、そこから欠如状態が生じることがある。

たとえばフランスでは、移民出自の若者が反社会的行為や非行に走る原因は、彼らのコミュニティ帰属や出自の文化、さらには宗教（イスラーム）にあるのだという非難がよくきかれる。実際には、彼らの行為はまず何よりもアイデンティティ帰属の欠如やアノミー、出自の環境の破壊によって説明できる。住宅政策と都市計画によって混住が推し進められ、第一次的アイデンティティの解体がうながされたため、そこにおいて差異は、否定的なものに逆転するかたちでしか生まれないという状態まで生じている。一九九〇年代の初めにサルセル市〔パリ郊外ヴァルドワーズ県にある自治体〕で行なわれたある調査研究では、反ユダヤ主義が無視しがたいかたちでマグレブ系とアンティル系という二つのタイプの集団に現われていた。彼らの反ユダヤ主義は、ほかよりもこのコミューン〔フランスにおける地方自治体の最小単位。日本の市町村に該当〕に住む地域生活を構造化でき、地域政治に影響力をもつユダヤ系に狙いをつけていた。この反ユダヤ主義に表われるのは、自分でアイデンティティを獲得できず、さらに、コミュニティ内でも具体的に自己形成できない者たちのルサンチマンである[13]。

弱いアイデンティティ、または弱体化したアイデンティティは、他者への憎悪に反転しがちである。それは成員たちにさまざまな手がかりを与えるが、不安定で不確かなものであり、レイシズムへの抵抗力にもほとんどならず、きわめてとぼしい自尊心を生み出すにすぎない。そうなると、アイデンティティは成員たちをつなぎとめることがほとんどできず、新しい人をひきつけるような真の魅力もなく、ただ解体した共同体生活のかたちを生み出している。例として、北米原住民の多くの集団のあいだにさまざまな集合的自己破壊的行為や、酒宴を重ねることによるアルコール中毒、薬物常用、そして、いうまでもなく自殺が多く見られることがあげられる。

個人の偶発性

金銭、消費、労働へのアクセスにせよ、市民権へのアクセスにせよ、市民生活への参加を制限する近代的個人のさまざまな困難の原因は、単に不平等、差異への恐怖、対人恐怖、外国人嫌悪やその他の不寛容だけではない。困難の原因はまた、個人主義に特有の性質とも深く関わっている。個人主義によって、各自が喪失状態に置かれることがある。たとえば、個人が拒絶され、排除され、差別されるよりも、むしろ自己自身と対決させられるときであり、これは今日的近代の宿命をなしている。また、個人が成功できない自分の無能さを思い知るときや、学校制度が少なくとも表向きには大いに開かれているのに学校で挫折するとき、また自分より労働市場に適応し、能力のある者と競争しなければならないため職を失う脅威を感じているとき、そしてあらゆる自尊心を失い、アラン・エーレンベルクの言葉によれば、「自信をもてない」状態におちいっているときもそうである。[14]

参加し、消費する、またはそうしたいと欲する近代的個人と、本書でいう意味での主体のあいだにはつながりがある。なぜなら、個人が個人として期待する満足は、本人から見ても、社会から見ても存在し、自分の道のりを構築しているという感情をつくりだすのにも役立つからである。そうなると、個人の失敗は主体の失敗を意味する。消費の記号や実物、あるいは金銭を獲得したり、自分を確立したり、社会のなかに満足すべき場所を見いだしたりする能力がないとき、その個人は、単に市場で困難な位置に追いやられるだけでなく、自己を構築し、表現するのにも苦しむ一人の人間としての限界に追いつめられる。社会が提示する「自己自身の企業家」モデルを内面化したものの、それに順応することができない個人は、このモデル、または他のあらゆるモデルから自己を解放することができないことを痛感させられる。

拒絶され、排除され、周辺化された人、近代生活への参加に失敗した人、あるいは、このような計画から身を遠ざける人といったさまざまな人びとがひとつのアイデンティティのもとで結びつくのは、そのアイデンティティがなんらかのかたちで挫折からの脱出を約束しており、かつ、この約束が、これらの人びとがそれまで社会的にアクセスできなかったもの以外のものを提示している場合だけである。だからこそ、今日的近代への参加が困難になると、それはアノミーや（麻薬その他の）密売世界への参入に行き着いてしまいがちである。そのため、アイデンティティが生み出す模範的行為のおかげでしばしばもたらされる例の昇華はよりまれとなる。

失敗した個人には、あるアイデンティティのなかに自分を位置づける理由もほとんどない。実際、そうした人間にとっての問題は、自分にとっての規範や目標を見いだすことではない。その個人は、自分が手に入れたいと思っていた、消費の殿堂のショーウィンドーやテレビに映っている、周りの人びとが評価しているものにアクセスできないという無力さのなかにとどまっている。ひとつのアイデンティティに参加することで、こうした問題を乗り越えることが場合によってはできるかもしれないが、それがこの問題への直接の解決をもたらすことはない。剥奪され、拒絶され、排除され、あるいは挫折した近代的個人は、マルセル・ゴーシェが「集塊の個人主義」と呼んだところのもの(15)と向きあわされ、とくに破壊的な経験を味わわされる。その個人が社会の最下底を占めているときには、とくにそうである。

もしその個人が完全に文化的特殊主義にくみしていれば、この否定的な経験はその枠組みのなかに取り入れられる。しかし、その経験が個人の内部のある一般的傾向に合流すると、その傾向がラディカルなものになる可能性もある。この痛ましい経験に先立って、個人とひとつの集合的アイデンティティとの関連づけが存在していなければ、また存在しても微弱であるなら、そこから抜け出すチャンスも小さくなる。集塊の個人主義の袋小路から脱するのに、個人はむなしくアイデンティティのもたらす目印を自らに与え、自らの行動を意味づけようと努めるよりも、むしろ計算、戦略、手段主義的行為を展開しようとするだろう。ここで行為者は非行の誘惑を受け、これを職業化することもある。非行の人生に乗り出し、結局、いっさいのアイデンティティから遠ざかることになるだろう。場合によっては、レイシズムが負わせるアイデンティティだけが例外となるだろうが。その非行が処罰される状況、とくに刑務所での経験が原因で、ますます非行に走るケースもある。

ここにはたらく論理は、非行を生じさせるとともに増幅する論理であり、一九六〇年代にレイベリングと呼ばれた論理である。つまり、行為者を逸脱行動のなかに閉じ込める、スティグマ化のレッテル貼りなのだ。けれどもまた、個人がまったく別の道をたどることもある。それは保護を求めることであり、そこでは望まれる主要な接近法は社会的援助、すなわち福祉国家であるか、また専門的制度に対するクライエンテリズムによることもある。これらの解決策は、集合的アイデンティティがもたらす目印の追求を不確かなものにする。

その場合、社会政策の責任者にとって、つぎのような逆説が避けられなくなる。貧困を認めることは、アイデンティティの積極的原理を貧困者に付与し、その自尊心の全面的喪失を避けるというかたちで、彼らに特有の文化を認めることを意味しないだろうか。だが、この貧困者の文化を承認すると、彼らを貧困のなかに閉じ込め、そこから脱するのをむずかしくしないだろうか。このように、民主主義のなかで貧困は、それが若干の特殊な性格をもった集団を形成する可能性があるときには、特殊な問題を生み出す。オスカー・ルイスは、二つのプエルトリコ人家族に関する有名な研究のなかで、貧困の普遍的文化を規定する約四〇の特徴をあげさえし、この文化をエスニシティによって伝えられる文化よりも強力だとしている[16]。ここで、一九九〇年代半ば以降、ナンシー・フレイザーが論じてきた矛盾する要求に関する特異な弁証法がくりひろげられる。というのも、それらの要求は、一方で（固有の特性をもった個人やその集団の）承認の要求と、他方の社会的再配分（それは理論上、集団を結びつけていた諸特性の消滅にいたるはずである）の要求からなっているからである[17]。

一般的にいって、今日、個人として社会に参加するということは、しだいに既定の規範や役割への同調を求められることではなくなりつつある。支配的価値は何よりもフレキシビリティという価値であり、リスク、複雑性、不確実性、絶えざるコミュニケーションの可能性の受容であり、さらには地理的移動、職業、職場、企業の変更の能力という価値である。そうなると、およそアイデンティティの原理との対立にいたるのは自律、自由、個人的責任を渇望する主体だけでなく、近代生活への参加を期待する個人もそうである。それは、忘れてはならないつぎのような理由による。すなわち、アイデンティティは、今日のさまざまな支配的価値に反するような一定の安定性や堅実性、忠誠を意味しており、これらによって固定化される世界では、将来が比較的予測可能で、少なくともひとつの意味をもち、絶えず変わることのないさまざまな価値によって行為が方向づけられる。ここでわれわれは、リチャード・セネットの観察を文化的差異の問題へと拡大することができる。この社会学者にとって現代資本主義は、賃金生活者に不確実性と柔軟性からなる世界に適応するよう要求し、労働の外で、たとえば家族や子どもの教育において、彼らが価値づけている状態にあるものとの葛藤を引き起こしている[18]。

市場、グローバル化した経済、テクノロジー、そして科学などの判断力は個人主義を養い、個人主義は、アイデンティティや文化的価値が運ぶ諸要求には簡単には折りあわない。アラン・トゥレーヌが最近の一連の著作で強調しているように[19]、まさにここにも今日的近代の大きな問題がある。

厳密な意味での社会生活が価値の不統合によって支配され、諸制度が自分たちを引き受け、古典的な秩序や社会化の機能を安定させるようにうまく作用せず、無力になっているという感情に支配されている人びとがいる。彼らにとってアイデンティティの問題は、われわれが「第一次的」と呼んだ所属の存在のところで止まっている。この所属が弱く、解体状態にあると、個人は生きていくうえで必要な象徴的・実践的資源を見いだす機会を限定されてしまい、未来に向けて自らを保護し「第二次的」アイデンティティに参加することがむずかしくなる。このアイデンティティは単に再生産されるのではなく、構築されているのであり、その生産には個人が貢献しているだろう。だからこそ、貧困とコミュニティ規範の破壊が結びついている多くの状況（たとえば、移民出自の人びとの状況）においては、もっとも強いアイデンティティの可能性は領域的なものであり、ある街区、団地、都市地区に限定される。そこにさまざまなグループ、さらにはギャングが形成され、彼らに固有のサブカルチャーを生み出すのだが、これは非行、犯罪、または名誉や尊敬の追求という価値以外に、これといった強い準拠対象をもたない。これといった創造性のみられない、街頭のサブカルチャーといったところである。

ここでは大いに慎重になり、あまり性急な評価には警戒しなければならない。そうした評価は、少なくとも二つの誤りをみちびく可能性がある。第一は、ひとつの文化的アイデンティティを過大評価し、明らかに行為者をより特徴づける一方で、無視されているか、あまり認識されない他のアイデンティティを見過ごしてしまう点である。この点、フランスでは、クレール・シフが示すように、通念に反して、庶民的な郊外に生きる移民の出自の青年たちは、民族的・宗教的であるよりも若者的なのである。特有の文化が存在してはいるが、それは世間で一般に言われているようなものではない[20]。

第二の誤りは、行為の文化的・社会的次元に気づかず、危機とかアノミーの単純化したイメージにこれを還元してしまうものである。たとえば、のちに社会学の古典『ストリート・コーナー・ソサエティ』となった博士論文の審査をウィリアム・フット・ホワイトが受けたとき、彼はルイス・ワースからの「もっとも激しい攻撃」に答えねばならなかった。それはワースが、ホワイトの研究したボストンのノースエンドの街区については「社会解体」のことしか聞きたくなかったからだ、とホワイトは語っている[21]。いわゆるシカゴ学派のもっとも高名な人物のひとりが社会解体や社会病理と結びついた危機の行為しか認めなかったところに、ホワイトは、イタリア系の強い文化的アイデンティティの浸透した社会関係によって構成される街区の生活の活気と濃密ぶりを見いだし、これを記述したのである。

しかし、出自の文化が失われ、破壊され、そのうえ脱社会化が顕著に見られるところでは、生きられた経験が、アイデンティティの目印がうまく配置されることができないような存在へと帰していることもまた事実である。個人的な統合不全や社会化不全の経験が、とくに伝統的コミュニティの解体の経験と重なるとき、アイデンティティの再社会化が起こるチャンスはほとんどない。ただし、ソーシャルワーカーや政治運動家、NPOの活動家、宗教運動と結びついた聖職者など、外部からやってきた特定の行為者が異なるやり方で意志的に組織化を行なう場合は別で、これは庶民の居住地区のなかで行なわれたイスラーム系や福音教会系の運動にみるとおりである。この種の状況に出遭った個人のなかには、具体的目標を達成するために、打算に頼る手段主義的戦略を展開する誘惑にかられる者もいることが確認されている。あるいは少なくとも、アーヴィング・ゴッフマンの言葉を使えば、外見を保ち、「体面」

を守ろうと努める。[22]この言葉は、行為者が尊敬や尊厳を訴えて、自分が受けたと感じ、内面化した恥や侮蔑をこうむるのをこばむときに、行為者自身が用いるものでもある。

コミットメントと解放の狭間にある主体

「差異の三角形」の第三の頂点をなす主体にもまた、問題がないわけではない。主体性は、第一に生存の要求であり、解放の必要であり、コントロール不可能な要素が侵入してくることの拒否である。つまり、おそらく何にも増して、人格と肉体の自律性の主張であろう。これはアラン・トゥレーヌが強く指摘したとおりである。ところが、こうした主張は、必然的にアイデンティティとのあいだに両義的でどっちつかずの関係を保つことになる。というのは、ひとつには、主体は自らを構築するのに、ひとつの集合的アイデンティティに準拠する必要に迫られることがあるからである。しかし他方、主体がそれをなしうるのは、集合的アイデンティティから距離をとることができ、自らが弱体化し解消してしまうほどに同一化を強いられないようにする、という条件下においてのみである。主体は、人格の自省性を意味するが、そこには自分自身との関係も含まれる。それゆえ、主体が前提とするのは自分自身の選択を距離化する能力であり、そこには文化的特殊主義への同一化につながるような選択も含まれる。自分の存在をある程度コントロールすることなしに、主体というものを考えることはできない。

アイデンティティが原因となって個人が疎外されることが起きないようにするためには、また、アイデンティティが民主的生活において一定の位置を占め、当のアイデンティティに属する成員が共同体の一般的生活に参加できるようになるためには、そのアイデンティティが個人的な主体を尊重したものでなければならない。さらに、アイデンティティの発達の出発点となるのは、しだいに主観的となる選択であり、また人びとの行なう決定である。これらの人びとは、アイデンティティに一体化して、そこにダイナミズムの一部をもたらしている。と同時に、アイデンティティは主体を否定するという傾向を内包している。主体は、押しつぶされたくなければ、ある集合的存在への同一化から距離をとることになるが、そうなると、こんどはいかなる拘束も受けない自由電子のように、記憶も、時間と空間のなかでの位置も失い、社会的真空のなかに迷い込む恐れがある。破壊、存在の不可能、意味の喪失の危険にさらされる場合もある。主体は自らを構築するため、個人的・集合的アイデンティティと関係をもたねばならず、これと並行して、人格の解放と自律化の力を維持するか、獲得しなければならない。

　絶えざる逆説がある。主体はもっぱら区別、自省性、批判、黙想として、つまりアイデンティティが提供するものの反対物として存在する。だが、主体が存在し、自らを構成し、表現するうえで必要になる好条件は、アイデンティティのみによってもたらされることが多い。この問題を集合的アイデンティティの観点、または主体の観点から考えると、そこに構造的緊張があることがわかる。ところがこの矛盾は、若干のケースで起こるように、暴力へとなだれ込むことでは解決できないのは明らかだ。ファラード・コスロカヴァールの語るバシージ〔bassidjes。狂信的な若者のイスラーム主義義勇兵〕の自殺が好例である。死に至る確率が高いにもかかわらず、志願してイラクの戦線に赴く若者たちは、イスラーミストであると同時にイラン人であるというアイデンティティと不可分の主観的企図の達成をめざし、暴力による強引な自分の自己実現とアイデンティティ表出をめざすのである[23]。彼らの態度は、事実上の自己破壊、つまり反主体化と紙一重の一種の超主体化を示している。この融解的な行為は、アイデンティティと主体を渾然一体化し、意味の過剰または過熱というイメージをもたらす。あるいは反対に、人がアイデンティティのほうに逃げ込み、アイデンティティに服従して主体を失い、集団の法に自らをゆだねてしまったり、アイデンティティなき主体に走り、たとえば純然たる個人的な創造性に向かったりする場合もある。

差別されたアイデンティティ、または独裁権力の犠牲によって定義された主体は、より強く「ノー」と言う力をそなえている。たとえば反ユダヤ主義との闘争は、行為者たちが個人や民主主義の原子としてだけでなく、その集合としての存在が攻撃されているユダヤ人として結集できるだけに、いっそうの力をもつだろう。けれどもユダヤ人アイデンティティ自体が、これに属する人びとに法を課し、主体の自己表現を抑えるところまで行く可能性もある。その場合、ふたたび矛盾におちいる。まさにここに、いっさいの反差別闘争の政治にとっての重要な論点がある。すなわち、差別の犠牲者が集合的・文化的アイデンティティ、または人種によって自然化されたアイデンティティによって規定されていると行動において認知されれば、その行動において、犠牲者をアイデンティティに属する者として励ましたり、保護したりすることをめざす措置がとられることもある。だが、そうなると、これまた一個のスティグマであるカテゴリー化を認めるリスクを負う。反対に、もし行動が個人しか認めたくないとするなら、このリスクはまぬがれるが、しかし、成員にとってはひとつの象徴資源でもあった承認の論理を手放すことになる。

差異の布置連関

実際のところ、行為者の経験は絶えず差異の理論的三角形からは遠ざかっており、彼らの行為は多少ともそこから距離をとっている。そしてある段階を過ぎると、彼らの経験が直接に理論的三角形のイメージに対応するとか、後者が前者に適切な解明を与えてくれるとはもはや考えられなくなる。そうなると、人や集団が、三角形の主要な三つの構成要素を、たとえきわめていい加減なかたちであっても、区別して使い分けているという考えから出発することは不自然となる。これを突きつめるなら、もはや「行為者」について語らないほうがよいのかもしれない。とはいえ、分析という点からみると、三角形の内部での行為者の調和的な移動を多少ともむずかしくする二つの主要な変容の型を示し、それを考慮に入れた連関図を提示すれば、差異の三角形の原理は無意味というわけではない。

実際、一方で、分析において、ある種の構造解体の形式を認めることを学ばなければならない。そのひとつは基礎的なものであり、そこでは、行為者の観点からして三角形の諸要素は切り離され、分離したものとして現われている。他の構造解体の形式はもっと複雑なもので、そこでは、あいかわらず一個の三角形のかたちはとどめているものの、それは特異な変形を受け、たわんだ空間をなして、沈下し、劣化していく。他方、その分析においては、これら分裂ないしたわみをもった形式を、その他の形式から区別しなければならない。その他の形式とは、反対に融合した形式であって、そこでは三角形の構成要素は、それらの反対物へと反転している。その場合、この三角形のイメージを、全体主義的ないし党派的な型の現象の特徴である未分化のイメージに置き換える必要があろう。

基礎的な構造解体

この基礎的な配置図のなかでは、人は、三角形の頂点の三つのうち、ただひとつの頂点上で反転したりするが、そこに落ち着いていき、ほかの二つの頂点は手つかずにおくが、だからといって自分が定着した極の論理を歪めることもない。ここでは、三つの様式を、つぎの三つの場合に応じて考察する。人が、アイデンティティへのいっさいの準拠から切り離された主観性と純然たる創造性に拠っている場合と、自分の生計を立てること、市民として近代生活に参加することとそれのみを欲する一個人となっていく場合と、さらには、自らの期待と命令に適応するという関心をもっぱらにし、特定のアイデンティティに閉じこもるという場合である。より複雑な姿をとる、おそらく構造解体を示す可能性がもっとも低いケースでは、三角形の三つの極は二つずつ結びつく。

たとえば、ある人間が、個人として近代生活に参加したい、消費、雇用、金銭などに接近したいと欲しながら、同時に、強い共同体所属も維持するとしよう。ある者はニューカマーの移民と結びついたアイデンティティと、強力な社会移動、すなわち経済的・政治的ネットワークへのダイナミックな参入を結びつけるかもしれない。ほかの可能性としては、アイデンティティから自由になり、創造的主体性と近代生活参加の個人主義とを結びつけるかもしれない。あるいはまた、市場の個人主義と縁を切りながら、主体性とアイデンティティを結びつける人もいるかもしれない。では、差異のこれらの基本的形式が孤立したり、二つずつ結びつくときには、その形式はいったいそのままのかたちで長期に維持されうるのだろうか。

実際には、それらの分離は代償、欠如、欠損であり、したがってその人は分離によって内省を求められ、そうなると以前の状態に戻ることがないのである。内向きに閉ざされたアイデンティティは不寛容、原理主義、集団の法への個人の服従につながるが、この点については後で触れる。不満の状態において、参加の近代的個人主義は欲求不満、不安、さらにはうつ状態を生み出す。満足の状態において、近代的個人主義は、アラン・エーレンベルク流にいえば、「パフォーマンス信仰」[24]と場合によっては自己憎悪を強める冷笑的な態度、捨て去ったアイデンティティに対する恥と裏切りの感情を生み出す。いわば純粋主体性であり、非社会化され、文化的碇泊点ももたず、ナルシシズムを生み出すのだ。最初から集合的アイデンティティが放棄されているだけに、ナルシシズムの発生は目に見えている。一九七〇年代末、クリストファー・ラシュはこう説明した。「新時代のナルシスは［……］不安に付きまとわれ［……］、生に意味を求める。過去への執着からは解き放たれ、自分の固有存在の現実性を疑うようになる［……］。その欲望が際限のないものであるかぎり［……］、新時代のナルシスは貪欲で、満たされない絶えざる不充足の状態のなかにあって即座の満足を求めている。ナルシスが未来を気にかけない理由のひとつは、彼が過去にほとんど関心をもたないためでもある」[25]。純粋主体性はまた、個人を意気消沈させることもある。個人は規範も超越的なものもない世界に自分を見いだし、その存在の意味を自分自身で生み出すことができるほどの高みに達することができないでいる。

沈　下

人が差異の三角形の各構成要素を引き受けるのに困難をきたすと、差異の三角形は途端に歪んでいく。このような悪化がどのように表われるのかについて、オーストラリア人の研究者ケヴィン・マクドナルド[26]が、フランソワ・デュベの研究[27]を大いに参照しながら示している。マクドナルドによれば、都市化されたアボリジニや大都市で周辺化された若者などは、本章でみた三角形に相当する空間のなかを移動し、そこで明確に定められた態度や振る舞いをするうえで大変な困難を抱えている。行為者は承認を得るために闘いを行なうが、承認の獲得は明らかにほぼ不可能であり、行為者は非行と模範的行為、暴力への誘惑と非暴力の主張のあいだを揺れ動いている。行為者はタギングや落書きといったサブカルチャーを実践する。

こうした実践は、行為者にいくらかの主体性の空間をもたらす。しかし行為者は、薬物常用のなかで身をもち崩してしまう。身体性を大いに重視し、文化的または民族的アイデンティティを表出しようとするが、周辺化のなかでの自己解体や自己喪失にはほとんど抵抗できない。いまや古典となっているある本のなかでディック・ヘブディジ[28]が述べるように、行為者は自己破壊か、可視性、それも「スタイル」の可視性の追求かのあいだで逡巡する。あるいは、「体面」をつくろうためにしばしば大変な努力をすることになる。貧困が巨大な役割を演じるサブカルチャーの文化的特性を表出することと、貧困からの脱出を望み、結果的に先の文化的特性を貶価してしまうことのあいだで引き裂かれ、自らを方向づけるのに困難をきたしている。

これら行為者たちは、単次元的に規定されているのではなく、依然として差異の空間のなかで移動してはいる。しかし、この移動は壁にぶつかる。行為者が移動するこの空間は、フランソワ・デュベが「ガレール」(29)〔galère の原義はガレー船。苦役、過酷な状況などを意味する〕の研究のなかで描いたものと近い、痛々しい悲惨な広がりをなしている。ここでの行動の諸形式は、過酷な循環のイメージをなしていて、人は一定の保護の要求と、個人的問題への閉じこもりの二つのあいだを揺れ動いている。そして不満を抱え、非行に走ったり、冷笑的になり、それが無目的の暴力に行き着くこともある。だからといって彼らの経験は、もはや破壊と自己破壊しかない状態に行き着くような、純然たる否定の経験というわけではない。それは、主体の表出の次元、ある集合的アイデンティティを承認させ、象徴的または実践的資源をそこに見いだすための努力の次元を含んでいる。そして、きわめて限られてはいるが、近代生活への参加の計算と戦略を展開する能力も排除されていない。「ガレール」にみられるような行動によって、「差異の三角形」は変質をこうむり、変形され、壊れんばかりになる。しかしながら、行為者の地平からこの三角形が完全になくなるわけでもない。

ヒップホップ文化の目を見張るばかりの隆盛(30)もまた、つねに解体する恐れのあるこの三角形に照らして読み解くことができる。とりわけアメリカのヒップホップの隆盛は、文化産業の影響によって多少とも弱まり歪んだ民族的・人種的な承認要求と切り離せない関係にあるといえる。それにひきかえ、フランスでは、ヒップホップの主体的・芸術的な次元が、社会批判の次元やレイシズムの糾弾の次元と結びついている。その一方で、ヒップホップが、市場および金銭へのアクセスの欲望によって強く特徴づけられるのも確かである。

「差異の三角形」の解体、あるいは、それほど極端ではない沈下は、行動の異なる諸要素を表わす三つの頂点のあいだに、ある程度の距離を拡大させないまでも維持するのである。そこでは、集合的アイデンティティはいかなるかたちであっても、近代生活への個人主義的参加とは、まして主体とは混淆することはない。けれども、それ以外のプロセスがはるかに深い影響を「差異の三角形」の頂点の各々におよぼし、諸領域の分化を抑えるのである。これらのプロセスは、その一構成要素であるアイデンティティを出発点にして検討されなければならない。

実際、いまから取り扱おうとする現象は、すべてが完全に内向きになり、主体を追いつめ、諸個人の意識を統制しようとするようなひとつのアイデンティティから生じている。ここでアイデンティティは均質であることが要求される。こうしたアイデンティティを代表する聖職者、知識人、カリスマ的指導者、高級官僚といった人びとは内的純粋性を求めて行動し、それが文化的・生物学的特殊性という形式のもとに、アイデンティティを変質させると映る可能性のあるものをすべて放逐することにつながる。この場合、外部世界は脅威や危険とみなされ、そこから還元不可能な距離をとることが重要とされる。外部世界からアイデンティティを守らなければならないし、そのためには、場合によっては反撃をしかけなければならない。

これらの融解と転移メカニズムがはたらいて、アイデンティティがすべてを引き受けるわけだが、このメカニズムによって、個人的主体は単に沈黙を求められ、姿を隠すよう求められ、集団の法への従属や法への一体化が求められるだけではない。個人的主体はまた、このメカニズムによって反主体の姿勢をとるために自らを逆転させるよううながされることもある。このような場合、人は受動的にはならず、主体の否定の刻印をおびた積極的なもろもろの行動をとる。議論や交渉が可能で、少なくとも、対立を含みつつも一定の関係を保つことが可能だった「相手」は「敵」となり、「彼ら」と「われわれ」のあいだにはもはや何の共通要素もなくなる。暴力は、犠牲者を非人間化して扱うという残酷さに充ちている。反主体にとって、他者性をなすものはすべて破壊されなければならない。さらに、被告たちが犯してもいない犯罪の自白をしなければならなかったあの大規模なスターリン裁判と同じように、他者が自滅するように仕向けなければならないのである。外界とのいっさいの関係は断たれ、最悪の場合、ずたずたに破壊される。カルト宗教においては、家族関係や愛情関係はカルト集団内部では認められ組織されているが、それ以外の関係、つまり外部との関係は禁止されている。それどころか、このような関係は反主体の行動をとるリーダーの指揮下で、またはセクトの影響下にある人びとがこうした志向を内面化し、自己放棄することによって穢されるのだった。

最後に、（ナショナルな、宗教的な、等々の）集合的アイデンティティにもとづいて行なわれる逆転では、近代生活への参加は必ずしもとりやめられない。むしろ、集団の拡大や防衛に役立つよう近代生活を利用していくのに、金銭を使うにせよ、科学やテクノロジーを用いるにせよ、それは厳密に手段的次元に限られ、権力を行使する者たちの統制にしたがうかたちで行なわれる。文化的差異はつねにこうした融解のリスクをはらんでいる。融解によって、差異を構成する諸要素が混淆し、それに加えていくつかの異議申し立て運動に見られるような教条主義やセクト主義、原理主義、政治権力や国家自体がこの種の論理に吸収されると、全体主義へと行き着いてしまう。

しかし、ここで述べたような逆転の諸形式は、極端なものであるということを付け加えておこう。これらの現象をより十分に検討するには、おそらく、逆転がそれほど劇的なかたちではなく疎外に終わっているような様態を考慮に入れるべきだろう。たとえば逆転が、ある種の同調主義の形式につきものの批判精神の放棄につながるような場合などである。

第8章　文化、アイデンティティ、記憶

記憶は久しく純粋に哲学的ないし心理学的関心事として現われ、これに対し、ある社会のなかの文化について語る際には、とくに高級文化、すなわち文学や美術を愛でることのできるエリートのそれを指していた。(1) やがて、文化は民衆的でもありうるという観念が登場し、とりわけカルチュラル・スタディーズの陣営で、重要な観念と研究の運動が鼓舞されるまでになっている。アイデンティティの観念はしだいに成功を博していき、しばしば文化の観念と結びつけられている。運動が固有文化を前面に押し出すのと時を同じくして、一九六〇年代以降多くの行為者が、彼らの集合的アイデンティティを歴史のなかに、つまり、そこから排除され周辺化されたと彼らが考える歴史のなかに位置づけようという関心を表明してきた。以来、敗者や被支配者の記憶の名において、公許の歴史または単にアカデミックな歴史に対し、勝者と支配者の歴史に対し、異議申し立てを企ててきた。しかし、それが、彼らの準拠集団の文化と集合生活への貢献という名においてなされてきたことも確かである。(2)

こうすることで、またよく職業的歴史家と協働して、彼らは、自らのアイデンティティ感情をしばし

ば強烈である過去および未来への関わりによって満たしている。これまで本書のなかであげたもろもろの文化運動は、記憶と歴史へのそうした感受性を程度の差はあれ共有している。

個人的でも集合的でもあるアイデンティティと記憶、この両者はしだいに切り離せないテーマになってきた。その結びつけはなるほど新しいものではなく、たとえばジョン・ロックの諸前提(3)のなかにもうかがえる。しかし、これが社会科学のなかで一般化し、以来、現代の哲学者や歴史家ばかりでなく、人類学者にも現われるまでになるのは、最近になってからのことである。アイデンティティは、記憶があってこそ成立しうる。そこで、人類学者のイサーク・チヴァは、アイデンティティを「われわれの各々がもつ、変動、危機、断絶を通じても連続性を意識しつづける能力」と定義する(4)。それに対し、哲学者ポール・リクールにとっては、アイデンティティを語ることは、「時間を通しての自己の維持(5)」について語ることにほかならない。他方、フィリップ・ジュタールは、記憶とは「アイデンティティの力」であると考え、ジョエル・カンドーは、記憶とアイデンティティの関係に全面的にあてられた著書のなかで、「記憶は、アイデンティティの構築に先行するもので、『物狂おしい、個人的でも集合的でもある』その探求の重要な要素のひとつをなしている(6)」とする。この民族学者が付言するには、その目からみて「記憶とアイデンティティは相互に浸透しあっている。両者は、その出現から避けがたい解消にいたるまで分離できず、互いに強めあっている。記憶なしにはアイデンティティの探求もない。逆に、記憶の探求は、少なくとも個人的なあるアイデンティティ感情をともなう(7)」。

けれども、強力な記憶は強力なアイデンティティに、また記憶の不在は弱いアイデンティティに自動的に結びつく、といった皮相な観念から右の主張を拡大することには、慎重でありたい。両カテゴリー間にはたらく関係は、いうまでもなくもっと複雑であり、それほど単線的ではない。たとえば、記憶は、ある場合には、またある点ではたしかにアイデンティティ感情を強めるのに貢献する。ジョエル・カンドーはこの点をみごとにとらえている。「実存的全体化にほかならぬこの記憶という行為がしっかりした標識をもつとき、強力な、たくましい、しばしば一枚岩的な、組織する記憶が登場し、たとえば、集団による一個の共通の出自または歴史の分有への信仰を強める。標識の希釈、目標の混乱、見通しの不透明化が起こると、組織する記憶は登場するにいたらないか、弱々しいものにとどまる。この場合、分有の幻想はあえなく破れ、全般的な幻滅の進行に力を貸す。前者はそれ自体で確固とした、力強い、揺るぎない、濃密なアイデンティティをともなうが、後者は不安な、壊れやすい、弱々しい断片化したアイデンティティをともなう(8)」。そうでないケースでは、記憶はアイデンティティへの障害として機能したり、これを弱めたりすることがあり、その場合、反対方向に影響をおよぼすことになる。

実際には、アイデンティティが形成され、表出され、持続されるためには、忘却、健忘をも必要とする。これはナショナル・アイデンティティにとくにあてはまり、エルネスト・ルナンが国民についてのあの有名な講演で主張したとおりである。「忘却、また歴史的錯誤ですら、ひとつの国民の創出の重要な要因のひとつになると私はあえて言いたい(9)」。ルナンは説く。国民とは一体性の原理を含意するものであり、それだけに、成員たちは、国民を引き裂き、その形成を支配し、想起されればその統合を脅かしつづけずにはいないような暴力の生きた思い出のなかで絶え間なく議論する、ということがあってはならない。もしそれら恐怖、虐殺、流血を当事者たちが乗り越えなかったなら、ルナンによれば国民を定義するものである、かの「日々の人民投票」のなかで、果たして共生は可能だろうか。「忘れられるということは、万人にとってよいことなのだ」と彼は付言する。ここに逆説が生じる。集合的アイデンティティは、ここで自らを確立するため、一般に暴力とは切り離せないような発祥の一時点、ひとつの出自、創始のエピソードを必要とする。そうだとしても、国民の自らに対する回顧的まなざしからして、その時点は、少なくとも集合的服喪の活動が行なわれなかったかぎり、より暴力的であることを意味したものから取り除かれなければならない。

ある集合的アイデンティティ、とりわけナショナル・アイデンティティを生じさせるには、血と暴力が必要で、それまで存在したアイデンティティの従属化または破壊も必要である。次いで、押しつけられる新しいアイデンティティは、その流儀で歴史を再構築するわけで、自身で自らに与えたいイメージを満たさない要素を含む物語は棄て去ろうとする。そこで、国民的物語は、建国のある側面全体を空白にするような、またはあまりに部分的であるため神秘的になってしまうような一ヴァージョンをかかげることにもなる。なお、一国民の創始は必ずしも純粋な出発点ではなく、むしろ一個の移行ないし変動を現わしていることもある。逆説中の逆説であるが、国民的物語が、建国者にまつわるとりわけ酷薄なエピソードを維持していることも少なくない。たとえば、現代アルゼンチンの国民的物語は、ヨーロッパからの移民による、国の先住者であるインディオたちの全面的殺戮に一定のスペースを割いている。しかし、このジェノサイドを認めることにより、歴史は同時に、白人人種の純粋イメージを傷つけるであろう混淆と混血の仮説をしりぞけてもいるのだ[10]。

ナショナルな歴史物語をみてみると、忘却、さらには大々的な忘却によって、ひとつのアイデンティティが基礎づけられうることがわかる。極端にいえば、集合的アイデンティティの形成の時点から、またはその存在の決定的局面を通して、すでに忘却が計画済みであることもある。けれども、いまナショナル・アイデンティティについてそれが忘却を含意しているかぎりで述べたことは、一般化されてはならないだろうか。ニーチェが『反時代的考察』第二で「一個人、一民族、一文明の健康のためには、歴史的要素と非歴史的要素がひとしく要求される(11)」と書いたとき、彼はこのことを述べている。

歴史的忘却が勝者や支配者の論理を反映している以上、これをとくに重要な特徴とみてはならないだろうか。というのも、集合的アイデンティティが異議を申し立て、その承認を要求するとき、それはまた、当のアイデンティティを歴史の犠牲者としてしまった忘却と無視を糾弾するためでもあるからである。定着した、支配的な、政治権力と結びついたアイデンティティについてのこうした考察から、異議申し立てを含む被支配的アイデンティティにも適用できると称する、一般的すぎるなんらかの法則をみちびくことには用心したい。その場合、忘却が生じるとしても、それは、権力や支配や歴史的共同体の統合の保証機能と結びついた機能的要求の結果であるとはいえないからである。むしろそれは、まさしくその徴《しるし》をおびた解体作用から生じる。たとえば、フランスで近代の経済とジャコバン的中央集権が旧い地域アイデンティティを圧しつぶすとき、そのことの忘却は喪失と符合するのであり、記憶喪失は、これら地域アイデンティティを構成していた集合的存在の消滅を告げている。

記憶とアイデンティティの関係は、単一のモデルに対応するものではない。両者の関係は、互いに依存しあう特定要因だけではなく、その外部にある要因、つまりより一般的な社会的変化にもとづいているだけに、いっそう複雑となる。

記憶と主体

記憶が、集合的アイデンティティから切り離せないようにみえ、しばしば後者の動員と異議申し立てをともない、差異の不可分の一部をなしているのは、記憶と例の三つの構成要素〔集合的アイデンティティ、近代個人主義、主体〕のうちのひとつとのあいだに密接な関係が取り結ばれているからである。そのひとつとは、主体である。

記憶と主体性

よく個人的記憶は、社会に、さらには個人の属している集団になんら関連づけられることなく考えられている。人びとは好んで、記憶を個人に帰せられるもの、つまり、当人のパーソナリティをよりよく規定するものを基礎づけるものと考える。というわけで、ジャン＝イヴ・タディエとマルク・タディエにとっては、「記憶の機能は、かつて存在し、引きつづき存在している独自存在としてわれわれを認識させるのを可能にすることにある。われわれの人格を統一しているのは、われわれの記憶なのだ[12]」。とくに重要な点だと思われるが、二人の著者はこう明言する。「記憶は、それなしには大いなる空虚と映じるであろうわれわれの過去にとどまっているものを、現在に連れ戻すことを役割とする〔……〕。けれども、そのもっとも重要な機能は、未来を用意することにある。それがなかったなら、われわれは未来を一個の『大いなる空隙』として恐れることになろう[13]」。そして著者たちは、記憶とは「思い出の貯水池ではなく」、むしろ「絶えざる変動のなかにあるダイナミックな一機能[14]」、それが「おそらくほかにも増して感情的、想像的であるような」一機能である、と付言している。

これらの所見は、およそ記憶とは「何よりも行為であり、投影であり、ダイナミズムであり、再構築である[15]」といった観念のように、アンリ・ベルクソンから大いに霊感を得ている。しかし、それらがここで興味を呼ぶのは、なにかしら生命主義といったものに言及しているからではない。むしろ、記憶と主体性とのつながりを示唆しているからであり、記憶を創造性および変動と結びつけているからであり、記憶をもっぱら再生産の側面ばかりではなく、アイデンティティの主観的生産の側面をも位置づけているからである。

さらにジャン゠イヴ・タディエとマルク・タディエは指摘する。「記憶は行動であり、思い出は再構築されたものであり」、記憶は「われわれの生に意味を付与し」、「われわれの想起と忘却の獲得の、変容の、回収の志向性をなし」、「われわれの感覚、知覚、それらの解釈の選択を支配する原初的メカニズム」をなしている[16]。こうした見方は、きわめて直接的に記憶と個人的主体性を結びつけていて、集合的アイデンティティと記憶が取り結ぶ関係についての別の仮説への道を開いている。すでにみたように、差異を持ち出し要求する行為者は、アイデンティティの原理と、それ自体時間への関係、想起と忘却の能力を必ず含んでいる主体性とを結びつけながら、集合アイデンティティにしたがって、行動を起こす。その場合、行為者に生じる困難といえば、緊張の支配するなか、アイデンティティの安定性の論理と、自己実現および創造性または想像力の論理をどのように結びつけるかにあろう。まさにこの緊張のなかで、記憶が作用し、ポール・リクールが主著『記憶、歴史、忘却』のなかで言うように、同一性《メームテ》と自己性《イプセイテ》——筆者の語彙では、アイデンティティにおける再生産と主体性——のあいだの複雑なゲームにもとづく、時間のなかでの自己の維持が行なわれるのだ。

この段階にいたって、われわれは、それ自体一個の並行関係に基礎づけられたひとつの仮説をスケッチできる状態になった。少なくともいくつかのケースでは、主体の形成の条件のひとつは、たとえばスティグマの逆転のもとでの否定の清算や禁止の撤回であり、それと同様、この条件の変形や補完物は、公許の歴史を拒否するという決定のうちにも見いだされる。この拒否は、公許の歴史が生きられた過去や個人的な生の軌跡の否定というかたちで示しているものに向けられるが、それだけでなく、一集団が生きたかたちで保ち、意識にのぼせることを可能にしている諸要素を歪曲することにも向けられる。主体がつくられるうえで、記憶がおおやけに語られる言葉になる瞬間はたしかに決定的に重要である。主体は、この単純な表現と、場合によっては必要となる語るための勇気によって、沈黙と訣別し、無関心、支配、さらには疎外という強力な次元を含んでいた忘却に終止符を打つ。

以来、歴史が権力や秩序のウルガータ〔公式書と認知されたラテン語訳聖書、転じて公許の説や解釈〕であることをやめ、新しい視野に対して開かれるように要求することで、主体が生じ、主体はさまざまな要求をもつことになる。こうした意味で、陽の目を見る記憶は、自由ならびに行為者の意図性を介入させることになる。また、タディエの言うつぎのことを、われわれはある程度肯定できる。「記憶とは、その機能のあらゆるレヴェルで多分に意図的であっても、自由の空間をなしている。意図して行動するとは、自由に行動することなのだ。自由とはいくつかの可能性のうちから選択を行なうことだとすれば、この選択において記憶は重要なひとつの役割を演じる(17)」。

とはいえ、記憶をこれら解放と自由のイメージに還元するのは、単純化のしすぎである。なぜなら、ひとつには、ポール・リクールが示すように、記憶の「濫用」というものがあるからで、記憶は過剰または欠如によってさまたげられ、過ちを犯し、その場合には病理的な形態をおびる。また、権力保有者によって操作され、「記憶共有の熱狂」、「記憶崇拝」をはぐくみ、やがて「未来への照準や、終末や道徳的争点の問題とともに」徐々に消し去られていく。他方、記憶は「いわゆる義務としての記憶(18)」につながっている。ということは、記憶はつねに、主体の自由を否定する差し止め命令として機能するかもしれないということである。このはたらきは、もちろん唯一可能な作用というわけではないが、成員たちが批判精神を欠いて受け入れてしまう恐れのあるような追憶物語の一ヴァージョンを称揚し、差異それ自体に影響を与えることもある。

一集団の集合的記憶の観点は、外部に向けられることもある。世論、メディア、知識人、あるいは政治的アクターに向け、多少とも威嚇的な圧力の形式をとり、集合的記憶を無条件に、すなわち歴史資料に照らすという手続きがもたらす距離化に頼らずに採用するよううながすこともある。これらの命令は、帰するところ、当該の集団の外にいる者に、思考と意見形成の自由、すなわち主体の誕生の条件そのものである自由をこばむことになる。ここでは記憶は、アンドレ・マルロー後の表現をあえて用いるなら、反-記憶にほかならない。それは他者に単に正統な過去を認めることを巧みに禁じる、そうした過去を要求する反-主体の主張に限られるという意味である。そうなると、記憶は、民主的行為者のそれよりも、はるかに権威的ないし全体主義的な体制や、過激なナショナリズム運動や、党派的集団を特徴づけるものとなる。

それゆえ、記憶に主体というテーマを結びつけることが必要と思われるなら、この結びつきにはさまざまな形があることを視野に入れることが条件となる。記憶はどこにでもつねに主体のしるしを現わしていよう、などと考える単純さにおちいってはならないことも、その条件である。以上の指摘は、われわれを再度、ルナン式の忘却と国民というテーマに立ち帰らせる。国民にとって往々にして忘却が必要なのは、彼らの血のつながりの形成のために支払った人びとの記憶を消すためである。いいかえると、国民に同一化する主体は、そこに同時にアイデンティティと記憶を見いだすのであるが、しかし、彼は、犠牲者、敗者、場合によってはその子孫たちに記憶喪失、忘却、訴権の喪失を押しつけるような歴史の生産と流布の過程にも、意識的にか否か関与する。くりかえして言うと、歴史的主体もまた反−主体として行動することがあるのだ。また、同じ経験の流れのなかで同じアクターが一方から他方へと移行することもある。この現象は、一九五〇年代から六〇年代にかけての多くの民族解放闘争〔代表的のものは、一九五八年結成のアルジェリア民族解放戦線（ＦＬＮ）〕のなかに容易に観察される。その結成、次いで異議申し立ての段階で、これらの闘争は、集合的記憶を動員すると同時に、集合的かつ個人的な解放への希望を担ってもいた。ところが、目的を達した民族解放闘争の多くは、いくぶんとも権威的な権力を打ち立て、この権力は歴史を化石化し、民族的記憶のかなりの部分を排除した。そうでない部分については、主体の否定というかたちで機能させるにいたると同時に、これを神話化している。

集合的記憶と個人的記憶——モーリス・アルヴァックス

社会学者モーリス・アルヴァックスは、記憶の研究でパイオニア的役割を演じた。その役割はとくに

『記憶の社会的枠組み』と『集合的記憶』という二つの著作に現われている。ただし、これからみていくように、アルヴァクスがわれわれに役立つのはもっぱら、彼が初期の直感から遠ざかるようになってからであり、記憶の社会学の端緒をなした考察をわれわれが役立てることができるのは、われわれのなかでデュルケミスムを遠ざけることによってである。もっとも、アルヴァクス自身はデュルケミスムから完全に縁を切ったためしはない。

アルヴァクスによれば、「人が何かを記憶するのは、ひとつまたは複数の集団の観点に身を置き、ひとつまたは複数の集合的思考の潮流のなかに身を置くという条件のもとにおいてである」。エミール・デュルケムの強大な影響がその思考に及んでいて、それが彼を、力強い一個の観念に固執させた。すなわち、集合的記憶の存在こそが個人的記憶のはたらきを左右するだろうという観念である。というわけで、彼はこう主張する。「社会は、その記憶から、諸個人をわかっているであろうものすべてをしりぞけ、諸集団を互いに遠ざけるという傾向があり、各時代で社会はその記憶を、変化してやまない均衡の諸条件に合致させるかたちで修正する(19)」。この段階の考察では、この社会学者は、集合的なものと社会的なもの全体がその中心をなすと理解していて、記憶は現在にもとづいた過去の再構築であると考えている。その結果、およそベルクソン流の心理的個人主義からはきわめて遠いところに位置している。

アルヴァクスの当初の思考は全体論的《オーリスト》である。初期の彼にとって個人の記憶は、何よりも、集合的記憶の諸ヴァリエーションとみられていた。すなわち、その内部で人びとが個々の要素を理解しようとするであろう枠組みを形成する一個の全体のヴァリエーションというわけである。後にはもっとニュアンスに富んだ表現をするようになるが、かといって、その出発点のアプローチを問いなおすことはなかった。彼は言う。「そもそも集合的記憶は、その力と持続性を人びとすべての支持に負っているものから引き出しているが、それでも、記憶するのは集団の成員としての個人である。この共通の記憶の総体については、一方が他方をというように互いに支えあっているが、その各々においてもっとも強く現われるものは同じではない。だから、進んでこう言いたい。それぞれの個人的記憶は、集合的記憶への一観点をなしており、この観点は、私がそこで占める位置に応じて変わり、この位置自体も、私が別の環境とのあいだに取り結ぶ関係にしたがって変わるのだ。だから、同じ共通の道具をすべての者が同じように利用しないとしても、驚くにあたらない。けれども、この多様性を説明しようとするとき、人はつねに、すべてが社会的性質をもった諸影響の組み合わせに立ち帰る」[20]。アルヴァクスにとって、記憶は単に社会的性質の現象であるというだけではない。さらに、この現象の内では、集合的なものが個人的なものに、システムが行為者に優位している。

なお、とりわけマルセル・モースなど、古典期の多くの社会学者の例にもれず、アルヴァクスも社会と国民を真に区別しておらず、彼の目には、記憶の社会的枠組みは国民的枠組みでもある。彼は、一から他へ、社会的枠組みから国民的枠組みへと移り行く。「私が子どものころのことを思い出すとき、そこに見いだすかぎりでの幼児期の世界は、当然にこの近過去の歴史的研究が私に再構成を可能にしてくれる枠組みのなかに置き入れられていくが、それは、幼児期の世界がすでにその枠組みの刻印をおびていたからにほかならない［……］。私は、もはや存在の個人的性質やまったく別の時代にも起こりうるような状況によってではなく、今日的な国民的環境によって説明されるものを、両親の表情や時代の世相のなかで識別することを学んでいる」[21]。このように、彼は、社会的なものから個人的なものへ[22]、国民的なものないし歴史的なものから、もっぱら後からくる個人的なものに移行し、集合的記憶から個人的記憶を明瞭に区別するのをこばむまでになっている。その説明は言う。「自分の子どものころの思い出についても、かつてのわれわれの印象を再生産し、自分の家族、学校、友人などの狭い世界をまったく出ることのない個人的物語と、当時われわれの知ることのできなかった国民的諸事件しか含まない歴史的と呼ばれるであろう別の記憶を区別しないほうがよい［……］。われわれの記憶が拠るのは、学ばれた歴史ではなく、生きられた歴史なのだ。この場合、歴史とは、事件とその日付の編年的な継起ではなく、一時代を他の諸時代から区別させるものすべてを意味する。これについての書物や物語は一般に、ごく図式的で不完全な一覧表を示すにすぎない[23]」。

モーリス・アルヴァックスの思想は時代的限界を負っている。国民と社会のあいだに彼の仮定する対応関係は、この対応関係の弱体化のなかでこそ進む、ディアスポラ的ないしトランスナショナルなアイデンティティ現象を考える際、ほとんど助けにならない。そこでも記憶と歴史に重要な位置は与えられているが。とりわけ、彼のアプローチは、アイデンティティ、記憶、主体のカテゴリーのあいだの関連づけを容易にしてはくれない。ただし、その後期の著作で、アルヴァックスは個人的なものと集合的なものを関連づけようと努めてはいる。主体という観念を導入させてもほとんど不思議ではなかったこの努力は、議論の核心に触れている。事実、彼は、記憶が個々の主体にもたらす「ダイナミックな行動力」から社会システムを切り離すことは不可能である、と述べる。その枠組み抜きで記憶について考えるのも、記憶抜きで当の枠組みを考えることも、いいかえると個人的記憶における構成と再構成なしにこれを考えることも、不可能である、と。

アルヴァクスは、集合的記憶が根本から個人的記憶を支配するという観念に対して、決して大きくはないが、若干の距離をとるようになってから、両者の相互関係という問題を提起している。そうなると、彼の思考が一貫性をもっているかどうかが問われるだろう。このことにあてられている仕事が『集合的記憶』の校訂版のなかのジェラール・ナメールによる紹介文であり、それは、アルヴァクスにおける「認識論的逆倒」という観念に行き着いている。アルヴァクスは、本来のデュルケミスムから離れることになるが、それは、「記憶の流れによってもたらされる原動化を可能にするものは個人だから、個人から出発し、個人の重要性を再評価する(24)」というかたちによってである。というわけで、アルヴァクスは、システムの分析、枠組みへの全体論的な論及、そして個人的主体の分析の三者を調停しようと試みた、と認めるべきかもしれない。記憶とは個人的のものと集合的なものの交錯点であるという観念、そして集合的記憶は外部の諸記憶を包括しているが、ジェラール・ナメールに言わせれば、「他方、集合的記憶はその内的な一体性を織りなしている(25)」という観念、おそらくこうしたものが、個人的記憶と集合的記憶のなかへの国民史の浸透を説明するために着想された「歴史的記憶」という観念の果たす機能なのであろう。

その晩年の著作で、アルヴァクスは暗に、記憶について考察をめぐらすことは個人的主体、その自由、民主主義（最晩年のテクストに現われるテーマ）という観点と集合体の観点とを考慮に入れることであるとしている。そして、社会と個人のあいだの中間集団への関心を表明し、さらに個別集合的記憶の複数性——今日なら記憶の諸環境といわれるだろうが——を認めている。だが、そうだとしても、アルヴァクスはデュルケム的視点と縁を切ったためしはなく、これがシステムに関する社会学的分析の道をふさぎ、彼を、主体の観念にほとんど開かれていない方法論的全体論に閉じ込めることになる。

ポール・リクールが説くには、社会科学の誕生以来、哲学者たちの、少なくともそのうちの若干の者の個人的・主観的記憶は、科学的に接近可能な社会学者や歴史学者の集合的・客観的記憶によって絶えず打ち破られてきた。「高度に論争的な」ある状況が、「自省性の旧来の伝統に、より新しい客観性の一伝統を対置している[26]」。アルヴァクスのそれのような思考は、伝統的個別科学間のいいかげん不毛な対立を乗り越えさせてくれるものではない。なぜなら、主体と個人意識に向けていかにも臆病な数歩を踏み出したにすぎず、しかも結局は、不十分な歩みに終わっているからである。ポール・リクールが言うには、『集合的記憶』は「驚くべきドグマティズムのなかに、硬直して終わっている[27]」。この思考は、システムの要するに抗しがたい優位性を一般化し、差異をその緊張と複合性のなかで考えることを不可能にしている。

それゆえにこそ、ここ数年来呼び起こされているアルヴァクスへの関心の復活にとどまることなく、集団の優位のなかに閉じこもるまいという彼自身の努力に、個人的なものと集合的なものの、人とシステムの、主体とアイデンティティの諸関係について考えよ、というかつてない執拗な勧めをみてとらなければならない。こうした思考は、根本的な理由からして必要であることがわかっている。知の個別分野間に仕切りを立てるのを避けようと思うなら、さらに、著者のように社会学と政治哲学を区別しながら、しかし結びつけようと欲するなら、同じくそうである。

記憶と歴史

結晶化

およそ一九六〇年代にいたるまで、過去についておおやけにされる言説は、少なくとも宗教的テクストや神話のたぐいを別として、ほとんど歴史学の独占によって支配されてきた。ところが、次いで新しい言説が登場し、歴史的価値をもつのだと言いながらも、歴史とは異なる別のものを持ち出すようになった。それは、記憶に関する言説にほかならない。もっと特定していえば、破壊・絶滅の経験から生き残ったものとして示される集団の集合的記憶である。大いに話題を呼ぶものではないにせよ、そのもっともよく知られた現象のひとつは、ディアスポラ・ユダヤ人に関するもの、ほかはアメリカの黒人に関するものである。といっても、現象は、その初期の表現を含めて、これら二つの経験に限られていたというつもりはない。

アメリカの黒人についていえば、奴隷制の遺制に揺さぶりをかけ、レイシズム、差別、隔離に反撃するという企ては、なるほど新しいものではない。また、この点で、二〇世紀初頭の二人の偉大な人物、ウィリアム・E・デュボイス〔一八八八～一九六三年。アメリカ出身のガーナ人作家。アメリカおよびアフリカの黒人の地位向上と政治教育を訴えた〕とブッカー・T・ワシントン〔一八五六～一九一五年。アメリカの黒人で教育者。有名なタスキーギーの黒人学校の初代校長〕にそれぞれに具現された志向を対置するのも、いまでは陳腐化している。前者が志向したのは、どちらかといえば一種の自己隔離を進めるというものであり、後者のそれは、むしろ改革的な政治的圧力を作動させようとするものである。しかし、ここでの著者の観点からすると、もっとも意味のある出発点は、一九五〇年代を通じての公民権運動の登場に遡る。当時、アメリカの黒人と彼らを支援する人びとは、その要求を政治的タームで定式化し、人権の尊重と市民としての平等を求めたのだった。彼らの要求はまだほとんど文化にかかわっておらず、集合的アイデンティティや、暴力・虐待のもたらした過去や、貧困と不正の承認をその対象にしていない。もっとも、この方向への小出しの表現はすでに形をとりはじめてはいたが。

すでにみたように、これらの闘争が一段落するのをまって、暴力へと向かう過激化した政治行動の逸脱（とくにブラック・パンサーズ〔一九九六年結成。黒人社会の自決権などを要求した急進的黒人結社〕）の側で、二つの主要な特徴をおびた黒人の言説が姿を現わし、明確になる。その言説は、ひとつには、差異を政治化し、彼らの集合的アイデンティティの承認の擁護という要素を、レイシズムとの闘争に付け加える。いまひとつとして、純粋な自然と解されていた人種の観念を、もっと複雑な文化的・歴史的なものにつくり変えている。この変容それ自体は、「人種」とは自然的所与ではなく、社会的構築物であるという観念（したがって、アメリカでは人種というカテゴリーを用いても、必ずしもレイシストとはならない）によって容易にされたのだが、そうした観念は当時、政治的・知的生活において一般化されている。

したがって、黒人のなかのある者は、そのように認められたいと欲する「アフリカン－アメリカン」となっていく。ほかのアイデンティティ表現の方法もしりぞけるというわけではないが（イスラーム、とくにイスラーミズムの台頭とともに別の表現もみられるようになる）、この現象は、文化的な、しかし何よりも表出的な現象とはちがっている。後者では、音楽やその他の芸術表現が黒人のアイデンティティと過去を証言し、実際の承認を引き出していたわけで、それについてはジャズやブルースが久しくかちえていた正統性を思えばよい。しかし、これ以後、公的領域で問われるのは、文化的諸権利の要求と結びついた歴史的特性の主張である。この変化はそれ自体、すでに述べたように、往々にして大勢順応だった「ブラック・ブルジョワジー」よりは、知識人エリートや政治エリートの形成と切っても切れない関係にある。また、そこにはおそらく、アファーマティヴ・アクションの政治的な帰結のひとつをもみなければなるまい。

いずれにせよ、選んで自らをアフリカン－アメリカンと称する黒人は、その出自への回帰を語るわけでも、アメリカ合衆国との訣別（これがリベリア計画〔アフリカの現リベリアの地には一八二〇年代からアメリカの解放奴隷の入植が図られていき、彼らを中心に一八四七年共和国として独立〕だったのだが）を語るわけでもない。この人びとは、アメリカの公的風景のなかに、歴史的・文化的アイデンティティを刻み込もうと努めている。それは、もう久しく、「ニグロ」でも、あの一九七〇年代の「ブラック・イズ・ビューティフル」のいう黒人でもなく、彼らは少なくとも一部、自らの存在の自然化を清算し、これに文化、歴史、記憶を授けている。たぶんこの逆転は、ある程度の経済的資源を手に入れ、教育の恩恵を受け、さらにとくに制度的形式のレイシズムの若干の後退という条件にめぐまれた者たちにとって、より行ないやすいものだろう。

ユダヤ人の最近の経験については、すでに触れた。彼らは、イスラエルへと合流するか、それとも自らのアイデンティティをもっぱら私的に、ないし目立たないかたちで生きるか、さらには同化の道に入るかという、かつて彼らを駆り立てていた解放のモデルから一九六〇年代に遠ざかりはじめる。二つの出来事が重要であり、そのいずれもが、ディアスポラにとってそうである前に、イスラエル国家の歴史にとっても決定的であり、これが右のような距離化をうながした。

まず一九六〇年代初めのアドルフ・アイヒマン〔ナチス・ドイツの高官。一九四一年のホロコーストの実行責任者で、戦後逃亡先の南米でイスラエル諜報部により逮捕された〕の連行、次いでその裁判があり、アネット・ヴィヴィオルカによれば「イスラエル同様、フランスでもアメリカでも、ジェノサイドの記憶の出現における正真正銘の転期」[28]となった。その第二は、六日戦争（一九六七年）である。以来、フランスを含む多くの国で、ディアスポラ・ユダヤ人は公的空間で大きな存在となり、自らをエスニック化するとともに、その要求を、記憶に関する争点に向けるようになり、とくに第二次世界大戦史の大幅な修正を強いるようになった（フランスでは、とくに対独協力とヴィシー体制が問題となった）。エスニック化は、すでにみたユダヤ人たちが当時までこうむっていた劣等化をひっくり返す試みに対応するもので、そのエスニック化と、とくにナチズムの時代にかかわる記憶の動員のあいだには、あるつながりがある。実際、恥辱の内面化への障害が取り除かれ、過去はもはや欠落ではなく、保存に値するものと認められるようになり、以来、ナチズムの時代はもう抹殺されるべきものでも、隠避されるべきものでもなくなった。さらによいことに、物語られ、時代を超えての承認の要求を支えるべきものとなった。

フランスの場合はといえば、右にいう障害は、ゴーリズムとコミュニズムのつくりあげた政治的・イデオロギー的な二人三脚の崩壊をまって、はじめて取り除かれる。ゴーリズムとコミュニズムの第二次世界大戦についての見解は、その時代についてのユダヤ人の記憶にほとんど位置を与えないものであり、その状態が一九六〇年代末まで続いたのだ[29]。

厳密にいうと、この現象はディアスポラのみではなく、イスラエルについてさえ起こっており、後者では、より遅れて一九八〇年代および一九九〇年代に歴史家の新世代が歴史の再検討を企てている。その手はじめに、パレスティナのユダヤ人がイスラエル国家の建国（一九四八年）の前と後に、どのように戦時中のヨーロッパのユダヤ人たちに反応し、次いで彼らの生き残りをどのように考えたかを検討している。(30) けれども、ここで達せられたのは反対方向の運動である。すなわち、この新しい歴史記述は、やや過剰なほどにイスラエルの国民的物語をとりあげ、これを問題にしている。その代表者たちは、イスラエル人の記憶を正しいと認めよとか、反ユダヤ主義やユダヤ人アイデンティティを私的領域に限るべしとする普遍主義のために沈黙や抑圧を強いられたことを語るべきだ、などと求めてはいない。

反対に、彼らがいうのは、その一ページ、一ページが実際にはつねにそれに値するわけではないような、そんな国民史を賛美するのをやめよ、ということなのだ。留意しておきたいが、この「新しい歴史」は、例外的現象ではない。むしろ逆に、現代の歴史記述に重くのしかかっているひとつの傾向へと合流するものであり、それは多くの社会で認められるものである。

ユダヤ人によって、二重の意味で範例的な意義をもつひとつの事例が与えられることになる。ディアスポラとしての彼らは、その過去と記憶に結びついた物的・象徴的諸要求をけっこう上首尾に利用している。他方、イスラエルでは、こんどは彼らが自分たちの国民的物語をよく考えるようにとうながされ、そこで両面の論争の前に立たされている。というのは、一方は、この国民的物語を体現し擁護するものであり、他方は、その物語に異議を申し立てるものだからである。この状況は、イスラエルの経験を他の国民の経験に結びつけているといえるが、しかし無視できない特殊性もある。イスラエル国民は国境をもってはいるが、それは確定されておらず、多くの所属民の目には国民はその永続を保証されてはいない。

集合的記憶の形成からその公的な表現へ

ディアスポラ・ユダヤ人とアメリカの黒人がアクターとして構成されたのは、犠牲者であることの経験から出発し、彼らの記憶、文化的要求、公的存在の三者を結びつけたときにほかならなかった。ユダヤ人はナチズムによって痛めつけられた。なかには、先が見えず、妥協を追い求め、次いで、おびただしく非難を浴びた者もいたとはいえ、彼らはナチズムが地歩を得るのになんら力を貸したことはない[31]。黒人たちは奴隷制と人種差別の犠牲者だった。ゲットー内でユダヤ人有力者の演じた役割については、ドイツ占領軍との関係で議論がある。また、黒人売買の組織のなかでアフリカ系の演じた役割についても同様である。だが、全体としてみて、犠牲者という彼らのイメージが深刻に傷つけられたことはない。最近の彼らの運動の強さはその点にあり、ユダヤ人と黒人は、異論の余地なき犠牲者という歴史的位置にある人びとの代表をなしている。

それ以外のケースでは、貶価をくつがえすのはよりむずかしいことがわかる。とくにこうむった暴力が想起されるときにはそうなり、当の集団にとって、相対的に一貫した犠牲者のイメージを与えられるかどうかは微妙となる。これが、アルジェリア戦争およびその生存者と子孫の記憶の保持の仕方の場合である。ここでは、問題の一半、すなわちフランスにいる関係者にかかわる記憶にしか触れることができない。

バンジャマン・ストラは、その著『記憶の移し換え』で、アルジェリア戦争の記憶が表面に再浮上して、「沈黙の壁」にひび割れが走るのに一九九〇年代を待たねばならなかったことを明らかにしている。なぜか。一個の集合的記憶がおおやけに形成されるには、自らを省みるという集団作業が必要であり、この作業は、いくつかの条件が満たされることを要するからである。

ところが、フランスで、アルジェリア人移民を出自とする若者たちが、この過去について運動を起こすのはたやすいことではない。〔25〕というのも、戦いの続くあいだ、彼らの両親や祖父母は、一方の独立支持者と、他方のハルキーのようなフランスを選択したムスリムとのあいだで、それだけでなく、独立派の陣営の内部でさえ、ひどく分裂していたからだ。バンジャマン・ストラによれば、メサリスト（メサリ・ハジ〔一八九八～一九七四年。アルジェリア独立運動初期の民族主義者〕のMNA〔アルジェリア民族運動〕に属する）とFLN〔民族解放戦線、のち独立後のアルジェリア政府となる〕の活動家との衝突は、それだけで、一九五六～六二年のあいだに五〇〇〇人の死者と一万二〇〇〇人の負傷者を出している。ところが、アルジェリアの公式の歴史のなかでは、メサリズムとは裏切と同義なのである。いったい、親や祖父母がアルジェリアの民族独立を闘いとるために戦いを挑んだ国、すなわちフランスに対し承認の要求を持ち上げることなどできようか。また、親がかつてのアルジェリア民族主義者で、本人自身は完全にフランス志向の軌道のなかにいるといったとき、どうしてひとつの家族の物語などを真に受けることができようか。フランス軍の補充部隊で、アルジェリア民族主義にとっては唾棄すべき存在である、ハルキーおよびその末裔たちとの共通の歴史とか集合的圧力といったものを、考えることなどできようか。

このため、もっとも直接に関わった者たちは、この苦悩に満ちた過去をわがものとするのに、また個人的かつ家族的でもある集合的記憶を歴史へとつくり変えるのに、困難を感じている。それだけではない。（一九九九年になってようやく戦争を認めた）フランス社会も、（今日では大いに異議を呼び、弱体化しているFLNにくみした政治的翼賛体制をめぐってその歴史を構築した）アルジェリア国家も、新世代を真に鼓舞し、記憶にかかわるイシューをめぐって動員することがなかった。さらに、その一覧表になんならピエ・ノワール〔独立後フランスに引き揚げたヨーロッパ系元植民者〕の記憶の重みを付け加えて補完し、重苦しいものにすることもできよう。彼らの記憶は、フランスの裏切りという観念〔アルジェリアの死守を唱えてきたフランス国家が、結局その独立を認めた事実に対するピエ・ノワールの認識〕をひじょうに大きな根拠としている。ここでは、すべてが競合し、複数の集団のあいだで過去の細分化が行なわれている。その各々を個々に取り出してみると、記憶は苦渋に満ち、混乱しており、単純な犠牲者の地位を反映しているとは言いがたい。したがって、かなりの歴史記述の生産が行なわれながらも、記憶の喚起と動員は分散したかたちで、ばらばらの互いに矛盾した争点について行なわれている。フランス人はアルジェリア戦争を知らないとか、同戦争はタブーにとどまっているとかいうのは正しくなく、その逆である。そのことを納得するには、『アルジェリア戦争に関する著作辞典――一九五五～九六年』(32)をひもといてみればよい。

とはいえ、歴史家たちの探求は、行為者や犠牲者の圧力に鼓舞されたり、刺激されることはほとんどないといえるし、固有の意味での歴史的な論争も、衆目の一致する要求の対象とはなっていないことはわかっている。

集合的記憶のはたらきは、右の場合のように細分化の影響下ではなく、逆説的だが、喪失の感情の異常肥大のために破壊への言及が行なわれるときに限られる。実際、ひとつのコミュニティが消滅したとき、文化に関してポジティヴに目に見えるかたちで存続するものが微弱であったり、または解体過程にあると、記憶の作用は動員可能な要素としては破壊、虐殺、ジェノサイドしかもたないことになる。この場合、その作用は、正義という名のもとに、こうむった蛮行の糾弾という名のもとに進められることとなり、生きた活力ある文化と結びついた諸要求を押し出すことができない。行為者を過去に引き寄せる記憶に拠るのであり、それは、差異を未来に投射して自己を構築することへの助けにはほとんどならない。すでに述べたアルメニア人ディアスポラの問題も、これに通じる。この問題は、多文化社会のなかに、そしていまや独立した国民国家との関連で、その位置を探し求める現代的アイデンティティによりも、ジェノサイドの政治的承認という要求において往々にして過激化し、消耗してしまいがちな記憶の作用にかかわっている。

最後に、いまひとつの指摘を付け加えたい。およそ集合的記憶が成り立つためには、歴史のなかに位置づけられたアイデンティティがなければならない。ところが、これはすべての集合的差異にあてはまることではない。この観点からいうと、より条件のそなわったケースは、聖職者や知識人というエリートに頼ることができ、既成宗教やネーション〔特定の地域に歴史的に定住し、多少とも共通の文化と自己決定の志向をもつ集団〕に関係している場合である。ただし、エスニー〔近過去の移民のように、ネーションの要件を満たさない、文化的特徴や出自の異質性で区別される集団〕よりもネーションということであり、政治、とりわけ主に国家に対する関係でネーションとエスニーを区別するウェーバー的示唆による古典的観念を受け入れるならば、そうなる。

その他のアイデンティティは、社会集団（労働者、農民）に結びついたものであれ、性的志向やハンディキャップなどに結びついたものであれ、この面からすると、いずれにしても集合的記憶の活性化に重要な位置を与え、おのれ自身へのはたらきかけを生み出していくのがむずかしい状態にある。こうした状況があればこそ、差異の産出において、抑圧ないし支配の集合的過去に拠らずに行なわれうるスティグマの逆転に属するものと、この過去を、動員の枠組みのなかの資源とするとともに承認の要求における争点として前面に押し出すことにかかわるケースとを、区別しておくほうがよい。たとえばユダヤ人のそれのような若干の経験では、この二つの領域が相互に養いあい、強めあっている。そうかと思うと、別の経験のなかでは、両者はもっと切り離されたものとして現われている。そして、一方のみ、または他方のみがはたらくこともある。一方で、ヴァンサン・ド・ゴールジャックがいみじくも記述した過程[33]にしたがえば、行為者が恥辱と縁を切ることを可能にするスティグマの逆転が行なわれ、他方では、もはや正義ではなく、真実の名において記憶への訴えが行なわれるというわけである。

文化的差異というわれわれの視座からすると、集合的記憶が真に重要になるのは、自分は歴史の場に位置していたと称する行為者の観点からつくられた歴史に、集合的記憶が異を唱えるという場合に限られる。したがって、集団の集合的記憶が戦争、こうむった暴力、絶滅、大量虐殺、ジェノサイド、エスノサイドといった過去のある決定的な出来事や、さらに組織的な排斥の行動にもとづいている、と確認するだけでは十分ではない。集団が歴史性を担うことができるか、それとも、主として、さらにはもっぱら社会的ないし政治的な定義に還元されがちであるかによって、集団間で違いが生じるという原理も認めなければならない。たとえば、過去に労働者や農民がその犠牲者となった残忍きわまる抑圧は、歴史のなかに跡をとどめはするが、しかし持続的にアイデンティティを基礎づけるものとはならない。それに比べ、宗教や民族のコミュニティのこうむる抑圧は一集合的アイデンティティの追憶的物語のなかに頻繁に描き込まれている。

記憶という営みと歴史の危機

記憶は歴史ではない。しかし、この言い方はさまざまなふうに解釈される。歴史が、理性や科学を標榜する知の個別科学であるのに対し、記憶とは、むしろ感情、意識、情動、情念に属するものである。これはピエール・ノラが強調したことであり、彼によれば、記憶とは、「想起と喪失の弁証法に開かれたもので、時々刻々の変形に気づかず、あらゆる使用と操作につけ込まれやすく、長期の潜在と突然の活性化が起こりうるものである」が、反対に歴史は、「時間的連続性に、諸変化・推移に、物事の諸関係に専心する」[34]と。これは記憶と歴史の違いに触れるというメリットのある説ではあるが、ポール・リクールが強調するように[35]、記憶にも「真実性の追求」があること、歴史にも「不可避的に解釈的な」諸次元があることを認めない、という不都合ももっている。

歴史への古典的・近代的な見方は、実際には一六世紀から展開されはじめているが、それは知識人の論争に沿いながら、記憶の陰に隠れて成立したのであった。その最初の中心人物はしばしば政治権力と金の力をもった教養人たちであり、上昇する社会層のイメージを提供していた。マルセル・ドゥティエンヌが言うには、「法服貴族、イエズス会修道士、ユグノー、白色礼服の学士院会員らがそれで、戦略もさまざまなら、成功、不成功もさまざまで、しかし同じ討議と知性の公的空間を占めたのだった」[36]。歴史はその後急速に印刷術に頼るようになり、記憶とは反対に理性に依存し、証明、証拠資料、比較へと訴え、その判断を裏づけるのに口頭で伝達された認知や物語にではなく、文書、物件、画像を用いるようになる。クリストフ・ポミアンが説くには、古典的歴史学が記憶から解放されたのは、それが情動にではなく、「間接的知」に依存するようになったからだという。「歴史学による間接的知の取り込みは、記憶からの認知上の解放を意味するもので、記憶は過去と現在をつなぐ唯一の絆であることをやめる」[37]。

このように証拠資料を手に入れ用いる歴史学は、一見すると客観性の側にあり、より広義には普遍的なものの側にあって、そこでは、記憶は信頼性が疑われ、たちどころに不完全で偏ったものとわかってしまうように思われる。記憶は、行為者のイデオロギー的その他の利害関心、情念、自己本位のおのれの中心化によって、直接に方向づけられているとみられる。理性と普遍的なものの結びつきを強調するこの観念は、近代歴史学に第一の特徴を付与するものであるが、これにもうひとつの観念を付け加えるのがよいかもしれない。

すなわち、科学性を自称する観点による近代的・普遍的歴史学は、まず何よりも国民史であり、もろもろの国民の観点に立つ歴史でもある。まさにこれが、マルク・フェローが明らかにした点である[38]。彼は、多くの国で政治権力が一個の国民史を提起し、それが結局は公許の歴史となっていくその仕方に関心を寄せている。これは同じくマルセル・ドゥティエンヌが、歴史家たち、とりわけ一八七〇年以来「比類なき者の強固な位置」を築き上げたフランスとドイツの歴史家たちを、完膚なきまでに糾弾する著作のなかで記述したひとつの過程である。「地球規模でみても豊かで強大なヨーロッパのなかのライン川を挟む両岸で、ナショナリストたちが、一人種のアイデンティティと大地と血の諸力をでっち上げるための『歴史科学』をこしらえ上げた。文明なき社会、エクリチュールなき社会は、跡形もなく消え去るというわけである[39]」。

ドゥティエンヌに言わせれば、歴史家とは「本質的に国民に入れあげている人びと[40]」であって、「過去それ自体の科学的歴史の一モデルが鋳出されるのは、第一次世界大戦の収束にいたるまでの戦争、武力紛争、敵対関係におけるドイツ－フランス間においてだった。過去とは、何よりもまず国民的なものであり、国民的なものに捧げられた栄光にほかならない(41)」。これはたぶん、フランソワ・フュレも否定はしないであろうテーゼである。「国民的事実の厚み［……］は、知としての歴史の構成――そして分離――において決定的な役割を演じた(42)」。

しかし、このテーゼにはもっと留保をつけなければならない。それにはアナール派〔『社会・経済・文明年報』（アナール、一九二九年創刊）により社会史、心性史などで業績をあげた研究者グループ〕との関連を思うだけでもよい。この派の創始者であるマルク・ブロック、さらにそれ以上に、同じ創始者のリュシアン・フェーヴルは、歴史を国民という枠組みのなかに閉じ込めないようにという配慮をはっきり示していた。

一九六〇年代から国民的ではないさまざまな集合的記憶が立ち現われることは、すでにみたとおりであるが、それらは、歴史学に対して批判的である集団によってもたらされるのを常とする。また、一方は歴史を科学と理性に結びつけ、他方は歴史と国民とのつながりを強調する、という二つの先行する考察をつなぎあわせると、アイデンティティの台頭と集合的記憶とのあいだに、そして二重の危機のイメージのあいだにひとつの関連があることが示唆される。二重の危機とは、普遍的なものの危機、ないし少なくともそれの理性または科学知との同一視の危機、および国民の危機、あるいは少なくとも若干の主だった西欧の国民の危機を指している。

歴史学は、必要とされるその普遍主義のなかにあって、歴史をつくる者の主観性を問いただすことをしばしば忘れている。これこそは、「自己－歴史〔26〕」がその防波堤になりたいと欲した傾向である。歴史は、それなりの仕方によるが、記憶とは異なる意味で選別的である。歴史家たちは、「客観的」であると称し、そうであろうと努力はするが、やはりさまざまな選択を行なっている。彼らは、ある問題を扱っては、それ以外の問題を無視したり、ごく小さく扱ったりする。ある対象物や行為者に関心を示し、そのほかには無関心を決めこんだりする。というわけで、二〇世紀半ば以降、歴史家も含めて多くの者がこの種の批判を尖鋭化させ、普遍主義の危うさを強調してきた。実際、この普遍主義の怠慢は、単なる無視や無関心にとどまらず、勝者の利害関心や、さらにはおそらく国民の諸要求をも覆い隠していることだろう。

というのも、粗雑であるが恐ろしく効果的である等式がしばしば国民と普遍的なものを結びつけているため、歴史の普遍的性質についての疑問が国民の上にもおよぶ以上、歴史と国民の関係もまた批判の俎上にのぼるからである。しかし、それ以上に、われわれは国民国家に疑問を呈する時代に入っていて、著者によっては、ポストナショナル時代について語ったり、個別の国民的物語の観点とはもはや結びつかない「グローバル・ヒストリー」を展開しようと試みるまでになっているためである。この視座は、すでにみたようにアナール派の試みのなかに位置づけられている。国民的過去を演出してみせるかのような歴史は一九世紀末にその絶頂を迎えるが、それは植民地支配とその成功や、西欧世界の多くの国で当時頂点にあった国民統一の構築と時期を同じくしていた。しかし、少なくとも若干の国が歴史の構成を重要な知的分野として監督してきていて、それが問題となっている以上、われわれはもはや右のような地点にはいない。

グローバル化や文化的断片化が語られている時代にあたり、歴史を化石化すること、あるいは国民という枠組みのなかだけで考えることは困難になっている。これを行なう者は、せいぜいよくて公許の歴史のフィクションをいくらか取り繕えるだけであり、その歴史の言説は、国家権力の理性と正統性の要求によって規定される。それゆえ、「記憶の場」を考えるというピエール・ノラの記念碑的な企て[43]では、もはや歴史と国民の特権的な関係を考えるのではなく、共同追憶の——暫定的な？——勝利、国家と国民の関係の破壊を背景とする「記憶の横暴」について考えることに行き着いている。

本書の読者、なかでも差異の生産にあてられた章〔第6章〕の読者は、つぎのことをよく知っている。記憶の権利要求の登場が求めているのは、文化的アイデンティティが承認されること、そしてそれが、その歴史的次元においても歴史の危機のみによって説明されないことである。それに反し、文化的承認と歴史的承認という不可分の要求を、歴史の危機という観念もそのなかに位置を見いだすような、より一般的文脈のなかに位置づけることは的はずれではない。その文脈とは、近代《モダニティ》の変動というそれであり、この興味ぶかい現象はまた歴史学に異議申し立てを行なう。なぜなら、歴史学は根っからの近代的な科学分野であり、危機あるいは古典的近代の乗り越えは、歴史学そのものを危機におとしいれるからである。

この歴史学のこうむる震撼は、普遍的レヴェルでも、国民と結びついたよく根拠づけられた分野でも生じているが、それでもなお、これは集合的記憶への道を開いている。歴史学はすでに尊大さをひっこめて、いまや記憶との競争を演じている。問題は、もう両者の関係の相互性に移っているのだ。そこでは、集合的記憶は必ずしも過去へと向かう力の役割を演じてはいない。記憶は、文化的差異を構成する三つの次元である、個人主義、しかしとりわけアイデンティティ、そして行為者の主体性に結びついている。そうなると、記憶は生産と創造の力学に寄与することになる。未来に向けて投企し、単なる所属集団をはるかに超え、歴史にかかわることも含めて集合生活を豊かにすることによって、自己構築をはかる行為者の努力をも助ける。だが、また、その対極では、記憶はアイデンティティの閉鎖性と歴史的退行の源泉ともなりうる。

表象の三つのケース

若干のユートピアがあるにせよ、歴史学はその方法、科学的厳密さ、客観性への真正な関心、歴史家が欲したときには何であれ権力から距離を保つという能力によって、普遍的価値を標榜できるという主張を受け入れることにしよう。また、歴史学は、その逆の傾向が身をひそめる隠れ家などではないのだということも認めよう。その逆の傾向とは、国民の諸要求への適合性のなかに閉じこもり、政治的・経済的な権力やあらゆる支配と抑圧の力とのつながりを意識にのぼらせないこと、さらには、被排除者、敗者、犠牲者、少数者の観点を考慮に入れることの拒否といわないまでも、それができない無能性である。そのほか、一集団の集合的記憶はつねに単一の方向を志向しているとはかぎらず、記憶は、それが構成されると、対称的にさまざまな方向に向かうことができることも認めよう。

そこでは、主な三つの論理が区別される。その第一は、文化的差異と集合的記憶によって規定された一集団が、歴史学がそのもっとも普遍的な要素において自らを変革し、それまでとらえ損ねていたか無視していた過去を考慮に入れ、その方法、合理性、論証方式を用いてそれを行なうことを擁護する際の論理である。第二の論理は、その逆に、同じ特徴を示す集団が、歴史家が自分が提起したタームとは異なる別のタームを自ら使うことを禁じるといったことからなる。その結果、当の方向に向かわないような研究のいっさいが麻痺させられてしまう。そして第三の論理は、抑圧と被支配の苦難に満ちた歴史を生きた共同体が、無知により、弱さにより、さらには乗り越えがたい内的な矛盾や緊張にぶつかるリスクを避けるため、固有の意味で歴史的な生産に対し無関心を示すとき、登場してくるものである。

これら三つの論理は、大ざっぱにいくつかの例によって裏づけられる。

第一の論理は、本章のなかですでに触れたフランスのユダヤ人の経験によって例証される。彼らの経験は、全体として重みを増し、この国の、とくにヴィシー時代の歴史をつくり変えているが、ただし、記憶から多少ともはずれる歴史的知の進歩は問題にしていない。ニコル・ラピエールの研究、『記憶の沈黙』は、プロック〔ポーランド中部の町〕のユダヤ人の悲惨きわまるケースについて、彼自身の言葉によれば、歴史、記憶、忘却を同時的に考えることがいかにして可能かをみごとに示している。その際、ニーチェが「骨董品的過去」と呼んだものの理想化や、また「差異のフェティシズム」を避けることも忘れていない。その研究は、「世界への、歴史への、壊乱や破壊をこととしない他者への開放の可能性」を示し、「時の偶然のなかに、過去と未来、特殊なものと普遍的なもののあいだの絶えざる実り多い緊張を位置づけている記憶の根源性をよみがえらせる。歴史を問う、しかし歴史がしばしば脅かす生きた記憶」の可能性を示している。(44) いくつかの新しい社会運動も、この第一の論理のなかに入ってくる。一九六〇年代末以降というもの、たとえば、フェミニスト運動の再生は、女性の歴史を明らかにする努力から、また歴史そのものを「ジェンダー」の視点の導入によって書き換えようという努力から切り離せないように思われる。フランスでは女性たちが、政治的パリテ〔比例代表選挙における候補者の男女同数の原則。フランスでは二〇〇〇年に法制化〕の実現のための措置をとるようにと権力に圧力をかけ、われわれの歴史の表象の変化の要求に重要な位置が与えられるべきだとする闘争に加わった。その運動のもっともアクティヴな活動家に、ミシェル・ペローをはじめとする女性史の発展に尽くした歴史家たちが数えられるのは、偶然ではない(45)。

第二の論理に出会うのは、多少とも影響力のある集団が、自らがその記憶ないし時間的連続性を体現している一現象の歴史的現実について態度表明を行なうように、と司法や政治諸制度に要求する場合である。たとえばアメリカでは、歴史のカリキュラムや教科書は、つねに宗教コミュニティの側からの圧力の対象となっていて、禁止を加えられたり、反対に、当の運動する集団の目から見てのみ「真理」であるものを押しつけられたりする。なお、「ポリティカリー・コレクト」は、歴史が恣意的に無視してきた観点に対して歴史を開くためにのみ課されるのではなく、若干の気まぐれやばかばかしい行為を命じようと試みることもある。いまひとつの領域では、フランスでのことだが、圧力がはたらき、しばしば歴史的事柄について何が正しく、何が正しくないかを権利と法が定めるということに帰着した（とくにゲソー法〔一九九〇年制定。犯された人道に反する罪（たとえばホロコースト）の存在を公の場で否定することを罰する法〕によって）。これには、ジェノサイドについて、科学的・学問的な外見を装う言説の背後にあるレイシスト的見方が打ち出すネガシオニスムに処罰を加えることができる、というメリットがある。しかし、これらの圧力がまた、歴史的探求を政治的検討に置き換えさせたり、真面目な歴史家たちがある種の問題を投げかけ、ある種の概念の妥当性について問い、ある種の新しい作業場を開くといったことを抑え込んでしまうこともありうる。

最後に、アルジェリア戦争に関する記憶のなかに生じた断片化と内的緊張についてすでに述べたことが、ここで区別された第三の論理を例証してくれる。ことアルジェリアに関しては、分析を複雑にさえしなければなるまい。アクターたちはしじゅう、歴史家がその作業をするのを禁じるのに貢献してもいる。たとえば歴史家のバンジャマン・ストラだが、彼が、当人をひるませようとするプレスのキャンペーンの標的とされたのは一度や二度のことではない。彼は、三つの論理のうちの第三の論理だけではなく、第二の論理に属する圧力の個人的な犠牲者にもなっている。

文化的差異は必ずしも歴史に影響を行使したいと欲するわけではなく、それができるわけでもない。代表者たちは、たとえば経済的、政治的、法的など他の目標に属する満足を得るのにより関心を向けているると見えることがあり、党派主義の傾向があっても、彼ら自身の過去の表象について、いかに架空めいたものがあれ、議論をこばむ傾向があれ、何も言わないことがある。歴史は歴史で、産み出された歴史も、教えられ、流布される歴史もあるわけだが、非学問世界からやってくる要請に必ずしも開かれていない。その変革や改善の能力にも限界がある。独裁体制や強力なナショナリズム体制の命令でみちびかれる逸脱は別として、歴史学はそのアカデミックな領分のなかで硬直し、いくぶんとも居心地のよい慣例主義で凝り固まっていることがある。そのうえ、記憶と歴史の関係は、今日、その政治的な次元や含意を抜きにしては分析されえない。場合によっては、政治的アクターが記憶や歴史を、たとえばナショナリズム・イデオロギーやポピュリズムのための動員の手段に変え、用いることがある。

別の場合として、特定の記憶、またはもろもろの記憶が政治制度に侵入し、飽和し、制度の機能の中心的なカテゴリーとなることもある。たとえばドイツでは、政治生活は緊張によって絶えず加熱状態にあるが、その緊張のもっとも顕著なものは、ナチスの過去を現在の社会が引き受けなければならないとする人びとと、それが未来への自分たちの投企をさまたげる枷になっていると考える人びとを対立させている。そのほか、さらに言えば、記憶と歴史の関係は、政治への移行がほとんど行なわれず、少なくとも関係する集団と職業的歴史家の問題にとどまっていることもある。その例として、市民的平和のために、きわめて近い過去の暴力についての忘却が求められていると思われるような状況もある。スペインの民主主義への移行の時期〔一九七五年のフランコ総統の没後の数年間の時期〕、たとえばパロマ・アギラールは「右翼もまた左翼も、過去のもっとも辛い苦難に満ちた諸側面（あの内乱）は公然たる議論にはとりあげないという点で一致していた」[46]と書いている。なお、このことは、忘れる必要があるのは国民だけではないことをわれわれに示している。民主主義もまた、この種の問題を自ら立てるようにとうながされているのだ。この問題は、ひとつの国が独裁制から、全体主義から、ないし南アフリカのように制度化されたレイシズムから解放されるたびごとに、決定的に重要になってくる。

歴史と記憶の弁証法は、つねに微妙で困難な作用をなしている。しかし、おそらく重要なことは、われわれは歴史を禁じることも記憶を禁じることも不可能な時代に入っていること、何が起こるにせよ、知が大きな敗者となるような闘争のなかで人びとを対立させるよりも両者のあいだの関係について考えたほうがよい時代に入っていること、これを認めることだろう。

結　論

以上にみてきたように、われわれの生きる現代社会は差異を受け入れ、これを再生産するだけでなく、差異を創ってもいる。伝統という刻印のもとでの差異の創出も含めてのことである。

そして、われわれ一人ひとりは、ごく直接的な周りの環境のなかで、かつて経験したこともないアイデンティティの闖《ちん》入、さらには世界の変転に出会っている。われわれ一人ひとりは、文化運動の盛行を目の当たりにしているのだが、そのうちのあるものは無関心のなかに打ち棄てられ、別のあるものは実にさまざまな感情をかきたてている。理解、共感、または逆に恐怖、嫌悪、拒絶というように。われわれ一人ひとりは、いつかそのうち、つぎのようなことも知ることだろう。一見、きわめて安定した経験をも含む文化的特殊主義の自分自身の経験が、必ずしも決定的なものではなく、個人的変化もつねに起こりうること、われわれがアイデンティティの純然たる放棄にまでみちびかれ、場合によっては新しいアイデンティティを採用することまでありうること。そして、われわれ一人ひとりは、現在および未来と関連して選択を行ない、また過去との関連でも、自分固有の過去との関連でも選択を行なっている。

つまり、われわれは以前にも増して、自分たちの記憶をつくりながら、自らのものとしてつくる歴史のなかへ自らの位置づけを求めながら、未来に自己を投射していく。

われわれは、受け入れられた社会のなかに生きるが、しかし個人的、集合的な差異を生産する社会のなかにも生きている。しかもそのことを知っている。そうした社会では、「多文化主義的」と名づけるにせよ、別の名で呼ぶにせよ、差異への対応の政治的仕組みを設けることを避けるわけにはいかない。めざましいが、不安定でもある、社会体全体のなかで、外へ（さまざまなディアスポラ）と内へ（個人的選択に属することまで）とはたらく諸現象に対応するうえで、抽象的・自動的な規則でよしとするのは、危険とはいわないまでもきわめて不十分だと思われる。というのも、勢いを増す文化的差異は、それが押し出す要求についての政治的検討を各ケースごとに確実に行なうようにと、よりいっそうの民主主義をつねに求めるからである。そしてそれらの要求は、一般に強い政治的な意味合いをおびるだけに、複雑である。これへの対応は、とくに国際的大組織を通してグローバルなレヴェルで行なわれるが、同様にもっとも身近なローカルなレヴェルでも行なわれる。

差異の内容は、その形式からあらかじめ判断されることは決してないから、右に述べたことについてはいっそうの考察が必要となる。たとえば、同じ宗教的要求でも、民主主義のゲームのなかに位置づけられ、さらに民主主義の拡大に貢献することもあれば、反対に、荒々しい決裂と、党派的ないし原理主義的な閉鎖化の論理に入り込むこともある。こうした傾向と、個々人としてみた成員との緊張のもとで、しばしば差異は変化を示し、引き裂かれるか、どちらに味方したらよいか悩むことになる。まさにそこに、差異のなかに大きな政治的挑戦を見いだすさらなる理由がある。

かくかくしかじかの文化的差異によって引き起こされた問題に対し、政治的行動は、全体の視野のなかに位置づけられ、さらに正義の原則と民主主義の価値によってしるしづけられた枠組みのなかに位置づけられる必要がある。しかし、それとならんで考慮しなければならないのは、当の差異の担い手である集団に限られない期待や要求である。こうした状況は、世論に影響をおよぼすすべての者に大きな役割を与える。その影響とは、原則や価値のレヴェルであれ、個々のひとつひとつの差異についてであれ、それは問わない。われわれの知るところ、アイデンティティというものは、もっぱら再生産または消滅へと傾向づけられた不変の与件をなすのではなく、少なくとも一部、われわれの社会が形成するものである。

ということは、ことアイデンティティに関して、少なくとも部分的に自省性がはたらく余地があることを意味する。つまり、アイデンティティを、単に挑戦や脅威としてではなく、社会のそれ自身に対するはたらきかけの果実として、隠れた意味をもつものとして考察する能力がはたらくということである。いいかえると、ジャーナリズムや報道以外にも、社会科学に必ずゆだねられる余地があるということであり、世論とそれが採用する表象に影響をおよぼそうという場合でも、そうなのだ。

こうした視野のなかでみるとき、自省性、それゆえ知識、次いで論争の諸用具をはたらかせることは、行為者に対してはつねにズレを維持することを意味する。といって、それは研究の一種の中立性や外在性を想定して、シリウス星の観点〔シリウスは全天中でもっとも明るい星、すべてを明瞭に観望できる観点〕を採るために自由になろうとするわけではない。本書は、分析の諸用具を提案し、提示したいという目的から書かれた。もしそれらの用具が、文化的差異についての具体的知識の生産に役立つなら、その目的は達せられよう。しかし、つぎのような場合、いっそうよく目的は達せられる。右のことに加え、これらの用具とそれによって練り上げられる知識が、該当の行為者と論争したり、行為者の行動能力を厳密な意味で民主的な視点へと方向づけることで、高めることに役立つという場合がそれである。さらに、彼らがそれ以上に開かれた場での論争を豊かにするように貢献できれば、なおさらである。

訳者あとがき

本書は、Michel Wieviorka, *La différence. Identités culturelles: enjeux, débats et politiques*（Éditions Balland, 2001; Éditions de l'Aube, 2005）の翻訳である。現在は、Éditions de l'Aubeより刊行された文庫版のみ入手可能で、右の副題はこの版ではじめて付けられたものである。

著者ミシェル・ヴィヴィオルカ（一九四六年〜）は、その精力的な著作活動、パリの社会科学高等研究院（ＥＨＥＳＳ）での指導的な役割、世界社会学会（ＩＳＡ）会長（二〇〇六年七月〜二〇一〇年六月）、そしてフランスの論壇での鋭い批評精神をもっての活動と、今日、国際的にもっとも知られているフランス人社会学者といってよいであろう。

だが、そのわりには、ヴィヴィオルカの著作の日本への紹介・翻訳は遅れており、二〇〇七年に初めて田川光照氏による『暴力』（新評論）が上梓され、次いで訳者のひとり森千香子による『レイシズムの変貌』（明石書店）が刊行され、本書は三作目ということになる。ただし、アラン・トゥレーヌ他の『現代国家と地域闘争――フランスとオクシタニー』（新泉社）が訳者のひとり宮島によって一九八四年に訳出されており、これが彼の名を（ただし第三オーサーとして）早い時期に日本の読者に伝えていることを言い添えたい。

なぜ、ヴィヴィオルカの日本への紹介が遅れたのか。エドガール・モラン、ピエール・ブルデュー、彼の師アラン・トゥレーヌのようにその著作の多くが日本に紹介されている社会学者にくらべ、ヴィヴィオルカは、フランス的とは言いがたいやや厚ぼったい言語表現、ポーランド系フランス人として東欧・ユダヤ系文化を知悉する者としての複眼的な視点、そしてフランス研究者には稀な英米系の社会理論への通暁によって区別される。一言でいえば、非フランス的なものを豊かに備えた社会学者だからということではなかろうか。

その生年が示すように、著者ヴィヴィオルカはまさに「六八年五月」を学生時代に生きた五月世代の社会学者である。この出来事への省察からトゥレーヌは『現代の社会闘争――五月革命の社会学的展望』、『脱工業化の社会』（いずれも邦訳タイトル）という二冊の本を書いたが、まさにそのような議論の横溢するなか、彼は同世代のフランソワ・デュベらとともにトゥレーヌの協力者になっていく。脱工業化のもとに現われる新しい社会的対立構造のなかで出現する社会運動への広範な関心がトゥレーヌ・グループの特徴で、これがのちに社会科学高等研究院内のＣＡＤＩＳ（Centre d'Analyse et d'Intervention Sociologiques, 社会学的分析介入センター）の成立を促す。「新しい社会運動」とトゥレーヌが名づけたものは、古典的な階級対立、階級闘争のシェーマには還元されない、利害のみならずアイデンティティにも志向するようなアクターを担い手とする環境運動、学生運動、地域主義運動、女性運動などを意味している。そして、このアイデンティティ志向のなかに、当然「差異」というテーマが重要なものとして入ってくる。

トゥレーヌたちが生み出した「社会学的介入」と名づけられた研究方法は、何を意味するか。それは、社会運動にアプローチするのに、社会学的な積極的・能動的な営為（intervention）が必要となるとするもので、とりわけその運動に関わっている社会関係の隠され覆われている側面を明らかにし、取り出し、それらを全体として見るということにある。そしてそのためには、いくつかの要件を設定し、研究の実践に移していくことが求められる。ひとつは、運動をになう活動家たちの「主体性」（identité）を明確化するよう自己分析を促すこと、つぎに、彼らが対決しようとする敵手が何かを指摘し自覚させること、さらには、運動に対し、その目標（争点）と場からなる全体性（totalité）のなかに自らを位置づけるようにさせることがそれである（トゥレーヌ『声とまなざし』Ⅱ、新泉社、一九八三年などをみられたい）。

ここにヴィヴィオルカが重視するいくつかのコンセプト、タームがすでに見えている。主体、アクター、アイデンティティ、さらには明らかにされるべき隠され覆われた社会関係、等々。トゥレーヌはすでに *Sociologie de l'action*（1965）を著わしており、行為（action）の概念を、タルコット・パーソンズのそれとも、同時代のP・ブルデューの実践あるいは慣習行動（pratique）とも異なる能動性においてとらえ、同時に、行為を歴史性（historicité）とも関連づけた。その行為理論をここで紹介している暇はないが、ヴィヴィオルカの社会学もこの点を共有しているという点で、知っておいてよいだろう。

こうして、トゥレーヌ、デュベらとの共同研究として反原子力運動、オクシタン闘争、ポーランドの「連帯」（solidarność）運動などが研究されていくわけであるが、ヴィヴィオルカが独自の問題領域として関心を傾斜させていくのは、暴力、テロリズム、レイシズムである。ヴィヴィオルカは一九九〇年代、レイシズムに関する五冊の研究書を刊行しているが、なかでも一九九二年の『レイシストのフランス』(*La France raciste*) は職場、警察、学校などフランス社会のさまざまな領域で行なわれたレイシズムの実証研究として高く評価された。テロリズムについても二冊、また二〇〇四年にはテロリズムも含めた暴力論 (『暴力』) を刊行し、さらに二〇〇五年には現代フランスの反ユダヤ主義をテーマにした大著を上梓して話題となった。多岐にわたるこれらの仕事に共通するのは、暴力やレイシズムを「行為」としてとらえ、とくに (いささか逆説的にひびくが) 行為者の能動性や主体形成との関係に分析の焦点を定めるアプローチである。

さらに、「差異」という社会学的主題についてであるが、ヴィヴィオルカがこの主題に接近するに際し踏まえている二つの文脈が重要ではないかと思う。

過去三〇年来、国境を越える移民の増大、地域マイノリティのアイデンティティ表出、ユダヤ系の人びとの「エスニック化」、「アフリカン-アメリカン」意識の昂揚、第三世界の民衆の独特のアイデンティティ追求、等々として「文化的差異」、ないし「文化的特殊主義」が登場している。これらの公的領域への「闖入《ちん》」が問題視されているが、これは社会経済的にはどのような過程に対応づけられるのか。また、これらの「文化的挑戦」に対して規範的に——しかし政治的含意をこめて——答えようとしたのは、アングロ-サクソン系の哲学者たち、ジョン・ロールズ、チャールズ・テイラー、ウィル・キムリッカ、マイケル・ウォルツァーらだったが、いったい社会科学はどのように問題に関わり、答えを出すべきなのか。

つぎに、特殊フランス的問題としてみるならば、文化的特殊主義を見下し、その承認をこばむ（共和国的）普遍主義が主流をなすその舞台では、多文化主義は悪罵に近い評言によって退けられるが、この多文化主義にまともに向き合い、理解することなしに、文化的差異、アイデンティティ問題への解を見いだすことはできない。ただし、多文化主義を単次元でとらえてはならない。文化的差異は社会的序列化と切り離せないという観点から、文化的承認と、社会的不平等との闘争とを結びつける「統合された多文化主義」が注目されるべきではなかろうか、と。以上の議論は、フランス人研究者による試みとしては、最良の多文化主義への内在的批判であるとみてよいだろう。

本書の特徴のひとつにあげられるのが、社会学者の著書でありながら、きわめて政治哲学的な要素が指向されている点である。「文化的多様性」をめぐってこれまで展開されてきた議論や分析概念が検討される第I部でも、「差異」を生産するメカニズムとその社会学的条件が集合的アイデンティティ（identité collective）、近代的個人主義（individualisme moderne）、主体（sujet）の三つの軸から分析される第II部でも、政治哲学者の議論に多くのページが割かれている。ヴィヴィオルカの分析の延長線上には、ある社会問題をどう政治的に解決するかという問題意識がつねに存在し、事実、近年の彼は社会学の分析枠組みに依拠しながらも政治哲学への関心をしだいに強めており、その傾向は本書にも明確に反映されている。

本書が刊行された二〇〇一年以降、フランスにおける「多様性」をめぐる動向について簡単に押さえておこう。二〇〇一年にはエリート校パリ政治学院が、一般にエスニック・マイノリティが多く居住する教育優先地区（ZEP）出身者に対して個別の入学審査基準を設けて注目を集め、以降「フランス版アファーマティヴ・アクション」の導入をめぐって論争が起きた。また、民族統計をめぐる論争も再燃した。民族や宗教的出自を明らかにする情報の収集が禁じられているこの国では、すでに一九九〇年代半ばにも論争が起こったが、二〇〇七年一月に「黒人団体代表評議会（CRAN）」がフランスの黒人差別に関する統計を発表すると、その賛否をめぐって大論争が起きた。CRANは、日本でも大きく報道された二〇〇五年秋の「郊外暴動」の直後に黒人差別の是正を目的に結成された組織で、ヴィヴィオルカはこの組織の学術委員長という片書きで相談役を務めている。

ヴィヴィオルカは二〇〇八年一〇月、ヴァレリー・ペクレス高等教育・研究担当大臣に「高等教育と研究領域における多様性」に関する報告書を提出した（同報告書は Robert Laffont より二〇〇八年一二月に刊行された）。大都市郊外のエスニック・マイノリティの若者がエリート養成のグランゼコールに入学できるような支援のあり方や、就学する非正規滞在の子どもたちの親の正規化、外国人留学生受け入れ体制の強化、高校での人類学の授業の導入など、五〇あまりの提案を行なっているこの報告書の内容をくわしく論ずる余裕はないが、報告書の随所に「文化的差異は社会的序列と切り離せない」という視点から文化的承認と社会的不平等との闘争を結びつける「統合された多文化主義」を支持する、本書で展開された彼の姿勢を読み取ることができる。

この報告書が提出された二カ月後の二〇〇八年一二月、サルコジ大統領はフランスの文化的多様性を尊重する必要性に言及して、そのために「多様性と機会の平等担当委員」というポストの設置を発表し、アルジェリア系フランス人で実業家のヤジッド・サベグを任命した。サルコジはかつて「フランス版アファーマティヴ・アクション」を支持してみせ、憲法の前文に「文化的多様性の尊重」という文言を加える可能性を検討したほど「多様性」に関心を持つ政治家で、今回の行動もそれを反映したものといえる。だが、これらの事実を根拠にフランスが「多文化主義」に向かっていると結論づけるのは、いささか性急であろう。サルコジの主張が状況に応じて二転三転していることに加え、彼のめざす「多様性」が、ヴィヴィオルカの指摘したような社会的序列と連結した文化的差異であるかどうかも定かではない。今後の動向の推移を見守りたい。

＊

最後に本書の訳出の機縁について一言したい。

森は、二〇〇一～〇五年にＥＨＥＳＳの博士課程でヴィヴィオルカの指導を受けた。宮島と彼との交友は、一九八二～八三年度のＥＨＥＳＳによる客員の招聘のとき以来である。

本書の翻訳に着手するきっかけのひとつに、ヴィヴィオルカの日本への招聘に尽力された三浦信孝中央大学教授の「氏の社会学的主著を一刻も早く日本に紹介する必要がある」という一言がある。この督励は大きかった。森が、本書『差異』（*La différence*）の翻訳を決意し、宮島に参加を求めることになった。森に一時健康を害する期間があったため、結果的に訳の分担では、宮島がやや多くの章を担当するかたちになった。翻訳の分担はつぎのとおりである。第Ⅰ部第1～4章、第Ⅱ部第8章、「結論」は宮島、「日本語版によせて」、「謝辞」、第Ⅱ部第5～7章は森が担当、「序論」は両者が共同で訳出した。

翻訳を進めるに際し、フランス語および現代フランスの知的状況などについて多くの方のご教示を得た。一人ひとりのお名前をあげることはできないが心から感謝申しあげたい。

本書の出版を快諾された法政大学出版局、とくに本書を担当し、注意が十分に行きとどかなかった訳者に代わって書誌的なデータを綿密に調べ、補正をしてくれた同編集部の勝康裕氏には、もって感謝すべき言葉もない。

二〇〇九年四月

宮島　喬・森　千香子

索　引

［ハ　行］

毛沢東 Mao-Tse-Toung 24
モース，マルセル Mauss, Marcel 228
モゼス，ステファン Mosès, Stéphane 273n(8)
モダニティ →近代，近代性
モッセ，ジョージ Mosse, George 187
モテ，ベルナール Mottez, Bernard 124, 164
モラン，エドガール Morin, Edgar 23, 46
モルガン，ルイス Morgan, Lewis H. 14

［ヤ 行］
ヤング，アイリス Young, Iris Marion 283n(13)
ヨアス，ハンス Joas, Hans 88

［ラ 行］
ラコルヌ，ドゥニ Lacorne, Denis 110
ラシュ，クリストファー Lash, Chiristopher 210
ラシュディ，サルマン Rushdie, Salman 8, 187, 268
ラズ，ジョセフ Raz, Joseph 122
ラトゥール，ブルーノ Latour, Bruno 13
ラピエール，ニコル Lapierre, Nicole 248
ラプランティヌ，フランソワ Laplantine, François 88
ラペイロニー，ディディエ Lapeyronnie, Didier 148–49
ラボリ，エマニュエル Laborit, Emmanuelle 25, 153
ララ，フィリップ・ド Lara, Philippe de 65
リクール，ポール Ricœur, Paul 218, 223, 225, 231, 242
リトワック，レオン Litwack, Leon 110
リバタリアン，リバタリアニズム 3
リベラリズム（自由主義） 9, 59, 62–63, 182
「リベラリズム1」 85
「リベラリズム2」 85
リベラル
人種的―― 62
民族的―― 62
――－コミュニタリアン 6, 58, 63–65, 67, 69, 71–74, 84, 91, 186
リントン，ラルフ Linton, Ralph 15–16
ルイス，オスカー Lewis, Oscar 201
ル・コアディク，ロナン Le Coadic, Ronan 136
ルナン，エルネスト Renan, Ernest 15, 219, 226
ルネサンス 39
ルノー，アラン Renaut, Alain 15
ルフォール，クロード Lefort, Claude 23
ル・ボット，イヴォン Le Bot, Yvon 32
ル・ブラ，エルヴェ Le Bras, Hervé 120
レイシズム，人種差別 14, 29, 32, 44, 52, 84, 92, 108, 112, 120, 142, 146, 150, 162–63, 165, 187, 193, 201, 212, 232–34, 251
新しい―― 30
人種 233
――化 121, 141, 143
――差別ハラスメント現象 40
――思想 27
レイプハルト，アレント Lijphart, Arend 119, 266
レイベリング 201
レヴィ－ストロース，クロード Lévi-Strauss, Claude 77, 80–81, 149
歴史家 243
歴史と記憶の弁証法 251
レッシング，テオドール Lessing, Theodor 158
レーニン，ウラディーミル Lenin, Vladimir Ilyich 24
レマート，チャールズ Lemert, Charles

原　　註

序　論

（1） これらの論争の刻印は，Michel Wieviorka, *Commenter la France*, La Tour d'Aigues, Ed. de l'Aube, 1997 のなかに認められよう。

（2） Max Weber, *Le Savant et le politique*, Paris, Plon, 1959〔マックス・ウェーバー（尾高邦雄訳）『職業としての学問』改訳，岩波書店，1980年〕. 同書は，それぞれ1917年と1919年の２つの講演を収めたものである。

（3） なお，John Rawls, *A Theory of Justice*（Cambridge, Mass., Belknap Press of Harvard University Press, 1971）のフランス語訳は1987年にスイユ書店から刊行されたが，これはアメリカでの最初の出版の16年後である。この期間は，ある種の議論にフランスが入ることへの抵抗の長さを語っている。

（4） Alain Touraine, *Pourrons-nous vivre ensemble? Egaux et différents*, Paris, Fayard, 1997. また，著者の編のつぎのものもあげておきたい。Michel Wieviorka（dir.）, *Une société fragmentée? Le multiculturalisme en débat*, Paris, La Découverte, 1996.

（5） とくに，Axel Honneth, *La Lutte pour la reconnaissance*, Paris, Cerf, 2000［1992］がそれである。

（6） Amy Gutman, "The Challenge of Multiculturalism in Political Ethics", *Philosophy and Public Affairs*, vol. 22, no. 3, Summer 1993, pp. 171–206.

（7） Françoise Gaspard, Farhad Khosrokhavar, *Le Foulard et la République*, Paris, La Découverte, 1995.

（8） Giovanna Zincone, "Multiculturalism from Above: Italian Variations on a European Theme", in Rainer Bauböck and John Rundell（eds.）, *Blurred Boundaries: Migration, Ethnicity, Citizenship*, Vienne, Aldershot, 1998.

（9） Alfred L. Kroeber, Clyde Kluckhohn, *Culture. A Critical Review of Concepts and Definitions*, New York, Vintage Books, 1952.

（10） つぎをみよ。Albert Ducros, Jacquline Ducros et Frédéric Joulian（dir.）, *La culture, est-elle naturelle?*, Paris, Ed. Errance, 1998.

（11） Samuel Huntington, *The Clash of Civilization and the Remaking of World Order*, New York, Simon and Shuster, 1996〔サミュエル・ハンチントン（鈴木主税訳）『文明の衝突』集英社，1998年〕.

（12） Touraine, *Pourrons-nous vivre ensemble?*.

（13） Marc Augé, *Non-lieux. Introduction à une anthropologie de la surmodernité*, Paris, Seuil, 1992; Bruno Latour et Steeve Woolgar, *La vie de laboratoire*, Paris, La Décou-

verte, 1988［1979］; Marc Abélès, *Un Ethnologue à l'Assemblée*, Paris, Odille Jacob, 2000.

(14) Alain Renaut, "Présentation" de Johan Gottlieb Fichte, *Discours à la nation allemande*, Paris, Imprimerie Nationale, 1992, pp. 7–48; Louis Dumont, *Essai sur l'individualisme*, Paris, Seuil, 1989〔ルイ・デュモン（渡辺公三・浅野房一訳）『個人主義論考――近代イデオロギーについての人類学的展望』言叢社，1993年〕. ヘルダーのなかには，普遍主義的な諸契機，そして強調点が見いだされ，ゼーヴ・ステルンエル（Zeev Sternhell）が強調するように，ルナンの抱いた社会観は「ヘルダー的有機体論に直接に由来する」（"Introduction à la nouvelle édition", *La droite révolutionnaire*, Paris, Fayard, 2000, p, 17 を参照）.

(15) Ralph Linton, Préface à Abram Kardiner, *L'individu dans la société*, Paris, Gallimard, 1969［1939］.

(16) Norbert Ellias, *La Civilisation des moeurs*, Paris, Calmann-Lévy, 1976［1939］; *La Dynamique de l'Occident*, Paris, Calmann-Lévy, 1975［1939］〔ノルベルト・エリアス（赤井慧爾・波田節夫ほか訳）『文明化の過程』上下，法政大学出版局，1977–78年〕を参照。

第Ⅰ部　論争の誕生

(1) Jonathan Friedman, *Cultural Identity and Global Process*, Thousand Oaks, New Delhi, Sage, 1994を参照。

第1章　文化的差異と社会的不公正

(1) Daniel Bell, *Vers la société post-industrielle*, Paris, Robert Laffont, 1967〔ダニエル・ベル（内田忠雄ほか訳）『脱工業化の社会』上下，ダイアモンド社，1975年〕; Alain Touraine, *La Société post-industrielle*, Paris, Denoél, 1969〔アラン・トゥレーヌ（寿里茂・西川潤訳）『脱工業化の社会』河出書房新社，1970年〕。

(2) Edgar Morin, Claude Lefort, et Jean Coudray, *La Brèche, Premières réflexions sur les événements*, Paris, Fayard, 1968〔エドガール・モラン，クロード・ルフォール，ジャン＝マルク・クードレイ（西川一郎訳）『学生コミューン』合同出版，1969年〕.

(3) Anthony Smith, *The Ethnic Revival in Modern World*, Cambridge, Cambridge University Press, 1981.

(4) Manuel Castells, *Le pouvoir de l'identité*, Paris, Fayard, 1999, p. 160.

(5) Emanuelle Laborit, *Le cri de la mouette*, Paris, Robert Laffont, 1994〔エマニュエル・ラボリ（松本百合子訳）『かもめの叫び』青山出版社，1995年〕.

(6) Alex Haley, *Racines*, Paris, Lattès, 1993〔アレックス・ヘイリー（安岡章太郎・松田銑共訳）『ルーツ』上下，社会思想社，1977年〕

(7) 著者も以下で「アフロ−アメリカン」ではなく「アフリカン−アメリカン」の表現を用いるが，アメリカでのその使用頻度は低いように思われる。とはいえ，Charles C. Moskos and Jone Sibley Butler, *All That We Can Be: Black Leadership and*

Racial Integration, The Army Way, New York, Basic Books, 1996の序文で展開されている批判に留意せざるをえない。この批判はOrlando Patterson, *The Ordeal of Integration*, Civitas Counterpoint, Washihgton D.C., 1997によっても踏襲されている。著者たちは，「アフロ－アメリカン」はアフリカ人ではないこと，彼らの「アフリカ人性」の強調は身体的にも文化的にも不適当であること，彼らがアメリカ人中のアメリカ人であること，アフリカン－アメリカンの語は最近のアメリカへのアフリカ移民にあてるのがよいことを説いている。さらにパターソンは言う。もしも「黒人」から出発することをやめれば，なお「白人」について語ることも意味を失う，と。彼は「ユーロ－アメリカン」という表現を用いている。これらの問題については，Gina Philogene, *From Black to African American. A New Social Representation*, Westport and London, Praeger, 1999も参照。

（8） この問題については，Michel Wieviorka, *Société et Terrorisme*, Paris, Fayard, 1988が参照されてよいだろう。

（9） Farhad Khosrokhavar, *L'Unanimisme révolutionnaire en Iran*, Thèse de doctorat d'Etat, Paris, EHESS, 1992.

（10） Martin Barker, *The New Racism*, London, Junction Books, 1981.

（11） Max Weber, *Économie et Société*, vol. 1, Paris, Plon, 1971［1921］〔マックス・ウェーバー（世良晃志郎ほか訳）『経済と社会』全6巻，創文社，1960–76年〕。ダニエル・ジュトーのなかにウェーバーに示唆された見方にしたがってエスニシティの分析を発展させようとする企てがみられる。Danièle Juteau, *L'ethnicité et ses frontiers*, Montréal, Presses universitaires de Montréal, 1999.

（12） Olivier Roy, *Echec de l'islam politique*, Paris, Seuil, 1992; Gilles Képel, *Jihad, expansion et declin de l'islamisme*, Paris, Seuil, 2000〔ジル・ケペル（丸岡高弘訳）『ジハード――イスラム主義の発展と衰退』産業図書，2006年〕.

（13） 多くの著作があるが，なかでも副司令官マルコスとの対話をまとめた著書，Yvon Le Bot, *Le Rêve zapatiste*, Paris, Seuil, 1997をみよ。

（14） Michel Wieviorka（en coll）, *Violence en France*, Paris, France, 1999.

（15） Saskia Sassen, *La ville globale: New York, Londres, Tokyo*, Paris, Descartes, 1996〔伊豫谷登士翁監訳『グローバル・シティ――ニューヨーク・ロンドン・東京から世界を読む』筑摩書房，2008年〕; *Globalization and its Discontents*, New York, New Press, 1998〔同（田淵太一ほか訳）『グローバル空間の政治経済学』岩波書店，2004年〕.

（16） Michel Wieviorka et Jocelyne Ohana（dir.）, *La Différence culturelles. Une reformulation des débats*, Paris, Balland, 2001への彼女の寄稿（Simonetta Taboni, "Il n'y a pas de différence sans inégalité"）をみよ。

（17） Alain Touraine, François Dubet, Zsuzsa Hegedus, et Michel Wieviorka, *Le pays contre l'Etat*, Paris, Seuil, 1980〔A. トゥレーヌ，F. デュベ，Z. エゲデュ，M. ヴィェヴィオルカ（宮島喬訳）『現代国家と地域闘争――フランスとオクシタニー』新泉社，1984年〕を参照。

（18） Wieviorka, *Sociétés et Terrorisme* を参照。

(19) Franklin E. Frazier, *Black Bourgeosie*, New York, The Free Press, 1957〔E. F. フレイジァ（太田憲男訳）『ブラック・ブルジョアジー――新興中産階級の勃興』未來社，1977年〕.

(20) William Julius Wilson, *The Truly Disadvantaged: The Inner City, the Underclass and Public Policy*, Chicago, Chicago University Press, 1987. また，彼の論文（Loïc Wacquantとの共著）"The Cost of Racial and Class Exclusion in Inner City", *The Annal of the American Academy of Political and Social Science*, January 1989, pp. 8–25 も参照。

(21) Franz Boas, *Primitive Art*, Oslo, Aschehoug, 1927. Jonathan Friedman, *Cultural Identity and Global Process*, Thousand Oaks, New Delhi, Sage, 1994, p. 75 から引用した。

(22) Norbert Ellias, *La Civilisation des moeurs*, Paris, Calmann-Lévy, 1976［1939］; *La Dynamique de l'Occident*, Paris, Calmann-Lévy, 1975［1939］〔ノルベルト・エリアス（赤井慧爾・波田節夫ほか訳）『文明化の過程』上下，法政大学出版局，1977–78年〕.

(23) Edward P. Thompson, *La Formation de la classe ouvrière anglaise*, Paris, EHESS, Gallimard/Le Seui, 1988［1963］〔エドワード・P. トムスン（市橋秀夫・芳賀健一訳）『イングランド労働者階級の形成』青弓社，2003年〕.

(24) Richard Hoggart, *La Culture du pauvre*, Ed. de Minuit, 1970［1957］〔リチャード・ホガート（香内三郎訳）『読み書き能力の効用』晶文社，1974年〕.

(25) Raymond Williams, *Culture and Society, 1780–1950*, London, Penguin Books, 1966［1958］〔レイモンド・ウィリアムズ（若松繁信・長谷川光昭訳）『文化と社会――1780–1950』ミネルヴァ書房，2008年〕; *The Long Revolution*, London, Penguin Books, 1975［1961］〔(若松繁信ほか訳）『長い革命』ミネルヴァ書房，1983年〕.

(26) Kristin Couper et Danilo Martuccelli, "L'expérience britanique", in Michel Wieviorka（dir.）, *Racisme et xénophobie en Europe*, Paris, La Découverte, 1994, pp. 27–102 を参照。

(27) Georges Haupt, Michaël Lowy, Claude Weill, *Les Marxistes et la question nationale*, Paris, François Maspéro, 1974; Wladimir Medem, *Ma vie*, Paris, Honoré Champion, 1999; Henri Minczeies, *Histoire générale du Bund, un mouvement révolutionnaire juif*, Paris, Denoël, 1999 を参照。

(28) Richard Sennett, *The Corrosion of Character: The Personal Consequences of Work in the New Capitalism*, New York & London, W.W. Norton and Cie, 1998〔リチャード・セネット（斎藤秀正訳）『それでも新資本主義についていくか――アメリカ型経営と個人の衝突』ダイヤモンド社，1999年〕.

(29) Castells, *Le pouvoir de l'identité*.

(30) より詳しくは，Michel Wieviorka, *Le Racisme. Une introduction*, Paris, La Découverte, 1998〔ミシェル・ヴィヴィオルカ（森千香子訳）『レイシズムの変貌――グローバル化がまねいた社会の人種化，文化の断片化』明石書店，2007年〕を参照されたい。雇用と労働におけるレイシズムについては，Philippe Bataille, *Le*

Racisme au travail, Paris, La Découverte, 1997 を参照。

(31) Castells, *Le pouvoir de l'identité*, p. 72.

(32) André Granou, *Capitalisme et mode de vie*, Paris, Cerf, 1974.

(33) Marcel Detienne, *Comparer l'incomparable*, Paris, Seuil, 1999.

(34) はっきりさせておきたい。この表現は，アメリカの主導権のもとでの世界の文化的均質化を述べるのに私が用いるときと同じ意味で打ち出されたのではない。むしろ，マクドナルド企業がもたらしたような労働組織の一モデルの体系化と普及を説明するためのものである。George Ritzer, *The Mcdonaldization of Society*, London, Pine Forge, 1993〔ジョージ・リッツア（正岡寛司監訳）『マクドナルド化する社会』早稲田大学出版部，1999年〕を参照。

(35) Arjun Appaduraï, *Modernity at Large. Cultural Dimensions of Globalization*, Minneapolis, University of Minnesota Press, 1997, p. 32〔アルジュン・アパデュライ（門田健一訳）『さまよえる近代――グローバル化の文化研究』平凡社，2004年〕.

(36) 私の論文，Michel Wieviorka, "Sociologie post-classique ou declin de la sociologie?", *Cahiers internationaux de sociologie*, vol. CVIII, PUF, 2000, pp. 5–35を参照されたい。

(37) クルド人については，ハミット・ボザルスラン（Hamit Bozarslan）の著作，とりわけその *La Question kurde. Etats et minorités au Moyen-Orient*, Paris, Presses de Science-Po, 1997を参照。

(38) Georges Friedemann, *Fin du people juif?*, Paris, Gallimard, 1965; Bernard Wasserstein, *Les Juifs d'Europe depuis 1945. Une diaspora en voie de disparition*, Paris, Calmann-Lévy, 2000［1996］.

(39) Nicolas Van Hear, *New Diasporas. The Mass Exodus, Dispersal and Regrouping of Migrant Communities*, Seattle, University of Washington Press, 1998.

(40) Anne Raulin, *L'Ethnique au quotidian. Diasporas, marchés et cultures métropolitaines*, Paris, L'Harmattan, 2000. マグレブ出身起業家のネットワークの個別ケースについては，とくに Alain Tarrius, *Arabes de France dans l'économie mondiale souterraine, La Tour d'Aigues*, Ed. de l'Aube, 1995を参照。

(41) Raulin, *L'Ethnique au quotidian*, pp. 19–20.

(42) Paul Gilroy, *The Black Atlantic. Modernity and Double Consciousness*, Cambridge (Mass.), Harvard University Press, 1993〔ポール・ギルロイ（上野俊哉・毛利嘉孝・鈴木慎一郎訳）『ブラック・アトランティック――近代性と二重意識』月曜社，2006年〕.

(43) Van Hear, *New Diasporas*, p. 195.

(44) Olga Odgers Ortiz, *Identités culturelles frontalières. Les Hispaniques de la région Tijuana/San Diego*, Paris, EHESS, thèse, 1998.

第２章　政治・道徳哲学のとき

(1) Patrick Savidan, "Le libertarisme de Hayek et de Nozik", dans Alain Renau (dir.), *Histoire de la philosophie politique. Les philosophies cntemporaines*, Paris, Calmann-

Lévy, 1999, vol. 5, p. 341.

（2） Bertrand Guillarme, "Rawls, philosophe de l'égalité démocratique", *ibid*., p. 316. 彼は自身 Rawls, Tanner Lectures, 1982にしたがって引用している。

（3） Lukas S. Sosoe, "La réaction communautarienne", dans *Histoire de la philosophie politique*, pp. 385–425. リベラルとコミュニタリアンの論争を扱った文献は枚挙に暇がないが，なかでも，つぎを参照。André Berten, Pablo Da Silveira, Helvé Pourtois, *Libéraux et Communautariens*, Paris, PUF, 1997; Will Kymlicka, *Les Théories de la justice. Une Introduction*, Paris, La Découverte, 1999［1990］〔ウィル・キムリッカ（千葉眞・岡崎晴輝訳者代表）『現代政治理論』新版，日本経済評論社，2005年〕.

（4） Michael Sandel, *Liberalism and the Limits of Justice*, Cambridge, Cambridge University Press, 1982〔マイケル・J. サンデル（菊池理夫訳）『リベラリズムと正義の限界』勁草書房，2009年〕.

（5） Sosoe, "La réaction communautarienne", p. 395 より引用。

（6） Michael Sandel, *Le Libéralisme et les limites de la justice*, Paris, Seuil, 1999, préface à la seconde édition, "Les limites du communoutarisme", p. 12.

（7） その若干の痕跡を，中世のキリスト教共同体に触れる際のアラスデール・マッキンタイヤーのなかにみることができる。Alasdair MacIntyre, *Whose Justice? Which Rationality?,* Notre Dame, Notre Dame University Press, 1988.

（8） Sandel, *Le Libéralisme et les limites de la justice*, p. 11.

（9） Amitai Etzioni, "Presidential Address. The Responsive Community: A Communitarian Perspective", *American Sociological Review*, vol. 6, February 1996, pp. 1–11.

（10） Michael Walzer, "Multiculturarism and Individualism", *Dissent*, Spring 1994, pp. 185–191.

（11） これは，Jeffrey Friedman, "The Politics of Communitarianism", *Critical Review*, vol. 8, no. 10, Spring 1994, pp. 297–339が強調しているところである。

（12） Philippe de Lara, "Communauté et communautarisme", dans Philippe Raynaud et Stéphane Rials（dir.）, *Dictionnaire de Philosophie politique*, Paris, PUF, 1996. 同じくコミュニタリアンとリベラルの論争の秀逸な紹介としては，Canto Sperber（dir.）, *Dictionnaire d'éthique et de philosophie morale*, 1re éd., Paris, Presses universitaires de France, 1996 のなかの W. キムリッカの執筆項目があげられる。

（13） Nancy Fraser, "From Redistribution to Recognition? Dilemma of Justice in a 'Post-Socialist' Age", *New Left Review*, no. 212, July-August 1995, pp. 68–93〔N. フレーザー（仲正昌樹監訳）『中断された正義――「ポスト社会主義的」条件をめぐる批判的省察』御茶の水書房，2003年，第1章「再配分から承認へ？――『ポスト社会主義』時代における正義のジレンマ」〕. 同誌は，つづいて，I. M. ヤングにも発言の場を与えている。すなわち，Iris Marion Young, "Unruly Categories: A Critique of Nancy Fraser's Dual Systems Theory", no. 222, March-April 1977, pp. 147–160. これに N. フレイザーは "A Rejoinder to Iris Young", no. 223, May-June 1997 で答えている。以上の論稿はつぎのなかに採録されている。Cynthia Willett（dir.）, *Theo-*

rizing Multiculturarism. A Guide to the Current Debate, Oxford, Malden, 1998.

(14) Catherine Wihtol de Wenden, "Les associations 'beur' et immigrés, leurs leaders, leurs stratégie", *Regards sur l'actualité*, no. 178, p. 39.

(15) Jocelyne Cesari, *Etre musulman en France. Associations, militants et mosques*, Paris, Karthala, 1994, p. 183.

(16) Micael Walzer, "La critique communautarienne du libéralisme", dans Berten, Da Silveira, Pourtois, *Libéraux et Communitariens*, p. 301.

(17) Joëlle Zask, "La question du multiculturarisme en France", dans Reneo Lukic et Michael Brint (dir.), *Culture, Politics, and Nationalism in the Age of Globalization*, Aldershot, Ashgate, 2001を参照。同著者は，フランスの論争の分析を締めくくって，「民主主意義の理論を一新し，自由を行使し続けることのできる条件を示すのに貢献すること，平等が社会運動，社会批判，および政治的計画を喚起するようにすること」を訴えている。

(18) Daniel Weinstock, "La problématique multiculturaliste", dans Alain Renaut (dir.), *Les Philosophies politiques contemporaines* (*depuis 1945*), Paris, Calmann-Lévy, 1999, p. 449.

(19) マイケル・ウォルツァーは書いている。「政治理論では，中心問題は自我の構成の研究にはなく，まさしく構成された主体間の絆，社会関係の構造を見いだすことにある」(Michael Walzer, "La critique communautarienne du libéralisme", dans Berten, Da Silveira, Pourtois, *Libéraux et Cmmunautariens*, p. 364)。

(20) Alain Touraine, *Pourrons-nous vivre ensemble? Egaux et différents*, Paris, Fayard, 1997, p. 174. 彼とコスロカヴァール (Farhad Khosrokhavar) との対話である *La recherche de soi*, Paris, Fayard, 2000 も参照。

(21) とくに François de Singly, *Le soi, le couple et la famille*, Paris, Nathan, 1996 を参照。

(22) とくに *The Journal of Philosophy*, no. 91, 1994 のなかのジョン・ロールズとの論争をみられたい。

(23) Pierre Bourdieu et Loïc Wacquant, "On the Cunning of Imperialist Reason", *Theory, Culture and Society*, vol. 16, no. 1, pp. 41–58. また，同じ雑誌 (vol. 17, no. 1, 2000) のなかのつぎの著者の寄稿も参照。クーズ・ヴェン，チャールズ・レマート，ジョン・D. レンチ，ヤン・ネーデルフェーン・ピーテルス，ジョナサン・フリードマン，ニーナ・ウェーブナー，ミシェル・ヴィヴィオルカ，サスキア・サッセン，マルコム・ブラウン，ロバート・マイルズ。

(24) Weinstock, "La problématique multiculturaliste", p. 427.

第3章　集合的差異か，混淆か

(1) Samuel Huntington, *The Clash of Civilization and the Remaking of World Order*, New York, Simon and Shuster, 1996〔サミュエル・ハンチントン (鈴木主税訳)『文明の衝突』集英社，1998年〕. 米語タイトルではclashであるが，フランス版 (Odile Jacob, 1998) では"choc"と訳されている。

(2) Zygmunt Bauman, *Culture as Praxis*, London, Sage, Theory, Culture and Society, 1999, p. VII.

(3) たとえば，Jon Stratton and Ien Ang,"On the Impossibility of Global Cultural Studies", in David Morley and Kuan-Hsing Chen (eds.), *Stuart Hall, Critical Dialogues in Cultural Studies*, London and New York, Routledge, 1996〕は，ロレンス・グロスバーグ，キャリー・ネルソン，ポーラ・トレイチェラーの編の大部な『カルチュラル・スタディーズ』(Lawrence Grossberg, Cary Nelson, and Paula Treichler [eds.], *Cultural Studies*, London and New York, Routledge, 1997) はそのもろもろの寄稿によって，古典的な西欧へゲモニーをはるかに越え，「英語の『カルチュラル・スタディーズ』の分野での新しいアメリカヘゲモニー」(p. 364) を含意している，と考えている。

(4) ジェイムズ・クリフォードは書いている。「セゼールとともに，伝統のさまざまな根は断ち切られ，次いでそれらは外部の影響に負うところの集合的象徴へと再構成される。セゼールにとっては，文化とアイデンティティはつくられるもの，流動的なものなのだ。両者は，先祖の地に帰属せしめられるべきではなく，受粉と（歴史的）移植によって生きるのである」(James Clifford, *Malaise dans la culture. L'ethnographe, la littérature et l'art au xxe siècle*, Paris, ENBA, 1996 [1988], p. 23〔ジェイムズ・クリフォード（太田好信ほか訳）『文化の窮状――二十世紀の民族誌，文学，芸術』人文書院，2003年〕)。

(5) Serge Gruzinski, *La pensée métisse*, Paris, Fayard, 1999.

(6) *Ibid*., p. 104.

(7) John Francis Burke, "Reconciling Cultural Diversity with a Democratic Community: *Mestizaje* as Opposer to the Usual Suspects", *Citizenship Studies*, vol. 3, no. 1, pp. 119–140.

(8) *Ibid*., p. 120.

(9) Will Kymlicka, *Multicultural Citizenship. A Liberal Theory of Minority Rights*, Oxford, Clarendon Press, 1995〔ウィル・キムリッカ（角田猛之ほか訳）『多文化時代の市民権――マイノリティの権利と自由』晃洋書房，1998年〕.

(10) Charles Taylor, "The Politics of Recognition", in Amy Gutman (ed.), *Multiculturalism*, Princeton (N.J.), Princeton University Press, 1992, pp. 25–74〔チャールズ・テイラー「承認をめぐる政治」Ch. テイラー，J. ハーバマス他／A. ガットマン編（佐々木毅ほか訳）『マルチカルチュラリズム』岩波書店，1996年〕および Charles Taylor, *Reconciling the Solitudes: Essays on Canadian Federalism and Nationalism*, Montreal, Mc Gill/Queen's University Press, 1993を参照。

(11) Sanjay Subrahmanyam, *L'Empire portugais d'Asie 1500–1700. Une histoire économique et politique*, Paris, Maisonneuve et Larose, 1999.

(12) Serge Gruzinski, préface à Sanjay Subrahmanyam, *supra*, p. 3.

(13) *Ibid.,* p. 6.

(14) François Laplantine, Alexis Nous, *Le Métissage*, Paris, Flammarion, 1997, p. 114.

(15) Hans Joas, *La Créativité de l'agir*, Paris, Cerf, 1999 [1992].

(16) Homi K. Bhabha, *The Location of Culture*, New York, Routledge, 1994〔ホミ・K. バーバ（本橋哲也ほか訳）『文化の場所――ポストコロニアリズムの位相』法政大学出版局，2005年〕.

(17) *Ibid*., p. 33.

(18) Burke, “Reconciling Cultural Diversity with a Democratic Community”, p. 130.

(19) *Ibid*., p. 129.

(20) Georg Simmel, “Digressions sur l'étranger”, dans Yves Grafmeyer et Issac Joseph（dir.）, *L'Ecole de Chicago*, Aubier, Paris, 1979〔ゲオルク・ジンメル（居安正訳）「異郷人についての補説」『社会学――社会化の諸形式についての研究』下巻，白水社，1994年，所収〕.

(21) Simonetta Tabboni, “Le multiculturalisme et l'ambivalence de l'étrange”, dans Michel Wieviorka（dir.）, *Une société fragmentée? Le multiculturalisme en débat*, Paris, La Découverte, 1996, pp. 227–250をみよ。

(22) Anne Raulin, *L'Ethnique au quotidien. Diasporas, marchés et cultures métropolitaines*, Paris, L'Harmattan, 2000.

(23) Herbert Gans, “Symbolic Ethnicity: The Future of Ethnic Groups and Cultures in America”, *Ethnic and Racial Studies*, vol. 2, 1979, p. 20.

(24) Daniel Ravitch, “A Culture in Common”, *Educational Leadership*, December-January 1992, p. 12. ただし，Denis Lacorne, *La Crise de l'identité américaine*, Paris, Fayard, 1997, p. 259から引用した。

第4章　多文化主義

(1) Denis Lacorne, *La Crise de l'identité américaine. Du melting-pot au multiculturalisme*（Paris, Fayard, 1997）のなかで著者は英語の形容詞「マルティカルチュラル」の使用を1941年まで遡っている。「ハスケル（小説『ランス』の作者）によれば，偏見をもたず，『愛国主義的執着』ももたない者はマルティカルチュラルなのである」(p. 20)。これに対して「マルティカルチュラリズム」という観念は，はるかに遅く，1960年に遡るにすぎないように思われる。

(2) Christine Inglis, “Multiculturalism: New Policy Responses to Diversity, Most”, UNESCO, 1996. 同じく，Ellis Cashmore, *Dictionary of Race and Ethnic Relations*, London, Routledge, 1996, 4th ed. を参照。同書は，主な用法では，「多文化主義」というタームは，「イデオロギー，言説，一連の政策と実践の観念を含んだ広範なスペクトルを覆っている」と記している。

(3) Giovanna Zincone, “Multiculturalism from Above: Italian Variations on a European Theme”, in Rainer Bauböck and John Rundell（eds.）, *Blurred Boundaries: Migration, Ethnicity, Citizenship*, Vienna, Aldershot, 1998, pp. 143–184.

(4) Nathan Glazer, *We are All Multiculturalists Now*, Cambridge（Mass.）, Harvard University Press, 1997, p. 14.

(5) これらの点についてはとくに Danièlle Juteau, “Multiculturalisme canadien et interculturalisme québécois” を参照。これはフォントネー－サン－クルー高等師範

学校の会議における発言であるが，その記録は*L'Individu et ses cultures*, l'Harmattan, 1993の標題のもとに公刊された。同じく，Charles Taylor, *Rapprocher les solitudes*, Sainte Foy, Presses de l'Université Laval, 1992 も参照。反人種差別行動の角度からみた多文化主義については，Philippe Batail, "The Racism Scene and the Multicultural Project: Quebec as an Exemple", *Social Science Information*, vol. 37, no. 2, June 1998, pp. 381–399をみよ。

（6） Denise Helly, Nicolas Van Schendel, *Appartenir au Québec: Citoyenneté, nation et société civile: Enquête à Montréal, 1995*, Sainte Foy, Presses de l'Université Laval, 2001.

（7） Stephen Castles, "Democracy and Multicultural citizenship. Australian debates and their relevance for Western Europe", in Rainer Bauböck（ed.）, *From Aliens to Citizens*, Aldershot, Avesbury, 1984; "Multicultural Citizenship: A Response to the Dilemma of Globalization and National Identity", *Journal of Intercultural Studies*, vol. 18, no. 1, 1997, pp. 5–22.

（8） スウェーデンの経験については，つぎを参照。Alexandra Alund & Crl Ulrik Schierup, *Paradoxes of Multiculturalism. Essays on Swedish Society*, Aldershot, Avesbury, 1991. スウェーデンにおけるメディア上の議論および知識人の議論は（他所でもそうだが），論争に転じたり，人に応じて攻撃になったりと，激しい手練手管の応酬となる（Jonathan Friedman, "Rhinoceros 2" および回答としての Ulf Hannerz, Gudrun Dahl and Arif Dirlik, *Current Anthropology*, vol. 40, no. 5, December 1999, pp. 679–694を参照）。

（9） インドに関しては，とくに Christophe Jaffrelot（dir.）, *Démocraties d'ailleurs*, Paris, Karthala, 2000のなかの彼の論文 "Inde: de l'acclimatation du modèle anglais à la fin de la démocratie conservatrice", pp. 113–160 をみよ。

（10） John David Skrentny, *The Ironies of Affirmative Action. Politics, Culture and Justice in America*, Chicago, University of Chicago Press, 1996.

（11） Julie Thermes, *Essor et declin de l'affirmative action: les étudiants noirs à Harvard, Yale et Princeton*, Paris, Editions du CNRS, 1999.

（12） Pascal Noblet, *L'Amérique des minorités. Les politiques d'intégration*, Paris, l'Harmattan, 1993, p. 149.

（13） Glazer, *We are All Multiculturalists Now*, p. 12.

（14） Ronald Dworkin, *Une question de principe*, Paris, PUF, 1996［1895］. バッキ事件は，クオータ施策のために［カリフォルニア州大学］デーヴィス校医学部の受験者で入学を拒否された白人男性の名前による。これは合衆国最高裁判所の判決で終わりを告げたが，同判決は，大学がふたたび選抜の手続きにクオータを用いることを禁じ，しかし人種的基準の使用は認めた。ドゥウォーキンが指摘するように，「この政策の擁護者たちは，最高裁によって拒否されたデーヴィス校のそれよりももっと複雑で微妙な仕組みをもってすれば，アファーマティヴ・アクションの目的をなお追求できると知って胸をなでおろした」（p. 381）。

（15） たとえば，Ronald Takaki, *A Different Miror: A History of Multicultural America*,

Little, Brown and Co., 1993〔ロナルド・タカキ（富田虎男監訳）『多文化社会アメリカの歴史――別の鏡に映して』明石書店，1995年〕をみよ。同書はアメリカ合衆国の歴史へのマイノリティの貢献を正当に評価すべきだと提言している。

(16) Lacorne, *La crise de l'identité américaine*.

(17) Leon Litwack, "Trouble in Mind: The Bicentennial and the Afro-American Experience", *Journal of American History*, 74, 1987, p. 326. これは Gary B. Nash, "The Great Multicultural Debate", in Stephen Steinberg (ed.), *Race and Ethnicity in the United States*, Blackwell Publishers, Malden, 2000, p. 276 からの引用による。

(18) Philio G. Altbach, Kofi Lomotey, *The Racial Crisis in American Higher Education*, Albany (N.Y.), State University of New York Press, 1991 を参照。

(19) 『ディセント』(*Dissent*, fall 1995) は，"American Action under Fire" (pp. 416–476) というタイトルのもとに重要な文書を提示している。それらは，賛成，反対のやり取りされる議論に検討を加え，アファーマティヴ・アクションが，左翼寄りとされるこの雑誌の読者にとっての意味も含め，きわめて議論の多いテーマであることを示している。

(20) Inglis, "Multiculturalism".

(21) William G. Bowen, Derek Bok, *The Shape of the River. Long Term Consequence of Considering Race in College and University Admissions*, Princeton (N.J.), Princeton University Press, 1998.

(22) Pascal Noblet, "Eglise et discrimination positive. Le cas de la France et des Etats-Unis", *Revue française des affaires sociales*, no. 4, oct.-déc. 1998, pp. 131–145.

(23) Stephen and Abigail Thernstrom, *America in Black and White. One Nation, Indivisible*, New York, Simon and Schuster, 1997; Glazer, *We Are All Multiculturalists Now*; Orlando Patterson, *The Ordeal of Integration*, Civitas Counterpoint, Washihgton D.C., 1997を参照。

(24) Bruce Benderson, *Pour un nouvel art dégénéré*, Paris, poche, 1998 [1997].

(25) ウィリアム・J. ウィルソン（William J. Wilson）の説明では，二種類のアファーマティヴ・アクションがあるという。ひとつは，一定数のポストをエスニック・マイノリティに留保するというものである。この形式がまさにアファーマティヴ・アクションとして保守派が思い描くところのものであり，大多数のアメリカ人もこれをしりぞける。いわく，「ふさわしい能力があろうとなかろうと，マイノリティメンバーのために雇用が留保されるって，それは正しくない」。しかしそれに反して，もしも「すべてのアメリカ人に対し機会の平等を大きくしていかねばならない。そのためにはどうすればよいか」と問えば，非常に違った反応が得られるだろう。世論は，あらゆる種類のクオータ，たとえば大学の入学枠には反対するが，よい成績をあげた黒人学生に奨学金を与えることには賛成するのである。*Le Monde des débat*, septembre 1999, p. 19.

(26) この政府の政策は，より厳密にいうと，白人の父親とアボリジニの母親から生れた子どもを対象にした。文明にとって忘れ物同然である非混血児は，こうした引き上げの対象にならなかったのだ。

(27) Charles Taylor, *Multiculturalisme. Différence et démocratie*, Paris, Flammarion, 1999, p. 98.

(28) Hervé Le Bras, *Le Démon des origines*, La Tour d'Aigues, Ed. de l'Aube, 1998; "La confusion des origines", *Les Temps Modernes*, no. 604, mai-juillet 1999, pp. 228–242.

(29) Joseph Raz, "Multiculturalism: A Liberal Perspective", *Dissent*, Winter 1994, pp. 67–79.

(30) Amy Gutman, "Introduction", in Taylor, *Multiculturalisme*, p. 39〔エイミー・ガッマン「緒論」Ch. テイラー，J. ハーバーマス他／A. ガットマン編（佐々木毅ほか訳）『マルチカルチュラリズム』岩波書店，1996年，35頁〕.

(31) Pascal Gruson et Renaud Dulong (dir.), *L'Expérience du déni, Bernard Mottez et le monde des sourds en débats*, Paris, Editions de la MSH, 1999, p. 259. けれども，ベルナール・モテは，「『私たちは障害者か否か』という問題は依然として聾者の世界を二分し続けている」と述べている。

(32) つぎを参照。David Biale, Michel Galchinski et Suzannah Heschel (eds.), *Insider/Outsider. American Jews and Multiculturalism*, Berkeley, Los Angeles, London, University of California Press, 1999.

(33) Fredrik Barth, "Ethnicity and the Concept of Culture", dans Douglas R. Imig et Pamela Slavsky (eds.), *Non Violent Sanctions and Cultural Survivals Seminars*, Center for International Affairs, Harvard University, 1995.

(34) Alessandro Ferrara, "Multiculturarismo ben temporato", dans *Multiculturalismo e democrzia*, Franco Crespi e Roberto Segatori (a cura di), Rome, Donzelli, 1996, pp. 195–204 の表現による。

(35) たとえば，William V. Flores and Rita Benmayor (eds.), *Latino Cultural Citizenship, Claiming Identity, Space and Rights*, Boston, Beacon Press, 1997 を参照。著者たちは，「多文化主義」という言葉はアメリカの「ラティーノ」には適合しないとみなし，「文化的市民権」(cultural citizenship) という観念を提案している。これは，彼らによれば，市民的・文化的諸権利を社会的諸要求を結びつけるものである。

(36) Castles, "Democracy and Multicultural Citizenship" を見よ。

第II部　差異の分析

(1) たとえばハリー・マーコヴィッツ (Harry Markowicz) は，アメリカ合衆国における聴覚障害者の運動の歴史は，黒人の公民権運動の影響を受けていたこと，「聴覚障害者のコミュニティとユダヤ系のコミュニティのあいだには」類似的な関係があること，を指摘している。Pascal Gruson et Renaud Dulong (dir.), *L'Expérience du déni, Bernard Mottez et le monde des sourds en débats*, Paris, Editions de la MSH, 1999, p. 8.

(2) Homi K. Bhabha, *The Location of Culture*, New York, Routledge, 1994, pp. 32–35.〔ホミ・K. バーバ（本橋哲也ほか訳）『文化の場所――ポストコロニアリズムの位相』法政大学出版局，2005年〕を参照。

第５章　差異の再生産と構築――類型化

（１）　Eugen Joseph Weber, *La Fin des terroirs. La modernisation de la France rurale: 1870–1914*, Paris, Fayard, 1983.

（２）　ここでの参考文献としては，つぎがあげられる。Ronan Le Coadic, *L'identité bretonne*, Rennes, Presses universitaires de Rennes, 1998.

（３）　Jean-François Chanet, *L'Ecole républicaine et les petites patries*, Paris, Aubier, 1996 を参照。

（４）　Le Coadic, *L'Identité bretonne*.

（５）　James Clifford, *Malaise dans la culture. L'ethnographie, la litérature et l'art au xxe siècle*, Paris, ENBA, 1996［1988］, p. 234〔ジェイムズ・クリフォード（太田好信ほか訳）『文化の窮状――二十世紀の民族誌，文学，芸術』人文書院，2003年〕.

（６）　John Ogbu, "Immigrant and Involuntary Minorities in Comparative Perspective", in M. A. Gibson（ed.）, *Minority Status and Schooling: A Comparative Study of Immigrant and Involuntary Minorities*, Garland Pub. Inc., 1991, chap. 1, pp. 3–33.

（７）　Cedric J. Robinson, *Black Movements in America*, New York, London, Routledge, 1997, p. 153.

（８）　William Julius Wilson, *The Truly Disadvantaged: The Inner City, the Underclass and Public Policy*, Chicago, Chicago University Press, 1987.

（９）　そういうわけで，「シカゴ学派」という命名は，それが包括すると称する多様な著者たちに充てられる。

（10）　William Isaac Thomas, Florian Znaniecki, *Le Paysan polonais en Europe et en Amerique. Récit d'un migrant*, Paris Nathan, 1998［1918］〔W. I. トーマス，F. ズナニエツキ（桜井厚訳）『生活史の社会学――ヨーロッパとアメリカにおけるポーランド農民』御茶の水書房，1983年〕を参照。

（11）　Louis Wirth, *Le Ghetto*, Presses universitaires de Grenoble, 1980［1928］.

（12）　Claire Schiff, *Situation migratoire et condition minoritaire. Une comparaison entre les adolescents primo-arrivants et les jeunes de la deuxième génération vivant en milieu urbain défavorisé*, Paris, thèse, EHESS, 2000.

（13）　Robert Park, *Race and Culture*, Glencoe, The Free Press, 1950.

（14）　Didier Lapeyronnie, "Les deux figures de l'immigré", dans Michel Wieviorka（dir.）, *Une société frangmentée? Le multiculturalisme en débat*, Paris, La Découverte, 1996, pp. 251–265.

（15）　Herbert Gans, "Symbolic Ethnicity: The Future of Ethnic Groups and Cultures in America", *Ethnic and Racial Studies*, vol. 2, 1979, p. 20.

（16）　Nicolas Tietze, *L'islam: un mode de construction subjective de la modenité Des formes de religiosité musulmane chez les jeunes gens dans des qualtiers défavorisés en France et en Allemagne*, Thèse de doctorat, EHESS/Université Philips de Marburg, 1998.

（17）　フランスにおける1960年代以降の同性愛の歴史については，出版時にさまざまな論議を呼んだつぎのものを参照されたい。Frédéric Martel, *Le Rose et le Noir*,

Paris, Seuil, 1997. 戦闘的かつ可視的な次元も含んだ両大戦間期のこの現象の歴史的厚みについては，以下を見られたい。Florence Tamagne, *Histoire de l'homosexualité en Europe, Berlin, Londres, Paris*（*1919–1939*）, Paris, Seuil, 2000.

(18) Emanuelle Laborit, *Le cri de la muette*, Paris, Robert Laffont, 1994.

第 6 章　差異の生産

(1) Theodor Lessing, *La haine de soi, le refus d'être juif*, Paris, Berg International, 1990［1930］. このテーマについては，Esther Benbassa et Jean-Christophe Attias（dir.）, *La Haine de soi. Difficiles identités*, Bruxelles, Ed. Complexe, 2000 のなかの類似した分析も参照されたい。

(2) Esther Benbassa, Jean-Christophe Attia, "Introduction", *ibid*., p. 17.

(3) Pierre Vidal-Naquet, "Et par le pouvoir d'un mot…", *Les juifs, la mémoire et le present*, II, Paris, La Découverte, 1991, p. 275.

(4) つぎからの引用による。Ritter, "La différence culturelle de la diaspora arménienne", dans Michel Wieviorka et Jocelyne Ohana（dir.）, *La différence culturelle. Une reformulation des débats*, Paris, Balland, 2001.

(5) Jean-Paul Sartre, *L'Etre et le néant, essai d'ontologie phénoménologique*, Paris, Gallimard, 1975［1943］, p. 265〔ジャン゠ポール・サルトル（松浪信三郎訳）『存在と無――現象学的存在論の試み』全 3 冊，筑摩書房，2007–2008年〕.

(6) ハンナ・アーレントは，ラーエル・ファルンハーゲンの伝記のなかで，自分自身についてのこの作業についてのとくに興味ぶかい一ケースの分析を提起している。これは，自らのユダヤ的出自の貶価からその肯定的主張へと移行した一女性のケースである。Hannah Arendt, *Rachel Varnhagen. La vie d'une Juive allemande à l'époque du romantisme*, Paris, Tierce（1933年に完成していたが，公刊は1958年にすぎなかった）〔ハンナ・アーレント（大島かおり訳）『ラーエル・ファルンハーゲン――ドイツ・ロマン派のあるユダヤ女性の伝記』みすず書房，1999年〕.

(7) Jean Michel Chaumont, *La Concurrence des victimes. Génocide, identité, reconnaissannce*, Paris, La Découverte, 1997, p. 95.

(8) Bernard Mottez, "Une page d'histoire", dans Pascale Gruson et Renaud Dulong（dir.）, *L'Expérience du déni. Bernard Mattez et le monde des sourds en débats*, Paris, Editions de la MSH, 1999, p. 10. モテは，20世紀初頭の聾唖者の大会の報告で，ある慈善事業誌の論説担当者は「いったいいつから患者が医師に自分たちをこのように扱うべきだ，と命令するようになったのか」と怒りを表明している，と指摘している（p. 9）。

(9) Danièle Carricaburu, *L'Hémophilie au risque de la médicine. De la maladie individuelle à la contamination collective par le virus du Sida*, Paris, Anthropos, 2000 を参照。

(10) この点については，Nicole Lapierre, *Changer de nom*, Paris, Stock, 1995 の参考文献をみよ。

(11) たとえば，Norbert Elias, *Studien über die Deutschen*, Suhrkamp Verlag, 1989〔ノ

ルベルト・エリアス／ミヒャエル・シュレーター編（青木隆嘉訳）『ドイツ人論――文明化と暴力』法政大学出版局，1996年〕を参照。

(12) Nilüfer Göle, “La deuxième phase de l’islamisme. L’exérience turque”, dans Wieviorka et Ohana (dir.), *La différence culturelle*.

(13) Ilan Greilsammer, “Identité juive et culture politique. Etats-Unis, France, Israël”, dans Wieviorka et Ohana (dir.), *ibid*.

(14) Vincent Gaulejac, *Les Sources de la honte*, Paris, Desclée de Brouwer, 1996, p. 229.

(15) Fredrik Barth, *Ethnic Groups and Boundaries. The Organization of Culture Difference*, Bergen, Oslo, Universitetforlaget, 1969. この論集の序論は，以下の本の第二部をなしている。Philippe Poutignat et Jocelyne Streiff-Fenart, *Théorie de l’ethnicité*, Paris, PUF, 1995. なお，バルトの手続きと「微視歴史学」（カルロ・ギンズブルグ，マウリツィオ・グリバウディなど）のあいだにはある親近性があることを指摘しておきたい。この点については，Paul-André Rosental, “Construire la ‘macro’ par ‘micro’: Fredrik Barth et la microhistoria”, dans Jacques Revel (dir.), *Jeux d’échelles. La microanalyse à l’expérience*, Seuil/Gallimard, Paris, 1996, pp. 141–159 を参照。

(16) Poutignat et Streiff-Fenart, *Théorie de l’ethnicité*, p. 217.

(17) Nathan Glazer and Daniel Patrick Moynihan (eds.), *Ethnicity: Theory and Experience*, Cambridge (Mass.), Harvard University Press, 1975〔N. グレーザー／D. P. モイニハン編（内山秀夫訳）『民族とアイデンティティ』三嶺書房，1984年〕.

第7章　差異の三角形

(1) Alain Touraine, *Pourrons-nous vivre ensemble? Egaux et différents*, Paris, Fayard, 1997. とくに，そのⅣ章 “Haute, moyenne et basse modernité”, pp. 159–192 を参照。

(2) Benedict Anderson, *L’Imaginaire national. Réflexions sur l’origine et l’essor du nationalisme*, Paris, La Découverte, 1996 [1983]〔ベネディクト・アンダーソン（白石さや・白石隆訳）『定本　想像の共同体――ナショナリズムの起源と流行』書籍工房早山，2007年〕.

(3) Robert Castel, *Les métamorphoses du social*, Paris, Fayard, 1995.

(4) Mancur Olson, *Logique de l’action collective*, Paris, PUF, 1978 [1966]〔マンサー・オルソン（依田博・森脇俊雅訳）『集合行為論――公共財と集団理論』新装版，ミネルヴァ書房，1996年〕.

(5) Farhad Khosrokhavar, *L’Unanimisme révolutionnaire en Iran*, Thèse de doctorat d’Etat, Paris, EHSS, 1992 および *Anthropologie de la révolution iranienne*, Paris, L’Harmattan, 1997 を参照。

(6) たとえば，Gilles Képel, *Jihad, expansion et déclin de l’islamisme*, Paris, Seuil, 2000〔ジル・ケペル（丸岡高弘訳）『ジハード――イスラム主義の発展と衰退』産業図書，2006年〕をみよ。

(7) Jonathan Friedman, *Cultural Identity and Global Process*, Thousand Oaks, New Delhi, Sage, 1994, p. 13.

(8) とくに，つぎのなかにおいてである。George Mosse, *L'image de l'homme. L'invention de la virilité moderne*, Paris, Editions Abbeville, 1997［1996］〔ジョージ・L. モッセ（細谷実ほか訳『男のイメージ――男性性の創造と近代社会』作品社，2005年〕. また，この歴史家のステファン・モゼス（Stéphane Mosès）による紹介（*Le Monde des Débats*, mars 2000）も参照。

(9) この潮流については，Graeme Turner, *British Cultural Studies. An Introduction*, Routledge, London, New York, 1996（2e ed.）〔グレアム・ターナー（溝上由紀ほか訳）『カルチュラル・スタディーズ入門――理論と英国での発展』作品社，1999年〕を参照。

(10) Stuart Hall, *Critical Dialogues in Cultural Studies*, by Daniel Morley and Kuan-Hsing Chen, Routledge, London and New York, 1996; Paul Gilroy, *There Ain't No Black in the Union Jack*, London, Hutchinson, 1987および *The Black Atlantic. Modernity and Double Consciousness*, Cambridge（Mass.）, Harvard University Press, 1993〔ポール・ギルロイ（上野俊哉・毛利嘉孝・鈴木慎一郎訳）『ブラック・アトランティック――近代性と二重意識』月曜社，2006年〕.

(11) Dick Hebdige, *Subculture: The Meaning of Style*, London, Mehuen, 1979.

(12) Michel Wieviorka, *La Démocratie à l'épreuve, populisme, ethnicité*, Paris, La Découverte, 1993.

(13) Nacira Guénif, Farhad Khosrokhavar, Paul Zawadzki, "L'expérience de l'antisémitisme à Sarcelles", dans Michel Wieviorka（dir.）, *Pour une sociologie du racisme. Trois études*, rapport pour le FAS, Paris, CADIS, 1994, pp. 11–54.

(14) Alain Ehrenberg, *L'Individu incertain*, Paris, Calmann-Lévy, 1995.

(15) Marcel Gaucher, "Essai de psychologie contemporaine", *Le Débat*, mars-avril 1998, pp. 164–181.

(16) Oscar Lewis, *Les enfants de Sanchez*, Paris Gallimard, 1963［1961］〔オスカー・ルイス（柴田稔彦・行方昭夫共訳）『サンチェスの子供たち――メキシコの一家族の自伝』新装版，みすず書房，1986年〕; *La Vida: A Puerto Rican Family in the Culture of Poverty-San juan and New York*, 1965〔（行方昭夫・上島建吉訳）『ラ・ビーダ――プエルト・リコの一家族の物語』全3巻，みすず書房，1970–1971年〕.

(17) Nancy Fraser, "From Redistribution to Recognition? Dilemma of Justice in a 'Post-Socialist' Age", *New Left Review*, no. 212, July-August 1995, pp. 68–93〔N. フレーザー（仲正昌樹監訳）『中断された正義――「ポスト社会主義的」条件をめぐる批判的省察』御茶の水書房，2003年，第1章「再配分から承認へ？――『ポスト社会主義』時代における正義のジレンマ」〕.

(18) Richard Sennett, *The Corrosion of Character: The Personal Consequences of Work in the New Capitalism*, New York, London, W.W. Norton and Cie, 1998〔リチャード・セネット（斎藤秀正訳）『それでも新資本主義についていくか――アメリカ型経営と個人の衝突』ダイヤモンド社，1999年〕.

(19) とくに Alain Touraine, *Critique de la modernité*, Paris, Fayard, 1992; *Pourrons-*

nous vivre ensemble? Egaux et différents をみよ。

(20) Claire Schiff, *Situation migratoire et condition minoritaire. Une comparaison entre les adolescents primo-arrivants et les jeunes de la deuxième génération vivant en milieu urbain défavorisé*, Paris, thèse, EHESS, 2000.

(21) William Foote Whyte, *Street Corner Society*, Paris, La Découverte, 1996［1943］, とくにアンリ・ペレス（Henri Peretz）の序文とホワイトの後記をみよ。

(22) Erving Goffman, *The Presentation of Self in Everyday Life*, New York, Doubleday Anchor, 1959〔アーヴィング・ゴッフマン（石黒毅訳）『行為と演技――日常生活における自己呈示』誠信書房，1974年〕.

(23) Khosrokhavar, *l'Unanimisme révolutionnaire en Iran*.

(24) Alain Ehrenberg, *La Fatigue d'être soi*, Paris, Odille Jacob, 1999; *Le culte de la performance*, Paris, Calmann-Lévy, 1991.

(25) Christopher Lasch, *La Culture du narcissisme*, Paris, Climats, 2000［1979］〔クリストファー・ラッシュ（石川弘義訳）『ナルシシズムの時代』ナツメ社，1981年〕.

(26) Kevin McDonald, *Struggles for Subjectivity. Identity, Action and Youth Experience*, Cambridge, Cambridge University Press, 1999.

(27) Françous Dubet, *La Galère*, Paris, Fayard, 1987 および *Sociologie de l'expérience*, Paris, Seuil, 1994.

(28) Hebdigh, *Subculture*.

(29) Dubet, *La Galêre*.

(30) Manuel Boucher, *Rap. Expression des lascars*, Paris, L'Harmattan, 1998 を参照。

第8章　文化，アイデンティティ，記憶

(1) その著 *British Cultural Studies. An Introduction*, Routledge, London, New York, 1996（2e ed.）〔グレアム・ターナー（溝上由紀ほか訳）『カルチュラル・スタディーズ入門――理論と英国での発展』作品社，1999年〕で，グレアム・ターナー（Greame Turner）は，雑誌の *Cultural Studies* は，この分野を「文化の諸過程の研究，とくに民衆文化の研究は，重要かつ複雑であり，理論的であると同時に政治的な満足をあたえてくれる」と指摘している（p. 1)。また彼が指摘するには，スポーツ，ダンス，マスメディア，若者文化，音楽産業，その他多くの民衆の行動への関心を喚起することで，「カルチュラル・スタディーズ」（この場合は英国の）は，われわれの日常生活が構成される仕方について考察に，また現代諸社会の社会的・政治的機能，および支配や排除がそこでとる形式の考察に貢献したのだった。

(2) 以下を参照。Miguel Léon-Portilla, *Vision de los venccidos. Relaciones indigenas de la Conquista*, Mexico, UNAM, 1959〔ミゲル・レオン＝ポルティーヤ編（山崎眞次訳）『インディオの挽歌――アステカから見たメキシコ征服史』成文堂，1994年〕; Nathan Wachtel, *La vision des vaincus. Les Indiens de Pérou devant la conquête espagnole（1530–1570）*, Paris, Gallimard, 1971〔N. ワシュテル／小池佑二訳

『敗者の想像力——インディオのみた新世界征服』岩波書店，1984年〕; *Le Retour des ancêtres*, Paris, Gallimard, 1990.

（3） John Locke, *Identité et différence. L'intervention de la conscience*, présenté, traduit et commenté par Etienne Balibar, Paris, Seuil, 1998.

（4） Marc Augé（dir.）, *Territoires de la mémoire*, Thonon-Bains, Ed. de l'Albaron, 1992, pp. 14–16; Joël Candau, *Mémoire et identité*, Paris, PUF, 1998 からの引用による。

（5） Paul Ricœur, "Entre mémoire et histoire", *Projet*, no. 248, 1996–1997, pp. 11–12 Candau, *Mémoire et identité* からの引用による。ポール・リクールはその記憶論を晩年の著作，*La Mémoire, l'histoire, l'oubli*, Paris, Seuil, 2000〔ポール・リクール（久米博訳）『記憶・歴史・忘却』上下，新曜社，2004年〕で詳述している。これについては後にふれる。

（6） Candau, *Mémoire et identité*, p. 9.

（7） *Ibid*., p. 10.

（8） *Ibid*., pp. 71–72.

（9） Ernest Renan, *Qu'est-ce qu'une nation?*, Presse Pocket, 1992［1882］, p. 41〔E. ルナン・鵜飼哲訳「国民とは何か」『国民とは何か』インスクリプト，1997年〕.

（10） Monica Quijada, "La question indienne", *Cahiers Internationaux de Sociologie*, vol. CV, juillet-décembre 1998, pp. 305–323.

（11） Friedlich Nietzsche, *Seconde considération inactuelle*, Paris, Gallimard, 1990［1872］〔フリードリヒ・ニーチェ（大河内了義訳）「生に対する歴史の功罪・反時代的考察第二編」『ニーチェ全集』第2巻（第一期），白水社，1980年〕.

（12） Jean-Yves et Marc Tadié, *Le Sens de la mémoire*, Paris, Gallimard, 1999, p. 10.

（13） *Ibid*., p. 11.

（14） *Ibid*., p. 12.

（15） *Ibid*., p. 57.

（16） *Ibid*., pp. 1 et 325.

（17） *Ibid*., p. 330.

（18） Ricœur, *La Mémoire, l'histoire, l'oubli*, pp. 82–111. 同じく，つぎも参照。Tzvetan Todorov, *Les Abus de la mémoire*, Paris, Aréa, 1995. この点については，*Le Monde des Débats*, septembre 2000 のなかのピエール・ブーレツ（Pierre Bouretz）の批判を参照。

（19） Maurice Halbwachs, *La Mémoire collective*, édition critique établit par Gérard Namer, Paris, Albin Michel, 1997［1945］, p. 65〔原著旧版からの邦訳は，モリス・アルヴァクス（小関藤一郎訳）『集合的記憶』行路社，1989年〕.

（20） Maurice Halbwachs, *Les Cadres sociaux de la mémoire*, Paris, Albin Michel, 1994［1925］, p. 290.

（21） Halbwachs, *Les Cadres sociaux de la mémoire*, p. 104.

（22） 彼の分析は，国民以外の別の集団の視座も導入しているだけに，実際にはもっと複雑な，ないし繊細さをそなえたものである（少なくとも緻密である）。「通常，国民は個人と距離があるので，個人が自国の歴史を，非常に広大な枠組み以外の

ものとして考えることえはできず，それと彼の物語はきわめてわずかな接点しかもたない」（Halbwachs, *Les Cadres sociaux de la mémoire*, p. 130）。「複数の集合的記憶が存在し」，「集団が存在するだけ，それだけ多くの空間の表象の仕方がある」（*ibid*., p. 232）。

（23） Halbwachs, *Les Cadres sociaux de la mémoire*, p. 105.

（24） Gérard Namer, “Introduction” à Halbwachs, *La Mémoire collective*, p. 272.

（25） Namer, “Introduction”, p. 266.

（26） Ricœur, *La Mémoire, l'histoire, l'oubli*, p. 114.

（27） *Ibid*., p. 150.

（28） Annete Wieviorka, *L'Ère du témoin*, Paris, Plon, 1998.

（29） Annete Wieviorka, *Déportation et Génocide. Entre la mémoire collective et l'oubli*, Paris, Plon, 1992.

（30） Ilan Greilsammer, “Identité juive et culture politique. Etats-Unis, France, Israël”, dans Michel Wieviorka et Jocelyne Ohana（dir.）, *La différence culturelle. Une reformulation des débats*, Paris, Balland, 2001 を参照。彼はこの新しい歴史学にひとつの批判的な見方をもたらしている。

（31） とくに，ドイツ人の奨励によって設けられたユダヤ人評議会（*Judenräte*）の指導者たちの演じた役割については，激しい論争が行なわれた。この組織は，戦時中，ナチスの命令をゲットーのなかで実施することを任とした。エルサレムでのアドルフ・アイヒマンの公判の際には，ハンナ・アーレントがアメリカの新聞『ニューヨーカー』に出来事を報告し，この評議会の介入を通じてユダヤ人はその自滅に力を貸した，と主張した。それに続いては，何人かの歴史家から異議が寄せられた。

（32） Benjamin Stra, *Dictionnaire des livres de la guerre d'Algérie, 1955–1996*, Paris, L'Harmattan, 1996.

（33） Vincent de Gaulejac, *Les Sources de la honte*, Paris, Desclée de Brouwer, 1996.

（34） Candau, *Mémoire et identité*, p. 128 からの引用。

（35） Ricœur, *La Mémoire, l'histoire, l'oubli*.

（36） Détienne, *Comparer l'incomparable*, p. 21.

（37） Krzystof Pomian, *Sur l'histoire*, Paris, Gallimard, Folio-histoire, 1999, p. 320.

（38） Marc Ferro, *Comment on raconte l'Histoire aux enfants à travers le monde entier*, Paris, Payot, 1981.

（39） Marcel Détienne, *Comparer l'incomparable*, Paris, Seuil, 1999, p. 11.

（40） *Ibid*., p. 13.

（41） *Ibid*., p. 25.

（42） François Furet, *L'Atelier de l'histoire*, Paris, Flammarion, 1982, p. 91; Détienne, *Comparer l'incomparable* からの引用による。

（43） Pierre Nora（dir.）, *Les Lieux de mémoire*, Paris, Gallimard, tome I（*La République*, 1984）, tome II（*La Nation*, 1986）, tome III（*Les France*, 1992）〔ピエール・ノラ編（谷川稔監訳）『記憶の場――フランス国民意識の文化＝社会史』全3巻，岩波書

店，2002–2003年〕．ポール・リクールにとっては，ピエール・ノラの著作は「奇妙な不安」の感情を喚起するものである（Ricœur, *La Mémoire, l'histoire, l'oubli*, pp. 522–535）。ジェイ・ウィンターとエマヌエル・サイヴァンは，『20世紀における戦争と記憶』（Jay Winter and Emmanuel Sivan〔eds.〕, *War and Remembrance in the Twentieth Century*, Cambridge, Cambridge University Press, 1999）の序において，ピエール・ノラの立場は，いかにもフランス的な性癖《フレンチネス》を現わしているとしている。「そこには，出生率低下と世界におけるフランス語の衰退を西欧文明そのものの衰退と同一視する知的注解者を見いだすのではないか」p. 2）。

(44) Nicole Lapierre, *Le Silence de la mémoire*, Paris, Plon, 1989, p. 278.

(45) なかでもミシェル・ペロー（Michelle Perrot）は，ジョルジュ・デュビィ（Georges Duby）とともに5巻本の *L'Histoire des femmes en Occident, de l'Antiquité à nos jours*, Paris, Plon, 1991–1992〔G. デュビィ／M. ペロー監修（杉村和子・志賀亮一監訳）『女の歴史』全12巻，藤原書店，1994–2001年〕を編集した。

(46) Paloma Aguilar, "Agents of Memory: Spanish Civil War Veterans", in Winter and Sivan（eds.）, *War and Remembrance in the Twentieth Century*, p. 103.

訳註（用語解説）

〔1〕 コミュノタリスム（**communautarisme**）――フランスではこの語は，移民などの民族コミュニティがそのアイデンティティを排他的に維持し，自文化の承認を要求したり，なんらかの目的に対して利益集団的に行動する内向きの共同体中心主義を指す。ほとんどつねに否定的意味で用いられる。英米系のリベラルズとコミュニタリアンズの議論における後者の思想とは関係がない。

〔2〕 衡平（**équité**）――法の世界では，一般的な法規則をそのまま適用すると妥当でないようなケースで，具体的な状況に即して修正する原理をさす。規範に則り，斉一的に同じ扱いをすること（平等 equality）と区別し，所与の条件の違いなどを考慮して差異を含んだ扱いをする考え方をいう。「正義」（justice）あるいは「公正」（fairness）という観念に親近性をもつ。

〔3〕 積極的差別（**discrimination positive**）――アメリカの「アファーマティヴ・アクション」の仏訳語として1980年代に使われはじめた。恵まれない所与条件のもとに置かれた社会成員に対する優先処遇の措置をさすが，一般に，「人」（民族，女性など）を対象としてではなく，客観的指標（たとえば所得，失業率など）にもとづき，地域や年齢集団をその対象に行なわれるのがフランスの特徴。「都市政策」（後述）にその特徴が現われている。

〔4〕 文化的特殊主義（**particularisme culturel**）――particularism は，universalism との対で T. パーソンズが行為のパターン変数として用いた（「個別主義」と訳された）。その影響も認められるが，フランスでは普遍主義が「共和国モデル」として定式化され，属性を捨象した個人，その平等，非宗教性などを含意するため，それとの対照で，特定のエスニックな属性や文化，宗教などを価値づける議論がこう呼ばれる（たとえば，ブルトンやコルスの独自文化への固執，イスラームの戒律の遵守など）。一般には否定的意味で使われることが多い。本書での著者の用法は，上のフランスの慣用に反するものではないが，文化の内容への価値判断は慎重に避けている。

〔5〕 ラシュディ，サルマン（**Rushdie, Salman**）――インド出身イギリス人の文学者。その小説『悪魔の詩』（1988年）がマホメットを冒瀆しているとしてイスラーム教徒世界から激しい抗議を受け，イランのホメイニ師が彼に「死刑宣告」をした。

〔6〕 スカーフ事件（**affaire du foulard**）――1989年9月にフランスのクレイユ市の公立中学校にイスラームのスカーフ（ヘジャーブ）を着けて登校した女生徒に，

着用のままの授業参加を拒否した学校長の対応に端を発し，国民教育相，議会，コンセイユ・デタなどが見解を表明。こうしたスカーフ着用を，「非宗教性」の原則から問題視する見方から，イスラーム原理主義の影響の現われとみる見解まで多様だが，公教育界は一般に厳しい態度をとり，その後類似の事件でかなりの退学処分が生まれている。

〔7〕 **自己成就的予言**——社会状況についての人びとのある思い込みが，彼らの行動に影響を与え，結果と当初の予想に合致するような事態を生み出すこと。R. マートンの用語。しかし，この「予言成就」のメカニズムは多様であり，一義化していうことはできない。

〔8〕 **新しい社会運動（nouveaux mouvements sociaux）**——1968年5月（5月革命）とその後の状況を踏まえながらA. トゥレーヌが命名したもので，階級闘争として意味づけられてきた労働運動や政治運動にたいし，学生運動，反原発運動，地域運動，女性運動など，自己決定，アイデンティティ，独自文化，生活の質などの実現を重視する運動をこのように呼び，注目した。

〔9〕 **「ナシオナリテール」（nationalitaire）**——自己決定を求める地域運動のなかで，分離独立をめざす従来型のナショナリズム運動に対し，アイデンティティや文化の権利を追求するが，領域的独立を求めず，国家内での自治を追求する運動が，このように形容された。オクシタン運動（後述）など，1970年代以降の西欧ではこの型の運動が一般化している。

〔10〕 **ディアスポラのユダヤ人（Juifs de diaspora）**——ディアスポラはもともとはエルサレムから追放され，離散状態となったユダヤ人社会を指す表現（異郷離散者）。これがシオニズム運動を生むわけであるが，イスラエルの建国（1948年）以後，しだいに，同国民との対比で，同国以外に住むユダヤ系の人びとを指すようになる。なお，イスラエル国家の建設がパレスティナ住民のディアスポラ化を結果したことが，対でいわれることもある。

〔11〕 **イスラーミズム（islamisme）**——厳密な規定なしに使われる言葉だが，英米で「イスラーム原理主義」（islamic fundamentalism）と言っているものを，フランスでは，この言葉で呼んでいるといってよい。

〔12〕 **再イスラーム化（ré-islamisation）**——世俗化や西欧化の影響のもとで，信仰離脱または信仰の個人化を示していたムスリムの若者などが，国際紛争や自身のこうむる差別などなんらか社会的経験をきっかけに，イスラーム信仰への回帰を起こし，宗教運動や結社による活動に積極的に参加すること。

〔13〕 **オクシタン運動（movement occitan）**——現在の南フランスに相当するオック語文化圏（オクシタニー）に主に1950年代から70年代にかけて展開された運動（その内容については本文参照）。ヴィヴィオルカは，A. トゥレーヌ，F. デュベらとともに1977年から80年にかけて「社会学的介入」の方法により同運動の調査を行なった。第1章原註（18）がその成果。

〔14〕 **ユダヤ人のブント（Bund）**——19世紀末に設立されたロシア，ポーランド，リトアニアにおけるユダヤ人の社会主義政党「ユダヤ社会主義労働者党」の略称。一時ロシア革命でも重要な役割を演じたが，のち分裂。ポーランドでは両大戦間

期に勢力を回復したが，ナチスにより壊滅させられる。

〔15〕 メスティサーヘ（**mestizaje**）――メスティソ（mestizo）は，混血者，ラテンアメリカではとくに慣用的にスペイン人男性と先住民女性との混血子女を指す。mestizaje はより一般的に「混血」を意味する名詞で，バークは，この概念で，生物的・人種的意味合いではなく，複数の文化が相互作用し，同化にいたるのではなく，多様な組み合わせをつくりだす事実あるいは可能性に言及している。集合現象としてではなく，個別の組み合わせに注目している。

〔16〕 カナダの二極化――「独立」ないし大幅な自治を唱えるケベック州と，それ以外のカナダとの対立が過去数十年間同国の統合に関わる主要な緊張をなしてきたのは事実であり，二極化といわれる。この対立のなかで先住民や他の民族（ウクライナ系など）の権利や自治の問題がともすれば二義的に扱われる点には不満が大きい。

〔17〕 **1996**年の事件――反アジア移民，反多文化主義をかかげる，のちの「ワン・ネーション党」の党首となるポーリン・ハンセン議員が，同年の議会で多文化主義を批判する演説を行ない，ハワード首相がこれを容認する態度をとった。人種差別的言説の放置として，国内ばかりでなく国際的な非難を呼び起こした。

〔18〕 バッキ訴訟事件――カリフォルニア州立大学デーヴィス校医学部に不合格となった白人男性アラン・バッキが1974年に同大学に起こした訴訟。100人中16人を黒人などマイノリティの入学枠に充てる同大学の人種クオータ制を，平等に反する差別として訴えたもの。1978年の連邦最高裁の判決は，5 対 4 の僅差で大学の措置を容認したが，厳格なクオータ制は違憲であるとした。

〔19〕 都市政策（**politique de la ville**）――フランスでは，1980年代に始まる，職業訓練，雇用創出，学校教育などに関する積極的差別の諸施策は，特定の民族などの「集団」を対象にしてではなく，統計的指標にもとづき優先度の高い「地域（地区）」に向けて行なわれる。そうした措置の総体を「都市政策」と呼ぶ。ZEP は，その代表的のもののひとつ。

〔20〕 **ZEP**（**Zones d'éducation prioritaire**: 教育優先地域）――フランスで1982年に開始された施策。移民児童・生徒率，落第率，失業率などにもとづき優先的に教育資源を配分すべき学区，学校を指定するもので，現在，全国で約700地域が指定され，初等，中等を合わせて約6,500公立校が含まれている。学校あたり物件費，人件費が優先配分されるが，文化や言語に関し独自のカリキュラムが用意されるわけではない。

〔21〕 「多極共存」モデル（**modèle de ‹consociation›**）――A. レイプハルトの用いた概念。オランダ，ベルギー，スイスのように，宗教あるいは言語その他の要因により地域や社会勢力の分立傾向の強い社会から導かれた民主主義モデル。そこでは，成員たちはそれぞれの社会文化圏内に組織され，相互の接触は相対的に限られ，政治的決定は，諸「陣営」の政治リーダー間の交渉，利害調整などによって行なわれる傾向がある。

〔22〕 バルト，フレドリック（**Barth, Fredrik**）――ノルウェーの人類学者。『エスニック集団と境界』（1969年）において，エスニシティを固有の存在，文化によっ

て特徴づけるアプローチに代え，民族と民族のあいだの区別がなんらかの面に現われるのはどのような条件によるのかを問うという視点に立った。民族境界論というわば非実在論的なエスニシティへのアプローチに先鞭をつけたことで著名。

〔23〕 **1915年のアルメニア人犠牲者**――オスマン帝国時代のトルコ領内のアルメニア人（キリスト教徒）は，かねて民族の自立を求めて行動し，トルコ政府の厳しい弾圧を受けたが，第一次世界大戦下，ロシアに呼応して動くとみなされた彼らは危険視され，村々から追放され，男子の多くは殺された。1915年を中心にその数は100万人を超えたと見積もられ，約50万人が国外に脱出，フランスやアメリカに逃れた。この経験はその後のアルメニア人のアイデンティティに大きな痕跡を残した。

〔24〕 **自省性（réflexivité）**――「再帰性」ともいわれる。社会的場面において人は，単に一方向的に振る舞うのではなく，自分の行為を意識し，反省的にとらえ返しながら，当の行為を調整し修正していく。こうした自省性ゆえに，人びとのアイデンティティも一次元的ではなく，再考，修正，フィードバックなどの過程を含み，それらの所産であることが仮定される。

〔25〕 **ハルキー（harkis）**――駐屯軍や行政機関などに参加し，フランスのアルジェリアの統治に協力した原地民。アルジェリア独立時（1962年）に，報復を恐れて，またフランス政府の方針にもより，フランス本土に移住。しかしフランス市民からも蔑視され，在仏アルジェリア移民からも敵視され，結局，南仏のある地域に居住を指定されるなど，行動の自由を奪われていた。

〔26〕 **自己－歴史（ego-histoire）**――モーリス・アギュロン，ミシェル・ペローなど多数の歴史家の寄稿による同じタイトルの論集（ガリマール書店，1987年）がある。ここでは，各歴史家が，歴史をつくる自らのそれぞれの作法，スタイルを明示的にしつつ，他の者のつくる歴史との関係を問うている。

サピエンティア　**09**

差異
アイデンティティと文化の政治学

2009年 7 月31日　初版第 1 刷発行
2017年 6 月15日　　　第 2 刷発行

著　者　ミシェル・ヴィヴィオルカ
訳　者　宮島 喬・森 千香子
発行所　一般財団法人　法政大学出版局
〒102-0071 東京都千代田区富士見 2-17-1
電話 03(5214)5540／振替 00160-6-95814
製版・印刷　三和印刷／製本　誠製本
装　幀　奥定 泰之

ISBN 978-4-588-60309-9　　Printed in Japan

著 者

ミシェル・ヴィヴィオルカ（Michel Wieviorka）

1946年，パリ生まれ。社会運動論のアラン・トゥレーヌのもと，1988年に『テロリズムの社会学』で国家博士号取得。現在，国際社会学会（ISA）会長，パリ社会科学高等研究院教授，社会学的分析介入センター（CADIS）所長。専門は，社会運動論，多文化主義，文化的差異，レイシズム，暴力，テロリズムなど幅広い分野におよぶ。邦訳書に，『暴力』（田川光照訳，新評論，2007年），『レイシズムの変貌』（森千香子訳，明石書店，2007年），近著に，*La tentation antisémite: haine des Juifs dans la France d'aujourd'hui*（avec P. Bataille et al., Robert Laffont, 2005）; *Les sciences sociales en mutation*（avec J. Ohana et A. Debarle, Éditions Sciences Humaines, 2007）などがある。

訳 者

宮島　喬（みやじま たかし）

1940年生まれ。現在，お茶の水女子大学名誉教授。専攻：社会学。

主要業績：単著に，『デュルケム社会理論の研究』（東京大学出版会，1977年），『ヨーロッパ社会の試練──統合のなかの民族・地域問題』（東京大学出版会，1997年），『共に生きられる日本へ──外国人施策とその課題』（有斐閣，2003年），『移民社会フランスの危機』（岩波書店，2006年），訳書に，E. デュルケム『社会学的方法の規準』（岩波書店，1978年），P. ブルデュー，J.-C. パスロン『再生産──教育・社会・文化』（藤原書店，1991年）ほか多数ある。

森 千香子（もり ちかこ）

1972年生まれ。現在，一橋大学大学院法学研究科准教授。専攻：社会学。

主要業績：共著に『神の法 vs. 人の法』（日本評論社，2007年），『市民のアソシエーション』（太田出版，2003年），論文に「施設化する公営団地」（『現代思想』2006年12月号），「社会的連帯の条件」（『論座』2007年 4 月号），共訳に L. ヴァカン『貧困という監獄──グローバル化と刑罰国家の到来』（新曜社，2008年）などがある。